健康・医療・栄養のための Excelワーク

武藤 志真子／吉澤 剛士／藤倉 純子　共著

アイ・ケイ コーポレーション

健康・医療・栄養のための Excelワーク

メインとなる図表および演習問題3～9章のExcelデータは
下記URLからダウンロードできます。
http://www.ik-publishing.co.jp/hondana/365/index.html

株式会社アイ・ケイ コーポレーション ホームページ
http://www.ik-publishing.co.jp/

まえがき

2011年に本書の初版が出てから10年が経ちました。一昨年，Excel 2016対応の本に改訂しました。

すでに，新たな関数やじょうごグラフと2DマップなどもÆ追加されたExcel 2019が発売されていますが，今回は，Excel 2016対応の修正版になります。

Office 2016で作成したファイルは，クラウドストレージに保存することができ，パソコン，スマートフォン，タブレットなどから共有することができます。上述のように現在では，1人でたくさんの端末を使うようになっていますし，インスタグラム，ツイッター，Line，ブログ，フェースブックなど様々なコミュニケーションアプリが普及し，世界中のユーザー間の情報伝達手段（ICT）は，ますます広がりをみせています。また，2020年は新型コロナウイルス感染拡大により，各学校ではインターネットを使った遠隔授業（オンライン授業）を余儀なくされました。新しい様式の時代に突入し，社会が大きく変わろうとしています。AI（人工知能），IoT，ロボット，ビッグデータなどを使うことにより第4次産業革命が急速に進み，様々な領域で技術革新やグローバル化が進み，社会が変われば働き方も変わる，働き方が変われば求められる能力も当然変わってきます。

Society 5.0[※1]／第四次産業革命の時代を生きる社会人として，ICTを基盤とした先端技術の活用やICTの変化と発展に対応できる情報活用能力がますます求められるでしょう。

本書は，その入り口としてのデータ加工や分析の知識と操作技術を身につけていただく「情報リテラシー教育」の教育媒体としての教科書です。

※1　狩猟社会（Society 1.0），農耕社会（Society 2.0），工業社会（Society 3.0），情報社会（Society 4.0）に続く新たな社会として，サイバー空間（仮想空間）とフィジカル空間（現実空間）を高度に融合させたシステムにより，経済発展と社会的課題の解決を両立する人間中心の社会

ところで，小学校では「プログラミング教育」も必修となり，2020年度から「新学習指導要領」がはじまりました。中学校では「情報に関する技術」の内容の拡充，高等学校では「情報Ⅰ」が必修となり，順次，移行期を経て，文部科学省が目指す「学びのイノベーション」がはじまります。

大学の情報活用教育も上述のような最も基本的な初年度教育としてのリテラシー教育にとどまらず，

① 課題の発見と問題解決策の発想
② 情報を的確に識別して社会への影響を考える
③ 主体的で的確な判断力をもって，専門分野において情報を活用していく能力の育成という「学びのイノベーション」に取り組まなければならない時代です。

　情報処理の関連科目を教養科目や専門基礎科目として置いている大学はかなりありますが，1年次か2年次に開講されることが多いようですから，高等学校での学習を考慮しながら，本書の必要と思われる部分を活用していただければ幸いです。

　また，履修科目の登録の上限に関する規程を設けているCAP制により情報関連科目が選択科目となり，在学中に学ぶ機会をもたない学生が増えていることも考えられます。その場合は，インターネットから問題をダウンロードして自学自習していただければと思います。

　若い学生たちはスマホやゲームを使いこなし，音楽や映像にも強く，ワープロやプレゼンソフトにも小学校から接しているようですが，なぜか数値を取り扱うことが多いExcelの活用が不十分だと常々感じています。

　そこで本書では，例題をあげながら，手順を具体的に記しましたので，操作で迷うことは少なくなると思います。また，今回は3章以降に演習問題をインターネットよりダウンロードできるようにしておりますので，ヒントを参考にしながら挑戦してみてください。そして，Excelの活用範囲の広さを実感していただければ幸いです。

2021年3月

編著者を代表して　　武藤志真子・藤倉純子

目　次

まえがき

エントリー編

0章　オリエンテーション　　　　　　　　　　　　　　　　　　　吉澤　剛士

0-1	Excelで何ができるか ……………………………………………… 2
0-2	画面の構成 ……………………………………………………… 3
0-3	ブックとシート ………………………………………………… 4
0-4	タブとリボン …………………………………………………… 5
0-5	新しいブックを作成 …………………………………………… 5
0-6	保存されているブックを開く ………………………………… 5
0-7	ブックを「名前を付けて保存」する …………………………… 6
0-8	ブックを「上書き保存」する …………………………………… 7

1章　基本操作　　　　　　　　　　　　　　　　　　　　　　　　吉澤　剛士

1-1	セルとセル範囲の選択 ………………………………………… 10
1-2	列や行の選択・削除・挿入 …………………………………… 11
1-3	データの入力と修正 …………………………………………… 13
1-4	データの移動と複写 …………………………………………… 16
1-5	連続データの入力 ……………………………………………… 19
1-6	シートの操作 …………………………………………………… 22
1-7	ワークシートのグループ化 …………………………………… 23
1-8	シート間で3D集計 …………………………………………… 26
1-9	シートのリンク ………………………………………………… 28
1-10	ブックの操作 …………………………………………………… 30
1-11	エクセルと他のアプリケーションの連携 …………………… 35

2章　表の作成　　　　　　　　　　　　　　　　　　　　　　　　藤倉　純子

2-1	データの入力 …………………………………………………… 40
2-2	表の編集 ………………………………………………………… 40
2-3	数式の入力と合計の計算 ……………………………………… 45
2-4	調味パーセントの計算 ………………………………………… 49
2-5	文字の変更と修飾 ……………………………………………… 52
2-6	罫線と塗りつぶし ……………………………………………… 54

3章　セルの参照　　　　　　　　　　　　　　　　　　　　　　　　　吉澤　剛士

- 3-1　関数の入力 …………………………………………………………… 58
- 3-2　絶対参照で数式を作成する …………………………………………… 60
- 3-3　表示桁数，表示スタイルを整える …………………………………… 62
- 3-4　表の再利用 …………………………………………………………… 63
- 3-5　複合参照で数式を作成する …………………………………………… 65
- 3-6　表の体裁を整える …………………………………………………… 66
- 演習問題　延原　弘章　　　　　　　　　　　　　　　　　　ダウンロード

アプリケーション編

4章　論理関数　　　　　　　　　　　　　　　　　　　　　　　　　　吉澤　剛士

- 4-1　論理関数とは ………………………………………………………… 70
- 4-2　IF 関数による判定 …………………………………………………… 75
- 4-3　IF 関数のネスト ……………………………………………………… 76
- 4-4　AND・OR・NOT 関数の利用 ………………………………………… 77
- 4-5　エラーの処理 ………………………………………………………… 80
- 演習問題　　　　　　　　　　　　　　　　　　　　　　　　ダウンロード

5章　グラフの作成　　　　　　　　　　　　　　　　　　　　武藤　志真子／藤倉　純子

- 5-1　グラフ作成のポイント確認 …………………………………………… 84
- 5-2　棒グラフで大きさを比較する ………………………………………… 86
- 5-3　集合縦棒グラフで変化を比較する …………………………………… 90
- 5-4　積み上げ縦棒グラフで内訳構成を比較する ………………………… 93
- 5-5　折れ線グラフで年次推移を示そう …………………………………… 97
- 5-6　移動平均による折れ線グラフの作成 ………………………………… 100
- 5-7　片対数グラフの作成 ………………………………………………… 103
- 5-8　散布図の作成 ………………………………………………………… 106
- 5-9　複合グラフの作成 …………………………………………………… 107
- 5-10　レーダーチャートの作成 …………………………………………… 110
- 演習問題　　　　　　　　　　　　　　　　　　　　　　　　ダウンロード

6章　統計分析　　　　　　　　　　　　　　　　　　　　　　　　　吉澤　剛士

- 6-1　統計関数の利用 ……………………………………………………… 116
- 6-2　統計関数の利用〔1〕　基本統計量 ………………………………… 117
- 6-3　統計関数の利用〔2〕　度数分布 …………………………………… 119

6-4	分析ツールの活用〔1〕 相関と回帰	125
6-5	分析ツールの活用〔2〕 平均値の差の検定	131
6-6	2×2分割表の検定（関連性の検定）	141

演習問題　ダウンロード

7章　データベース機能　武藤　志真子

7-1	作成するシートの確認	146
7-2	データの並べ替え	150
7-3	日本語の並べ替え	153
7-4	データの抽出	157
7-5	文字列の抽出	166

演習問題　ダウンロード

パワーユーザー編

8章　データ集計とピボットテーブル　藤倉　純子

8-1	ピボットテーブルとは	170
8-2	ピボットテーブルの作成	174
8-3	ダミー文字データの作成	182
8-4	計算の種類の変更	185
8-5	項目の変更と数値のグループ化	192
8-6	ピボットテーブルのコピー	194

演習問題　ダウンロード

9章　検索／行列関数と日付／時刻関数　吉澤　剛士

9-1	INDEX関数	198
9-2	HLOOKUP関数	203
9-3	VLOOKUP関数	206
9-4	HYPERLINK関数	211
9-5	日付と時刻関数	213

演習問題　ダウンロード

索引 218

執筆者紹介

武藤 志真子(むとう　しまこ)
　　　女子栄養大学名誉教授(保健学博士)
　　　東京大学大学院医学系研究科博士課程修了
　　　主要著書：「公衆栄養学」，第3版，共立出版(2001)
　　　　　　　「感性の科学」(食感性と食育)，朝倉書店(2008)
　　　　　　　管理栄養士・栄養士のための「統計処理入門」，建帛社(2012)

吉澤　剛士(よしざわ　たけし)
　　　十文字学園女子大学准教授(保健学博士)
　　　女子栄養大学大学院栄養学研究科保健学専攻博士後期課程修了
　　　主要著書：新しい健康教育―理論と事例から学ぶ健康増進への道―，
　　　　　　　健康同人社(2011)
　　　　　　　管理栄養士・栄養士のための「統計処理入門」，建帛社(2012)
　　　　　　　Nブックス改訂健康管理論，建帛社(2014)

藤倉　純子(ふじくら　じゅんこ)
　　　女子栄養大学栄養学部教授(博士保健学・管理栄養士)
　　　女子栄養大学栄養学部卒業
　　　主要著書：新しい健康教育―理論と事例から学ぶ健康増進への道―，
　　　　　　　健康同人社(2011)

延原　弘章(のぶはら　ひろあき)
　　　埼玉県立大学保健医療福祉学部教授(保健学博士・博士(医学))
　　　東京大学大学院医学系研究科博士課程修了
　　　主要著書：平山宗宏編著：「子どもの保健と支援」第4版,
　　　　　　　日本小児医事出版社(2017)
　　　　　　　日本保健福祉学会編：「保健福祉学」，北大路書房(2015)

三浦　宜彦(みうら　よしひこ)
　　　埼玉県立大学名誉教授(保健学博士・医学博士)
　　　東京大学大学院医学系研究科博士課程修了
　　　主要著書：柳川 洋，萱場 一則編：「コメディカルのための専門基礎
　　　　　　　分野テキスト公衆衛生学」2版，中外医学社，東京(2008)
　　　　　　　中村好一編：「論文を正しく読み書くためのやさしい統計学」改訂
　　　　　　　第2版，診断と治療社，東京(2010)

0章　オリエンテーション

EXCEL ワーク

0-1　Excelで何ができるか

Excel（エクセル）とは，パーソナルコンピュータ（パソコン）向けの「表計算ソフト」とよばれるアプリケーションソフトウエア[1]であり，文字通り表の作成を簡単に行うことができる。

Excelは，下に示すような数多くの機能をもっている。つまり，Excelはごく簡単な表作成から高度なプログラムの世界まで，幅広い機能を備えているスーパー・ソフトといえよう。

- 表に入力した数値データの集計，計算や統計分析などさまざまなデータ処理
- グラフの作成
- 図形の描画や画像の取り込み
- 大小順やアルファベット順などへの「並びかえ」や，指定したデータを抜き出す「抽出」も行えるなど，データベース[2]の作成と管理
- 一定の作業を行うためのプログラム（VBA[3]により記述されるマクロ）作成

なお，正式にはMicrosoft Office Excel（マイクロソフト・オフィス・エクセル）といい，マイクロソフト社がWindows（基本ソフトOS[4]）用[5]に販売しているソフトの名称であり，現時点では，実質上の標準「表計算ソフト」として普及している。マイクロソフト社はこのソフトの使用，改変，複製を法的・技術的な手法を用いて制限しており，利用にあたっては，正規に購入し，登録することが前提である。

Excelは，パソコンを購入したときからインストールされている（プレインストール）こともあるが，Officeのパッケージとして，あるいは単体でも販売されている。

最初のWindows用のExcelは1987年に販売されたが，バージョンアップが重ねられ，現在の最新バージョンは，2019年1月に発売された「Excel 2019」（Officeのパッケージは，Office 2019）である。

本書の説明は「Excel 2019」のひとつ前のバージョンである「Excel 2016」に基づいているが機能的には「Excel 2019」とほぼ同じである。

Excelは，初心者から上級者まで，どのレベルの利用にも耐えられるソフトであり，健康科学・栄養学の学習やコメディカル栄養に関わる業務の効率化に役立つだけでなく，各人のプライベート面でもさまざまな利用が可能である。

---

1) 利用者が特定の作業を行うために使用する応用ソフトウエアの総称
2) 特定の目的で整理されたデータの集まり
3) Visual Basic for Applications（VBA）
4) OS（オーエス）Operating System コンピュータシステム全体を管理する基本ソフトウエア
5) Mac（OS X）用も開発・販売している。

0-2　画面の構成

スタートボタン ⇨ よく使うアプリ ⇨ Excel 2016 と順番にクリックし，エクセルを起動する。
エクセルを起動すると「スタート画面」が表示されるので，「空白のブック」をクリックすると，以下のような画面が表示される。各部分は，下図のとおり名前がついている。シート（「ワークシート」ともいう。本書では「シート」と記載する）が数字や文字を入力する作業領域である。

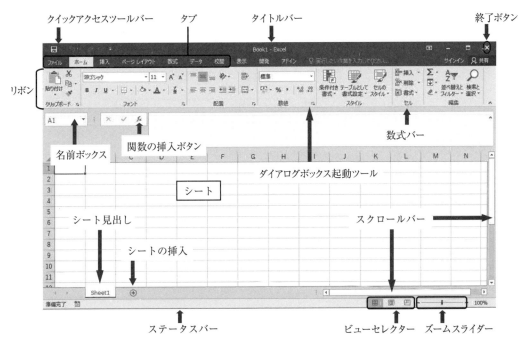

図0-1　エクセルの画面構成

0-3　ブックとシート

開いた一つのファイルを Excel ではブックというが，タイトルバーにブック名（ファイル名）が表示される。

シートは下図のように行と列に区切られた表の形式になっている。表の横方向，すなわち，列の位置は通常アルファベットで表す。これを列記号という。

〔例〕　A，B，C，D，E，…，AA，AB，AC，…

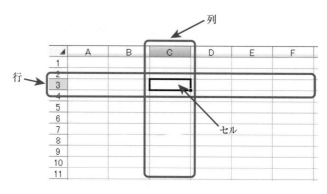

図0-2　シート

なお，表の縦方向，すなわち行の位置は数字で表す。これを行番号という。

〔例〕　1，2，3，4，5，…

行と列とが互いに交差する小区画を「セル」とよぶ。各「セル」には列記号の後ろに行番号を並べた番地がつけられており，これを「セル番地」という。

〔例〕　C3（C列と3行が交差する部分）

1枚のシートには，A～XFD まで 16,384 の列，1～1,048,576 の行があり，セルの数は約 172 億にもなる。このセルに数値，文字，記号や式を入力して表をつくっていく。なお，カーソルが置かれ作業時に選択されているセルを「アクティブセル」といい，黒枠がついている。アクティブセルのセル番地は名前ボックスに表示される。

ブック内には起動直後のデフォルト（標準状態）では1枚のシートがあるが，「新しいシート」⊕ボタンをクリックすることにより，新しいシートを追加することができる。関連する複数のシートを1つのブックにまとめることにより，効率よく作業ができ，データの管理も容易になる。シートの枚数には制限がない。

0-4　タブとリボン

図0-3　タブとリボン

　Excelのウインドウの上部には，①タブ，②グループ，③コマンドボタンの3つの要素で構成されているリボンが表示されている。操作の種類を分類したタブは起動時のデフォルトでは，下記の7種類が表示されている。

　　ホーム，挿入，ページレイアウト，数式，データ，校閲，表示

　タブを切り替えて，作業に必要なボタンを表示させる。関連のあるボタンの集まりをグループという。

0-5　新しいブックを作成

手順1　①[ファイル]ボタンをクリック ⇨ ②[新規]をクリック ⇨ ③[テンプレート]ダイアログボックスが表示される。

手順2　①[テンプレート]ダイアログボックスの中から[空白のブック]を選択し，クリック ⇨ ②新しいブックが作成される。

0-6　保存されているブックを開く

手順　①[ファイル]ボタンをクリック ⇨ ②[開く]をクリック ⇨ ③[最近使ったブック]を選択しクリック ⇨ ④[最近使ったブック]の中から開きたいブックを選択し，クリック ⇨ ⑤ブックが表示される。

0−7　ブックを「名前を付けて保存」する

手順1　①[ファイル]ボタンをクリック ➡ ②[名前を付けて保存]をクリック ➡ ③[コンピュータ]を選択しクリック ➡ ④[参照]ボタンをクリックすると[名前を付けて保存]ダイアログボックスが表示される。

手順2　①フォルダがツリー表示される ➡ ②ブックを保存したいフォルダをクリック ➡ ③[ファイル名(N)]テキストボックスにファイル名を入力する ➡ ④[保存(S)]ボタンをクリック ➡ ⑤ブックが保存される。

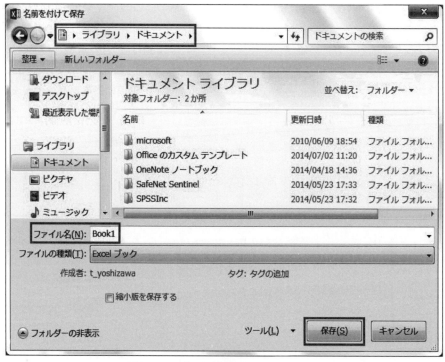

図0−4　ブックを保存する

参考：
①ブックの保存先を指定しない場合，ブックは初期設定でユーザフォルダの「ドキュメント」フォルダに保存されるようになっている。
②「名前を付けて保存」すると新しいブックとして保存される。既存のブックに別の名前を付けて保存すると，既存のブックとは別に，新しいブックとして保存される。

0-8　ブックを「上書き保存」する

手順　①[ファイル]ボタンをクリック ⇨ ②[上書き保存]ボタンをクリック ⇨ ③現在のブックの内容が保存され，既存のブックの内容が更新される。

参考：
上書き保存は，クイックアクセスツールバーの[上書き保存]ボタンをクリックしても実行できる。

図0-5　[上書き保存]ボタン

〔注意〕 以下の半角文字は，ファイル名に使うことはできない。

表0-2　半角文字

/	スラッシュ	:	コロン
*	アスタリスク	<>	不等号
?	疑問符	|	パイプ文字
¥	円記号	"	二重引用符

Ⅰ エントリー編

1章　基本操作

1-1　セルとセル範囲の選択

(1)　1つのセルの選択

手順　①選択したいセル〔B列2行目〕をクリック ⇨ ②B列2行目が黒枠で囲まれ，名前ボックスにセル，番地が表示される。

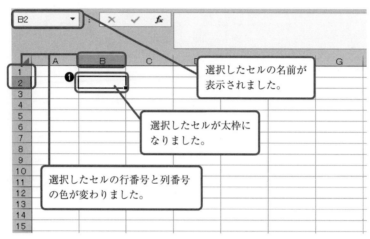

図1-1　アクティブセル

(2)　連続した複数のセル（セル範囲）の選択

手順　①選択したい範囲の左上のセル〔B列2行目〕をクリック ⇨ ②選択したい範囲の右下〔C列9行目〕までドラック

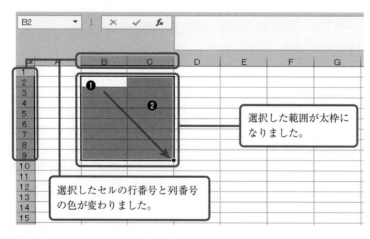

図1-2　セルの選択

📖 **参考：広範囲のセルを選択する場合**
①選択したい範囲の左上のセルをクリック ⇨ ②〔Shift〕キーを押しながら選択したい範囲の右下のセルをクリック

1−2 列や行の選択・削除・挿入

1. 列や行の選択

(1) 1つの列を選択する

手順 ┃ ①選択したいセル列〔C 列〕の記号をクリック ⇨ ②C 列の色がかわる。

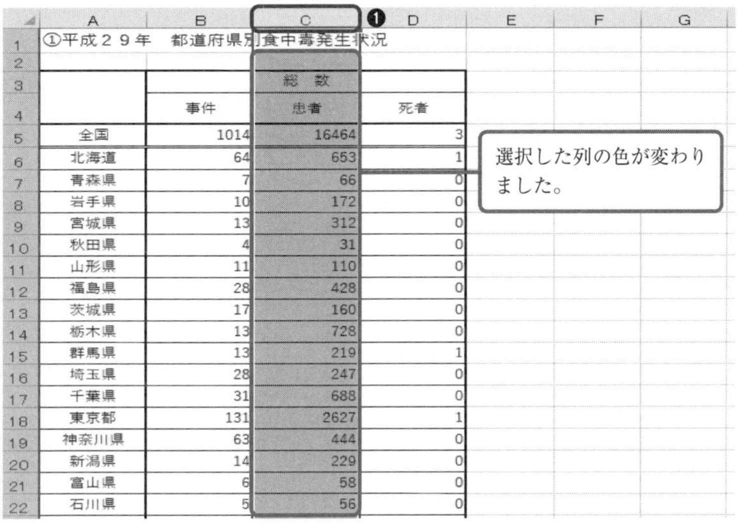

①平成29年 都道府県別食中毒発生状況

	総数		
	事件	患者	死者
全国	1014	16464	3
北海道	64	653	1
青森県	7	66	0
岩手県	10	172	0
宮城県	13	312	0
秋田県	4	31	0
山形県	11	110	0
福島県	28	428	0
茨城県	17	160	0
栃木県	13	728	0
群馬県	13	219	1
埼玉県	28	247	0
千葉県	31	688	0
東京都	131	2627	1
神奈川県	63	444	0
新潟県	14	229	0
富山県	6	58	0
石川県	5	56	0

図1−3 列の選択

(2) 1つの行を選択する

手順 ┃ ①選択したいセル行〔18 行〕の行番号をクリック ⇨ ②18 行目の色がかわる。

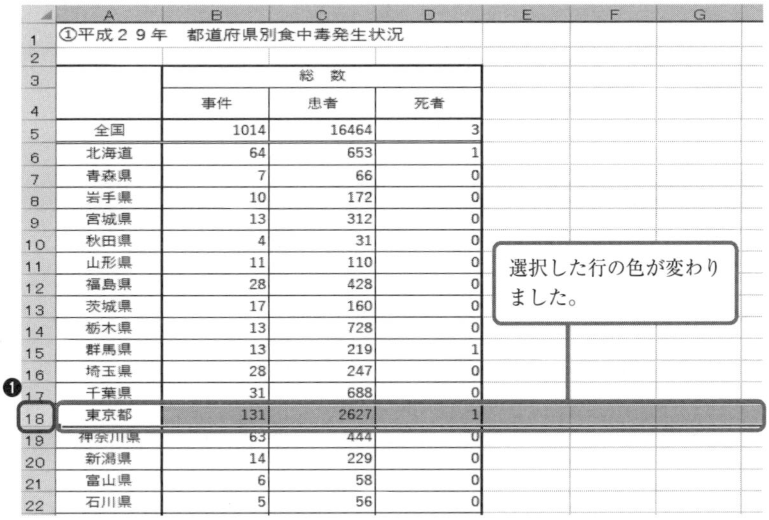

①平成29年 都道府県別食中毒発生状況

	総数		
	事件	患者	死者
全国	1014	16464	3
北海道	64	653	1
青森県	7	66	0
岩手県	10	172	0
宮城県	13	312	0
秋田県	4	31	0
山形県	11	110	0
福島県	28	428	0
茨城県	17	160	0
栃木県	13	728	0
群馬県	13	219	1
埼玉県	28	247	0
千葉県	31	688	0
東京都	131	2627	1
神奈川県	63	444	0
新潟県	14	229	0
富山県	6	58	0
石川県	5	56	0

図1−4 行の選択

(3)　連続した複数の行の選択

手順　①選択したい範囲の最初のセル行〔13 行目〕の行番号をクリック ⇨ ②選択したい範囲の最後のセル行〔19 行目〕の行番号までドラック

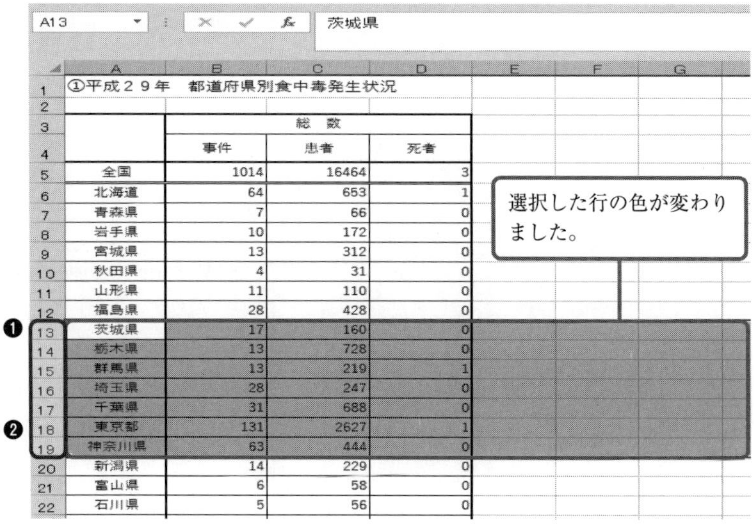

①平成２９年　都道府県別食中毒発生状況

	総　数		
	事件	患者	死者
全国	1014	16464	3
北海道	64	653	1
青森県	7	66	0
岩手県	10	172	0
宮城県	13	312	0
秋田県	4	31	0
山形県	11	110	0
福島県	28	428	0
茨城県	17	160	0
栃木県	13	728	0
群馬県	13	219	1
埼玉県	28	247	0
千葉県	31	688	0
東京都	131	2627	1
神奈川県	63	444	0
新潟県	14	229	0
富山県	6	58	0
石川県	5	56	0

図１－５　複数行の選択

(4)　離れた複数の行（例：7，14，20 行目）の選択

手順　①選択したいセル行〔7 行目〕の行番号をクリック ⇨ ②〔Ctrl〕キーを押しながら，次に選択したいセル行〔14 行目〕の行番号をクリック ⇨ ③〔Ctrl〕キーを押しながら，次に選択したいセル行〔20 行目〕の行番号をクリック

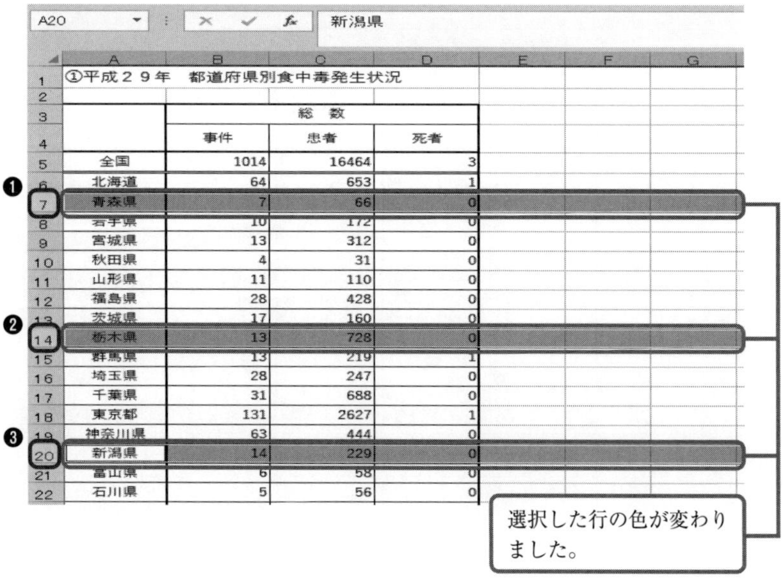

①平成２９年　都道府県別食中毒発生状況

	総　数		
	事件	患者	死者
全国	1014	16464	3
北海道	64	653	1
青森県	7	66	0
岩手県	10	172	0
宮城県	13	312	0
秋田県	4	31	0
山形県	11	110	0
福島県	28	428	0
茨城県	17	160	0
栃木県	13	728	0
群馬県	13	219	1
埼玉県	28	247	0
千葉県	31	688	0
東京都	131	2627	1
神奈川県	63	444	0
新潟県	14	229	0
富山県	6	58	0
石川県	5	56	0

図１－６　離れた複数行の選択

2．列や行の削除

(1) 列の削除

手順　①削除したい列の列記号をクリックして列を選択 ⇨ ②列記号の上で右クリック ⇨ ③ショートカットメニューから[削除(D)]を選択

(2) 行の削除

削除したい行番号をクリックし，上記と同様の操作をする。

3．列や行の挿入

(1) 列の挿入

手順　①挿入したい列の右側の列記号をクリックして列を選択 ⇨ ②列記号の上で右クリック ⇨ ③ショートカットメニューから[挿入(I)]を選択 ⇨ ④左側に新しい列が挿入される。

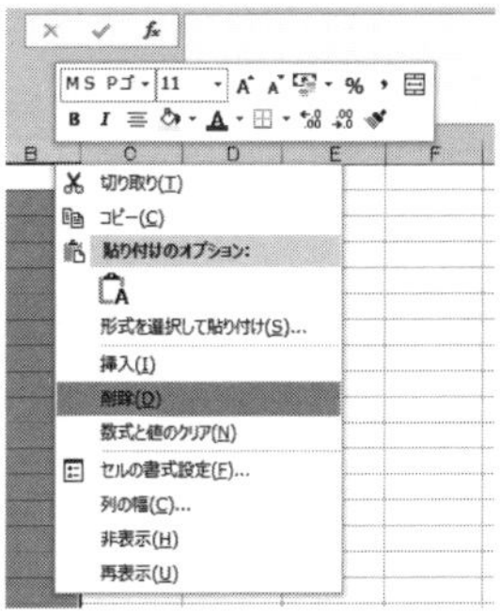

図1-7　ショートカットメニュー

(2) 行の挿入

挿入したい行の下の行番号をクリックし，上記と同様の操作をする。

1-3　データの入力と修正

1．入力モードの切り替え

Excel の基本はデータ入力から始まる。データには下表のような種類がある。入力するデータの種類に応じ，言語バーの入力モードを切り替える必要がある。

表1-1　基本入力データ

種類		半角		全角	
		大文字	小文字	大文字	小文字
文字列	アルファベット	B	b	Ｂ	ｂ
	カタカナ	ｱ		ア	
	ひらがな				あ
	漢字				栄
数値	数字	2		２	
	記号	?		？	

日本語入力システム「オフ」の状態　　日本語入力システム「オン」の状態

図1-8　日本語入力システムの切替

日本語入力モードが「オフ」か「オン」かは，言語バーで下図のように確認する。Excel の起動時は，日本語後入力システム[1]はオフの状態になっている。

「オフ」と「オン」の切り替えは ［半角/全角］ 〔半角/全角〕キーで行うことができる。原則的に半角英数字を入力するときは「オフ」の状態，ひらがな，カタカナ，漢字や全角記号を入力するときは「オン」に設定する。

2．データの入力
（1） 作成するシートの確認

> 例題　調味パーセント（汁物）のデータ入力をしてみましょう。

	A	B	C	D	E	F	G	H	I	J	K	L	M	N
1														
2		■調味パーセント（汁物）											作成日	4月1日
3														
4					調味パーセント									
5								割合			重量(g)			備考
6		No	料理名	調味対象	調味対象分量(g)	塩分%	塩分全体(g)	塩：しょうゆ：みそ			塩	しょうゆ	みそ	
7		1	みそ汁	だし	150	0.008					1	-		みそ1
8		2	かす汁	だし+材料100	250	0.007		2	-		5	-		塩：みそ=2:5
9		3	スープ	とりがらだし	200	0.005		1	-		-	-	-	塩1
10		4	すまし汁	だし	150	0.006		4	1	-				塩：しょうゆ=4:1
11		5	けんちん汁	だし+材料50	200	0.007		4	1	-				塩：しょうゆ=4:1
12		6	吉野汁	だし+くず材料50	200	0.008		4	5	-				塩：しょうゆ=4:5
13		計												

図1－9　調味パーセント（汁物）

📖 参考：
①文字列はセルの中で左づめ，数値は右づめで表示される。
②数値は半角の数字で表示される。
③数値の先頭に半角の〔'（アポストロフィ）〕を入力すると文字列として扱われる。

（2） 文字列の入力

手順
①日本語入力モードをオンにして，セル〔B2〕を選択し，ワープロの場合と同様に■調味パーセント（汁物）を入力（「しかくちょうみぱーせんと（しるもの）」とひらがな表示されるので，〔Space〕キーで漢字変換し，〔Enter〕キーで確定する）⇨ ②みそ汁のひらがなは変換せずに〔Enter〕キーで確定する ⇨ ③同様に表の他の漢字を入力する。

---

1) 日本語で入力を行うために必要な変換ソフト IME (Input Method Editor) という。Windows に標準で添付されているのは，Microsoft 社の MS-IME である。

(3) 数値の入力

手順
①日本語入力モードをオフにして，No，調味対象分量の数字を入力し，〔Enter〕キーで確定 ⇨ 塩分％は日本語入力モードをオフの状態で，数値を入力後，[ホーム]タブの[数値]グループの[％]をクリック，次に [小数点以下の表示桁数を増やす]を1回クリックし，小数点第1位まで表示させる ⇨ ③「－」は，日本語入力モードをオンにして，「はいふん」を入力し〔Enter〕キーで確定するか，または日本語入力モードをオフにして，「－」キーを入力する。④割合のセル〔J7〕を選択 ⇨ ⑤備考欄のみその割合「1」を入力 ⇨ 〔Enter〕キーを押す。⑥同様にかす汁～吉野汁まで，備考欄を見ながら，塩，しょうゆ，みその割合を入力する

(4) 文字列と数値の配置の変更

手順
①Noのセル〔B7：B12〕を選択，[ホーム]タブの配置グループからセルの書式設定を呼び出し，文字の配置で，横位置に中央揃えを選び，OKをクリック ⇨ ②セル〔B6:M6〕を選択，同様に[中央揃え]を選びOKボタンをクリック

〔注意〕 日本語入力モードをオンにして全角文字で数字を入力した場合，〔Enter〕キーを2回押して確定することになるが，全角で入力しても半角となる。

📖 参考：
データを入力した後〔Tab〕キーを押すとアクティブセルは右に移動する。〔Shift〕+〔Tab〕キーを押すと左に移動する。〔Shift〕+〔Enter〕キーを押すと上に移動する。続けて〔Tab〕キーを押して同じ行にデータを入力した後〔Enter〕キーを押すと，次の行の先頭に移動する。

(5) 日付の入力

方法1：日本語入力モードをオフにして，下図のように日付を入力し，〔Enter〕キーで確定する。

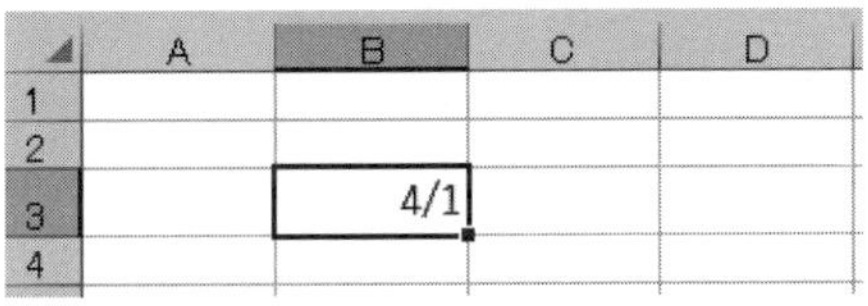

図1－10　日付の入力①

方法2：日本語入力モードをオフにして，"4月1日"と全角で入力し，〔Enter〕キーで確定すると，数字は半角になる。

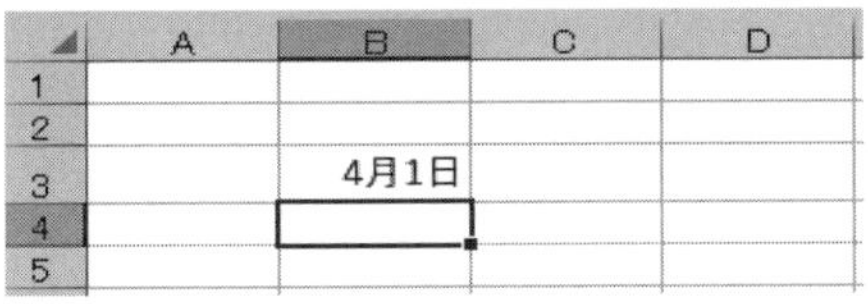

図1－11　日付の入力②

📖 **参考：時刻の入力**

日本語入力モードをオフにして，下図のように"：コロン"を入れて時刻を入力し，〔Enter〕キーで確定する。また，日本語入力モードをオンにして"12時30分"と全角で入力し，〔Enter〕キーで確定すると，数字は半角になる。

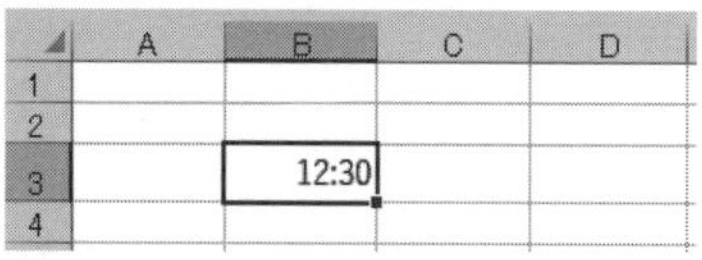

図1−12　時刻の入力① 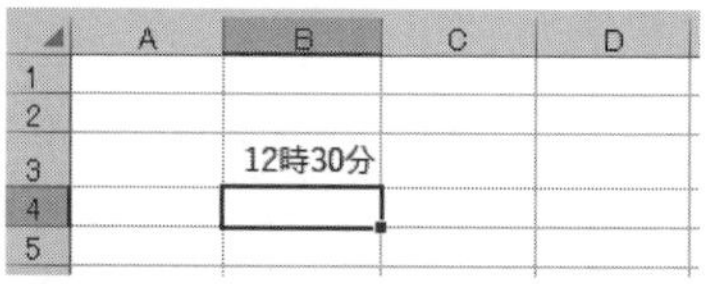　　　　　図1−13　時刻の入力②

3．データの消去・修正

(1) データの消去

　　セル〔M2〕の"作成日"を消す。

　手順　｜　①セル〔M2〕を選択 ⇨ ② [Del]〔Delete〕キーを押す。

(2) データの上書き

　　セル〔E8〕の"250"を"500"に変更する。

　手順　｜　①セル〔E8〕を選択 ⇨ ②500と入力 ⇨ ③〔Enter〕キーを押す。

(3) データの一部修正

　　"■調味パーセント(汁物)"を"◆調味％(汁物)"に修正する。

　手順　｜　①セル〔B2〕をクリック ⇨ ②数式バーの■の前をクリック ⇨ ③ [Del]〔Delete〕キーで■を消去 ⇨ ④日本語入力バーをオンにして"◆"を入力 ⇨ ⑤〔Enter〕キーを押す。⑥味とパの間をクリック ⇨ ⑦ [Del]〔Delete〕キーでパーセントを消去 ⇨ ⑧"％"を入力 ⇨ ⑨〔Enter〕キーを押す。

1−4　データの移動と複写

1．データの移動

(1) データの移動をリボンから行う方法

　手順1　｜　①移動したいセル範囲(例：〔A10：D13〕)を選択 ⇨ ②[ホーム]タブをクリック ⇨ ③[クリックボード]グループの[切り取り(Ctrl + X)]をクリック

1章 基本操作

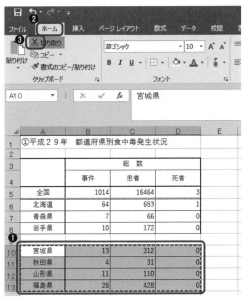

図1－14　移動したいセル範囲の選択

手順2　①手順1で指定したセル範囲が点線で囲まれていることを確認 ⇨ ②移動先のセル（例：[A9]）を選択 ⇨ ③[ホーム]タブをクリック ⇨ ④[クリックボード]グループの[貼り付け(Ctrl + V)]ボタンをクリック

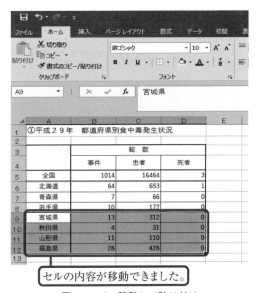

図1－15　貼り付け場所の選択　　　　図1－16　移動して貼り付け

📖 参考：その他の方法
①移動の第2の方法：同様の操作をマウスの右クリックで行うこともできる。
②第3の方法：①移動したいセル範囲を選択 ⇨ ②セル範囲の周囲にマウスのポインタを移動する ✥ ⇨ ③そのまま移動先までドラックする，という方法もある。

2．データの複写

手順1 ①複写元のセル範囲（例：〔A3：D12〕）を選択 ⇨ ②［ホーム］タブをクリック ⇨ ③［クリックボード］グループの［コピー（Ctrl + C）］ボタンをクリック

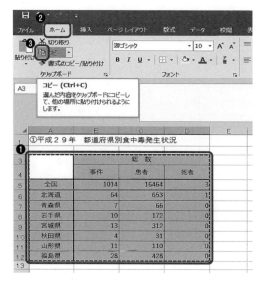

図1－17　複写元のセル範囲の選択

手順2 ①複写先のセル（例：〔A14〕）を選択 ⇨ ②［ホーム］タブをクリック ⇨ ③［クリックボード］グループの［貼り付け（Ctrl + V）］ボタンをクリック

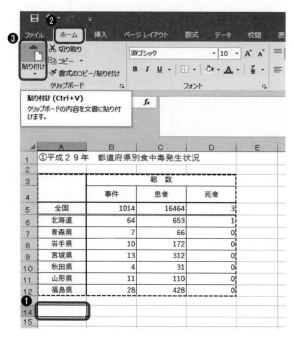

図1－18　貼り付け場所の選択

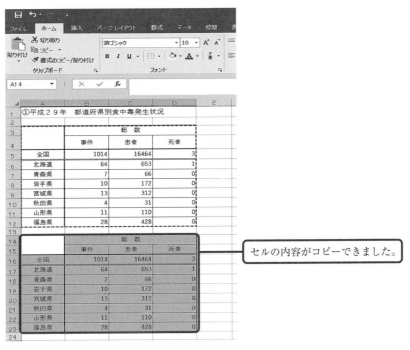

図1-19　貼り付け

📖 参考：その他の方法

①複写の第2の方法：同様の操作をマウスの右クリックで行うこともできる。
②第3の方法：①移動したいセル範囲を選択 ⇨ ②セル範囲の周囲にマウスのポインタを移動する ✥ ⇨ ③そのまま移動先まで〔Ctrl〕キーを押しながらドラックする，という方法もある。

1-5　連続データの入力

1．連続した数値の入力

例題1　セル〔B3：B12〕に"1～12"を入力してみましょう

手順1　①セル〔B3〕に"1"を入力 ⇨ ②セル（例：〔B3〕）を選択 ⇨ ②選択したセルの右下のフィルハンドルをポイント

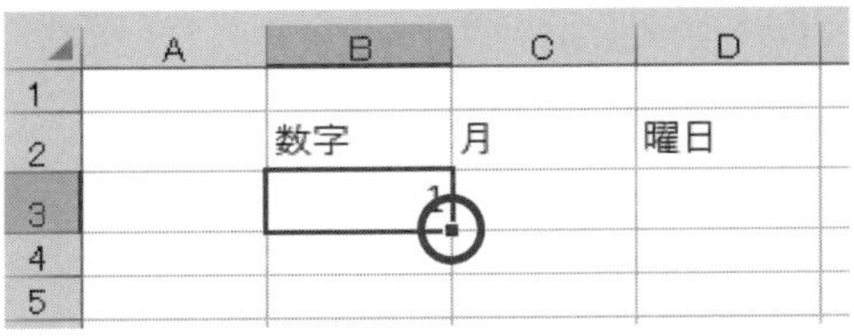

図1-20　フィルハンドル

手順2 ①セル〔B14〕までドラッグ

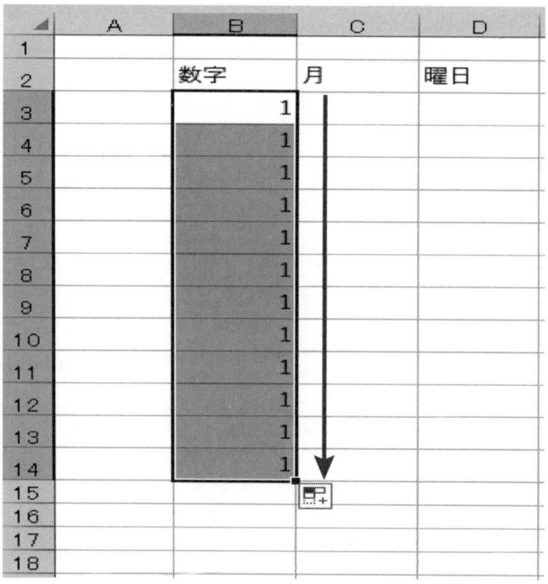

図1−21　ドラッグ指定

手順3 ①[オートフィルオプション▼]ボタンの▼をクリック ⇨ ②[連続データ(S)]を選択(オプションボタンをクリック)

図1−22　オートフィルオプションの画面

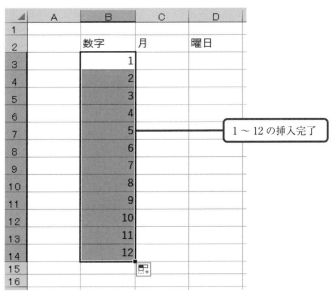

図1-23 連続データ挿入

2. 連続した月の入力

例題2 セル〔C3：C14〕に"1月～12月"を入力してみましょう。

手順 ①セル〔C3〕を選択 ➪ ②1月と入力 ➪ ③選択したセルの右下のフィルハンドルをポイント ➪ ④セル〔C14〕までドラック ➪ ⑤1月～12月の入力完了

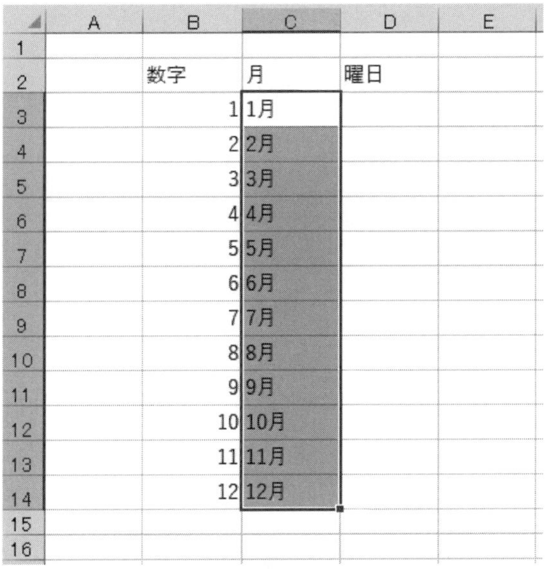

図1-24 連続した月の入力画面

3. 連続した曜日の入力

例題３　セル〔D３：D９〕に“日〜土”を入力してみましょう。

手順　①セル〔D3〕をクリック ⇨ ②「日」と入力 ⇨ ③選択したセルの右下のフィルハンドルをポイント ⇨ ④セル〔D9〕までドラック ⇨ ⑤日〜土の入力完了

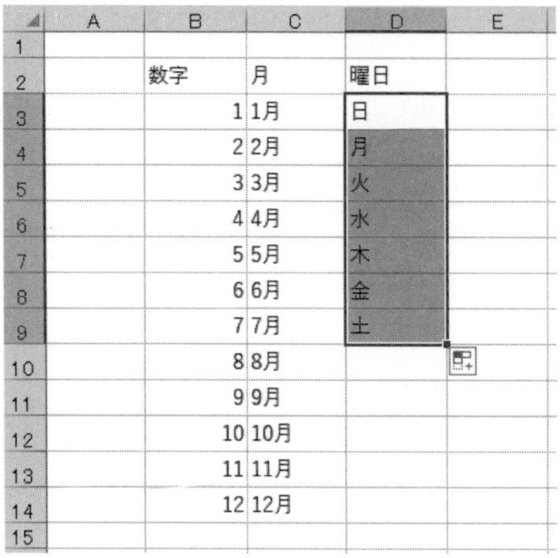

	A	B	C	D	E
1					
2		数字	月	曜日	
3		1	1月	日	
4		2	2月	月	
5		3	3月	火	
6		4	4月	水	
7		5	5月	木	
8		6	6月	金	
9		7	7月	土	
10		8	8月		
11		9	9月		
12		10	10月		
13		11	11月		
14		12	12月		
15					

図１－25　連続した曜日の入力画面

1−6　シートの操作

解説：シートの操作を以下にまとめておく。

(1)　シートの移動

手順　①移動元のシート見出しを選択 ⇨ ②シートの挿入位置に▼が表示される ⇨ ③▼を見ながら移動先までドラッグ

図１－26　シートの移動

(2)　シートのコピー

手順　①コピー元のシート見出しを選択 ⇨ ②〔Ctrl〕キーを押しながらコピー先までドラッグ

(3)　シートの挿入

手順　①ワークシートの⊕をクリック 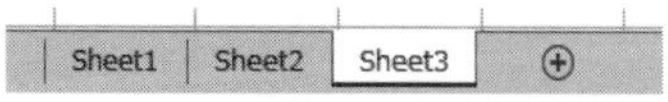 ⇨ ②一番右側に新しいシートが追加される。

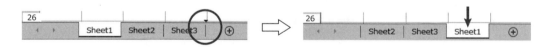

(4) シートの削除

手順 ①削除するシート見出しを右クリック ⇨ ②[削除(D)]をクリック ⇨ ③データが入力されているシートを削除しようとすると，下図のメッセージが表示される ⇨ ④[削除]ボタンをクリック

図1－27 シートの削除

(5) シート名の変更

手順 ①シートの見出しをダブルクリック ⇨ ②シート名が反転する ⇨ ③シート名を入力 ⇨ ④シート名が変更される。

📖 **参考1：その他の方法**
①シート見出しを右クリック ⇨ ②[名前の変更(R)]をクリック ⇨ ③シート名が反転する ⇨ ④シート名を入力でもシート名を変更できる。

📖 **参考2：その他の方法**
①シート名はシートの内容を判断する上での目安になる。
②シート名の文字数は半角31文字まで，半角の[，：，/，*，\，? は入力できない。

1－7　ワークシートのグループ化

> **例題** 相田さん，斎藤さん，田中さんの3名の1週間のエネルギー・栄養素摂取量の表を別々のシートに作成してみよう。3名の1週間の平均を計算してみましょう。

	A	B	C	D	E	F	G	H	I
1									
2		相田　陽子							
3			エネルギー	タンパク質	脂質	カルシウム	鉄	ビタミンB1	ビタミンC
4		月	1931	50.8	65.7	265	5.1	0.52	100
5		火	1476	48	40.2	326	6.9	0.54	122
6		水	1601	64.7	28.8	401	8.9	0.77	103
7		木	1159	68.1	27.1	231	6.1	0.79	112
8		金	1772	63.4	80	516	7.8	0.67	129
9		土	1692	48	54.1	444	7.3	0.37	51
10		日	1338	55.6	24.9	331	8	0.54	64
11		1週間平均							
12									

	A	B	C	D	E	F	G	H	I
1									
2		斎藤　貴子							
3			エネルギー	タンパク質	脂質	カルシウム	鉄	ビタミンB1	ビタミンC
4		月	1837	67.7	47.6	347	8.3	0.89	221
5		火	1515	71	20	288	5.1	0.45	46
6		水	1868	46.6	46.6	199	4.9	1.04	84
7		木	1430	50.1	50.1	251	5	0.83	124
8		金	2410	70.4	70.4	326	9.5	2.06	250
9		土	2229	89.9	89.9	335	9.8	1.38	57
10		日	2173	87.2	87.2	960	10.1	5.96	101
11		1週間平均							
12									

	A	B	C	D	E	F	G	H	I
1									
2		田中　千春							
3			エネルギー	タンパク質	脂質	カルシウム	鉄	ビタミンB1	ビタミンC
4		月	1951	67.6	59.3	300	8.2	0.88	119
5		火	1238	47.7	28.9	291	4	0.43	70
6		水	1885	67.3	49.9	351	5	0.6	49
7		木	1247	40.2	37.8	217	4.2	0.38	143
8		金	2730	76.3	135.2	483	10.5	0.72	83
9		土	1870	51.1	74.3	167	5.3	0.51	59
10		日	1846	76.4	76	242	5.8	0.65	32
11		1週間平均							
12									

図1－28　3名の1週間のエネルギー・栄養素摂取量

ダウンロード

解説：3名の表は同じフォーマットで作成されている。このようなときは対象となるシートに「作業グループ」を設定する「シートのグループ化」を行うとよい。シートをグループ化すると，選択されたシートはすべてアクティブシートになり，スタイルや書式をどのシートで変更しても，グループ内のすべてのシートに反映される。

手順1　①シートの見出しを各人の名前に変更する ⇨ ②「相田陽子」のシート見出しをクリック ⇨ ③〔Shift〕キーを押しながら「田中千春」のシート見出しをクリック ⇨ ④「相田陽子」から「田中千春」までの3枚がそれぞれアクティブシートになり，シート名の下にアンダーラインが表示される ⇨ ⑤タイトルバーに［作業グループ］と表示される。

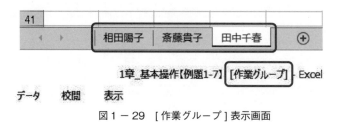

図1－29　［作業グループ］表示画面

手順2	①表の罫線と表側の項目名，表頭の項目名を入力する ⇨ ②[作業グループ]を解除して，3名それぞれの摂取量データの数字を入力する ⇨ ③3名それぞれの名前をセル〔B2〕に入力する。
手順3	①手順1と同様の操作で3名のシートの「作業グループ」を設定する ⇨ ②セル〔C11〕を選択 ⇨ ③[ホーム]タブ「編集」グループの[Σオート SUM (Alt + Shift + =)]ボタンの▼をクリックし[平均(A)]を選択 ⇨ ④ =AVERAGE ( )関数の引数が「C4:C10」になっていることを確認して〔Enter〕キーを押す ⇨ ⑤セル〔C11〕を〔I11〕までオートフィルで複写する ⇨ ⑥3名の平均値が計算される。
手順4	①セル〔C4:I11〕を選択 ⇨ ②[ホーム]タブ[数値]グループの[標準▼]リストボタンの▼をクリックし[数値]を選択 ⇨ ③たんぱく質と脂質の数値入力範囲であるセル〔D4:E11〕を選択 ⇨ ④[ホーム]タブ[数値]グループの[小数点以下の表示桁数を増やす]ボタンをクリック ⇨ ⑤鉄の数値入力範囲であるセル〔G4:G11〕を選択 ⇨ ⑥[ホーム]タブ[数値]グループの[小数点以下の表示桁数を増やす]ボタンをクリック ⇨ ⑦ビタミンB1の数値入力範囲であるセル〔H4：H11〕を選択 ⇨ ⑧[ホーム]タブ[数値]グループの[小数点以下の表示桁数を増やす]ボタンを2回クリック

📖 参考：
①連続しないシートを選択する場合，最初のシート見出しをクリックしてアクティブにし，〔Ctrl〕キーを押しながら離れたシートの見出しをクリックする。
②作業グループ以外のシート見出しをクリックすると「作業グループ」は解除される。
③作業グループ内の任意のシート見出しを右クリック ⇨ [作業グループ解除(U)]を選択でも「作業グループ」は解除される。

1-8　シート間で3D集計

解説：「3D集計」とは複数のシート間で，同じセル位置の数値を「串刺し」集計をすることである。シートが何枚になっても集計対象の最初のシートのセルと最後のシートのシート見出しをクリックするだけで選択できる。

課題A：第1章図1－28に示した相田さん，斎藤さん，田中さんの3名の1週間のエネルギー・栄養素摂取量の平均を計算し，シート見出しを「3名平均」としなさい。

図1－30　シートの「串刺し」

手順1　①[田中千春]のシート見出しを〔Ctrl〕キーを押しながら右隣にドラッグしシートをコピーする ⇨ ②数値データが入っているセル〔C4：I11〕を選択し，〔Delete〕キーを押して数値を消す ⇨ シート見出しを「3名平均」とする。

手順2　①[3名平均]のシートを表示する ⇨ ②セル〔C4〕をクリック ⇨ ③[ホーム]タブ[編集]グループの[Σオート SUM]のボタン▼をクリックし[平均(A)]を選択クリック ⇨ ④[＝AVERAGE（）]と表示される。

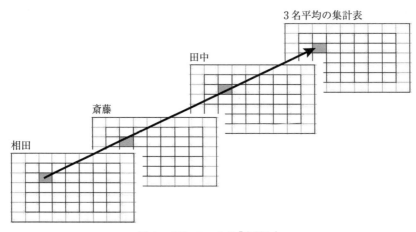

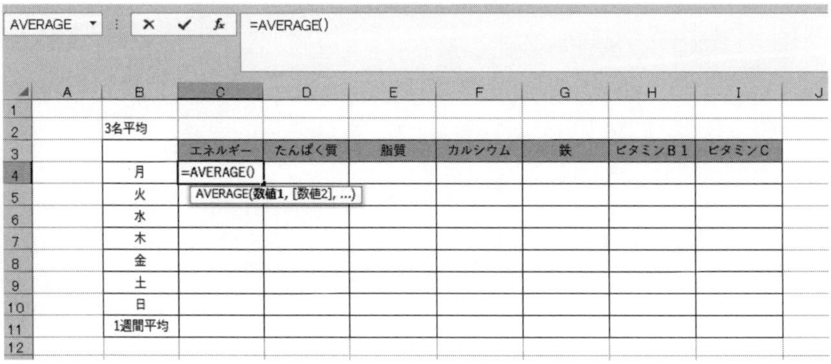

図1－31　3名平均の3D集計(1)

手順3　①［相田陽子］のシート見出しをクリックする ⇨ ②［相田陽子］のシートが表示される ⇨ ③セル〔C4〕をクリックする ⇨ ④数式バーに「＝AVERAGE（相田陽子！C4）」と表示される。

手順4　①〔Shift〕キーを押しながら，［田中千春］のシート見出しをクリックする ⇨ ②「相田陽子」から「田中千春」までのすべてのシートが選択される ⇨ ③数式バーに「＝AVERAGE（'相田陽子：田中千春'！C4）」と表示される ⇨ ④〔Enter〕キーを押す ⇨ ⑤［3名平均］のシートのセル〔C4〕に平均が表示される。

	A	B	C	D	E	F	G	H	I
1									
2		3名平均							
3			エネルギー	たんぱく質	脂質	カルシウム	鉄	ビタミンB1	ビタミンC
4		月	1906						
5		火							
6		水							
7		木							
8		金							
9		土							
10		日							
11		1週間平均							
12									

図1－32　3名平均の3D集計(2)

手順5　①［3名平均］のシートのセル〔C4〕をクリック ⇨ セル〔C5〕からセル〔C11〕までオートフィルでコピー ⇨ ②セル〔C4：C11〕が選択されている状態で，フィルハンドルをセル〔I11〕までドラッグしてコピー ⇨ ③式がコピーされ計算結果が表示される。

	A	B	C	D	E	F	G	H	I
1									
2		3名平均							
3			エネルギー	たんぱく質	脂質	カルシウム	鉄	ビタミンB1	ビタミンC
4		月	1906	62	58	304	7	1	147
5		火	1410	56	30	302	5	0	79
6		水	1785	60	42	317	6	1	79
7		木	1279	53	38	233	5	1	126
8		金	2304	70	95	442	9	1	154
9		土	1930	63	73	315	7	1	56
10		日	1786	73	63	511	8	2	66
11		1週間平均	1771	62	57	346	7	1	101
12									

図1－33　3名平均の計算結果

1−9　シートのリンク

解説：複数のワークシートを連結した状態を「リンク」という。シートをリンクすると参照元シートのデータが更新され，参照先のデータも自動的に更新される。

課題A：相田さん，斎藤さん，田中さんの3名の1週間のエネルギー・栄養素摂取量の平均を「個人別集計」の表に「リンク貼り付け」しなさい。

手順1

①[3名平均]シート見出しの右隣のシート見出しをクリックする ⇨ ②シート見出しを「個人別集計」とする ⇨ ③表頭のフィールド名を[3名平均]シートからコピーし，[個人別集計]のシートに貼り付けして個人別集計の表をつくる。

	A	B	C	D	E	F	G	H	I
1									
2		個人別集計							
3			エネルギー	たんぱく質	脂質	カルシウム	鉄	ビタミンB1	ビタミンC
4		相田　陽子							
5		斎藤　貴子							
6		田中　千春							
7		平均							
8									

図1 − 34　個人別集計の表

手順2

①シート[相田陽子]に切り替える ⇨ ②セル〔C11：I11〕を選択する ⇨ ③[ホーム]タブの[クリップボード]グループの[コピー(Ctrl + C)]ボタンをクリック ⇨ ④シート[個人別集計]に切り替える ⇨ ⑤セル〔C4〕をクリック ⇨ ⑥[ホーム]タブの[クリップボード]グループの[貼り付け(Ctrl + V)]ボタンの▼をクリック ⇨ ⑦[形式を選択して貼り付け(S)]を選択クリック ⇨ ⑧[形式を選択して貼り付け]ダイアログが表示される。

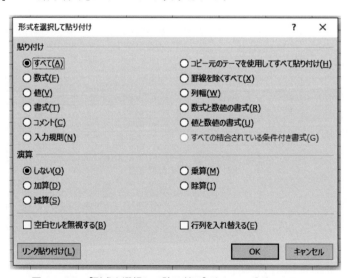

図1 − 35　[形式を選択して貼り付け]ダイアログボックス

手順3　①[リンク貼り付け(L)]ボタンをクリック ⇨ ②式がリンク貼り付けされる ⇨ ③数式バーには,「＝相田陽子！C11」と表示される ⇨ ④セル〔C5〕をクリックして同様に斎藤貴子のデータをリンク貼り付けする ⇨ ⑤田中千春,平均についても同様にリンク貼り付けする ⇨ ⑥個人別集計表が完成する。

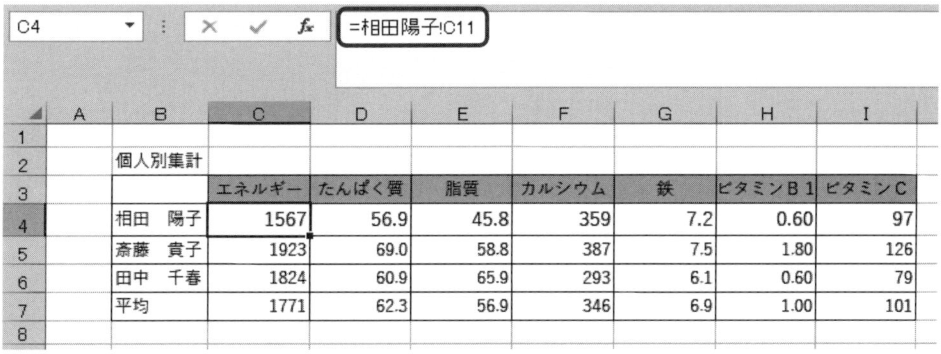

	A	B	C	D	E	F	G	H	I
1									
2		個人別集計							
3			エネルギー	たんぱく質	脂質	カルシウム	鉄	ビタミンB1	ビタミンC
4		相田　陽子	1567	56.9	45.8	359	7.2	0.60	97
5		斎藤　貴子	1923	69.0	58.8	387	7.5	1.80	126
6		田中　千春	1824	60.9	65.9	293	6.1	0.60	79
7		平均	1771	62.3	56.9	346	6.9	1.00	101
8									

セルC4、数式バー：=相田陽子!C11

図1－36　個人別集計表の完成

参考：ブックやシートをリンクする参照式は以下の通りである。
①同じシート内で参照する
　＝セル参照　　例：＝A1
②同じブック内の別のシートを参照する
　＝シート名！セル参照　　例：斎藤貴子！C11
③別のブックを参照する
　＝'〔ブック名．xlsx〕シート名'！セル参照
　＝'〔1章シートの連携．xlsx〕田中千春'！C11

1-10 ブックの操作

例題 ブック「1章シートの連携」，ブック「1章画面表示」およびブック「1章ブックの連携」の3つのブックがある，課題A～課題Dをやってみましょう。

課題A：ブック「1章シートの連携」を複数のウィンドウで並べて表示しなさい。
課題B：ブック「1章シートの連携」とブック「1章画面表示」の2つのブックをウィンドウ内に並べて表示しなさい。
課題C：ブック「1章画面表示」の［栄養摂取量］のシートをブック「1章シートの連携」にコピーしなさい。
課題D：ブック「1章シートの連携」の個人別集計の表の値をブック「1章ブックの連携」の［連携］シートに参照しなさい。

解説：同じブック内にある別々のシートを比較しながら作業をする場合，1つのブックを複数のウィンドウで表示すると便利である。

課題A：ブック「1章シートの連携」を複数のウィンドウで並べて表示しなさい。

手順1 ①ブック「1章シートの連携」を開く ⇨ ②［表示］タブをクリック ⇨ ③［新しいウィンドウを開く］ボタンをクリック ⇨ ④新しいウィンドウが開き，ファイル名の後ろに［：2］と表示される ⇨ ⑤［整列］ボタンをクリック ⇨ ［ウィンドウの整列］ダイアログボックスが表示される。

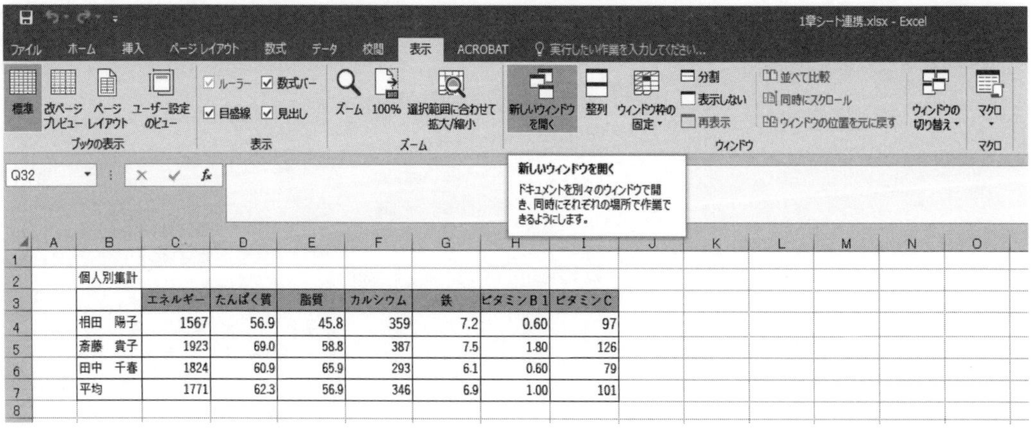

図1-37 新しいウィンドウを開く

1章 基本操作

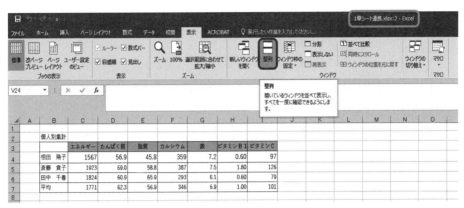

図1-38 ファイル名に「:2」が表示

手順2 ①[左右に並べて表示(T)]を選択 ⇨ ②[OK]ボタンクリック ⇨ ③2つのウィンドウが左右に並んで表示される。

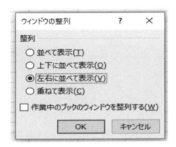

図1-39 [ウィンドウの整列]ダイアログボックス

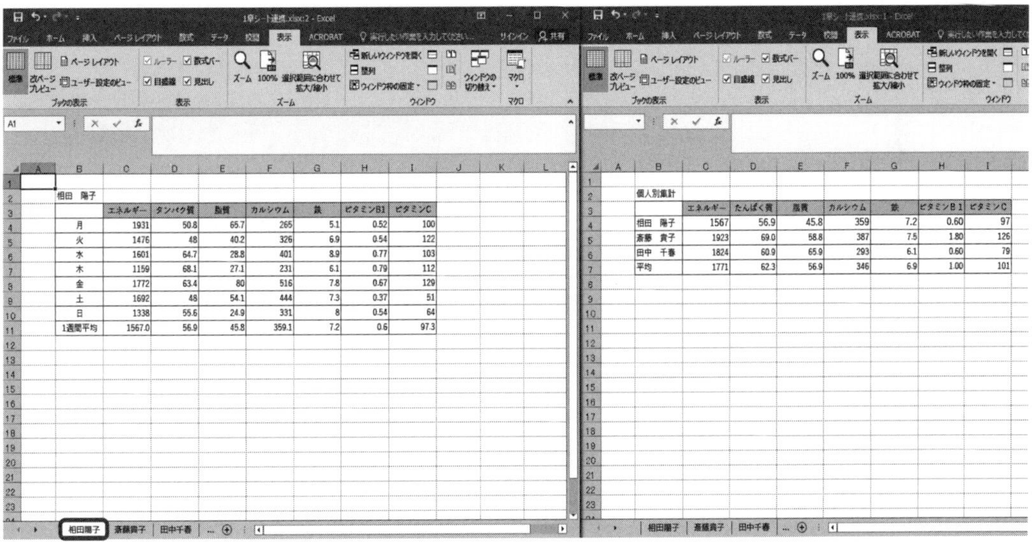

図1-40 ウィンドウが左右に表示される

解説：上図のようにウィンドウごとに異なるシートを表示できる。

課題B：ブック「1章シートの連携」とブック「1章画面表示」の2つのブックをウィンドウ内に並べて表示しなさい。

手順1
①課題Aのブック「1章シートの連携」を開いたままで，ブック[1章画面表示]を開く ⇨ ②[表示]タブをクリック ⇨ ③[整列]ボタンをクリックし，[ウィンドウの整列]ダイアログボックスの[並べて表示(T)]を選択 ⇨ [OK]ボタンをクリック ⇨ ④複数のウィンドウが表示される。

図1-41　[並べて表示]選択

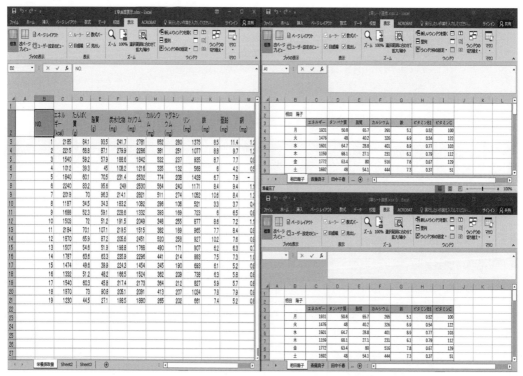

図1-42　2つのブックの複数のウィンドウ表示([並べて表示]を選択した場合)

1章 基本操作

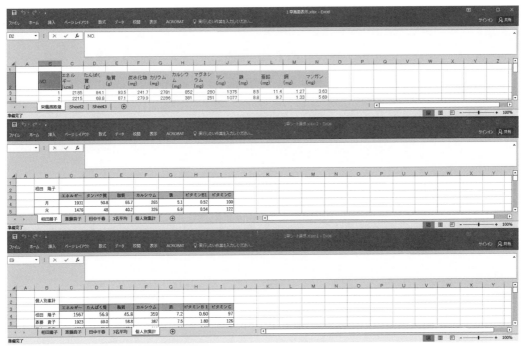

図1-43 シートが上下に整列（[上下に並べて表示]を選択した場合）

解説：複数のブックを参考にする場合に1つの画面内に表示できれば便利である。1つの画面内に表示する方法は図1-41のように4通りある。作業しやすい整列方法を選択すればよい。

課題C：ブック「1章画面表示」の[栄養摂取量]のシートをブック「1章シートの連携」にコピーしなさい。

手順1　①移動／コピー元および移動／コピー先のブックを開いておく ⇨ ②移動／コピーしたいシートを選択 ⇨ ③[ホーム]タブをクリックし[セル]グループの[書式]ボタンをクリック ⇨ ④[シートの移動またはコピー]を選択

手順2　①移動／コピー先のブックを[移動先ブック(T)]より選択 ⇨ ②[挿入先(B)]より移動／コピー先のシートを選択 ⇨ ③[コピーを作成する]のチェックボックスをクリック ⇨ [OK]ボタンをクリック ⇨ ④選択したブック内のシートの前に，シートがコピーされる。

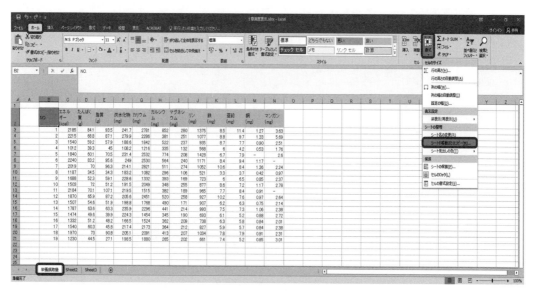

図１－44 ［シートの移動またはコピー］を選択

図１－45 ［シートの移動またはコピー］ダイアログボックス

NO.	エネルギー (kcal)	たんぱく質 (g)	脂質 (g)	炭水化物 (mg)	カリウム (mg)	カルシウム (mg)	マグネシウム (mg)	リン (mg)	鉄 (mg)	亜鉛 (mg)	銅 (mg)	マンガン (mg)
1	2185	84.1	93.5	241.7	2781	852	280	1375	8.5	11.4	1.27	3.63
2	2215	68.8	87.1	279.9	2286	381	251	1077	8.8	9.7	1.33	5.69
3	1540	59.2	57.9	188.6	1842	522	237	935	8.7	7.7	0.90	2.51
4	1012	39.3	45	108.2	1216	335	132	568	6	4.2	0.53	1.76
5	1840	60.1	70.5	231.4	2532	774	208	1428	6.7	7.9	－	2.6
6	2240	83.2	95.6	249	2530	564	240	1171	8.4	9.4	1.17	－
7	2019	70	96.3	214.1	2821	511	274	1052	10.6	8.4	1.36	2.24
8	1187	34.5	34.3	183.2	1082	296	106	521	3.3	3.7	0.42	0.97
9	1688	52.3	59.1	228.6	1332	393	169	723	6	6.5	0.85	2.37
10	1503	72	51.2	191.5	2049	348	255	877	8.6	7.2	1.17	2.78
11	2184	70.1	107.1	219.5	1515	382	189	965	7.7	8.4	0.91	－
12	1870	65.9	87.2	205.6	2451	520	258	927	10.2	7.6	0.97	2.64
13	1507	54.6	51.9	198.8	1768	490	171	907	6.2	6.3	0.75	2.14
14	1787	63.6	63.3	235.9	2296	441	214	993	7.5	7.3	1.06	2.38
15	1474	49.6	39.9	224.3	1454	345	190	693	6.1	5.2	0.88	2.72
16	1332	51.2	48.2	166.5	1524	362	209	738	6.3	5.8	0.84	2.01
17	1540	60.3	45.8	217.4	2173	364	212	827	5.9	5.7	0.84	2.38
18	1970	73	90.8	205.1	2091	413	207	1034	7.8	7.9	0.91	2.31
19	1230	44.5	27.1	198.5	1880	265	202	661	7.4	5.2	0.85	3.01

図１－46 コピーされたシート

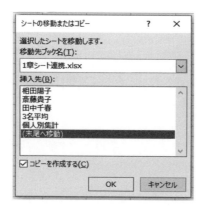

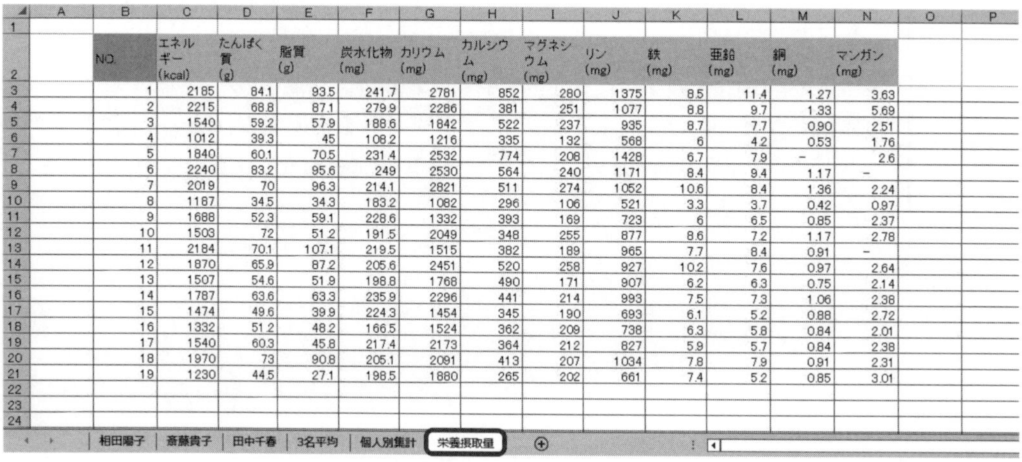

課題D：ブック「1章シートの連携」の［個人別集計］シートの表の値をブック「1章ブックの連携」の［連携］シートに参照しなさい。

手順1　①ブック「1章シートの連携」とブック「1章ブックの連携」を開く ⇨ ②ブック「1章シートの連携」の［個人別集計］のシートをクリック ⇨ ③ブック「1章ブックの連携」の［連携］シートをクリック

手順2　①［連携］シートのセル〔B3〕をクリック ⇨ ②「＝」を入力 ⇨ ③ブック「1章シートの連携」の［個人別集計］シートをクリック ⇨ ［個人別集計］シートのセル〔B4〕をクリック ⇨ ④も同様に残りのセルも［連携］シートに参照させる。

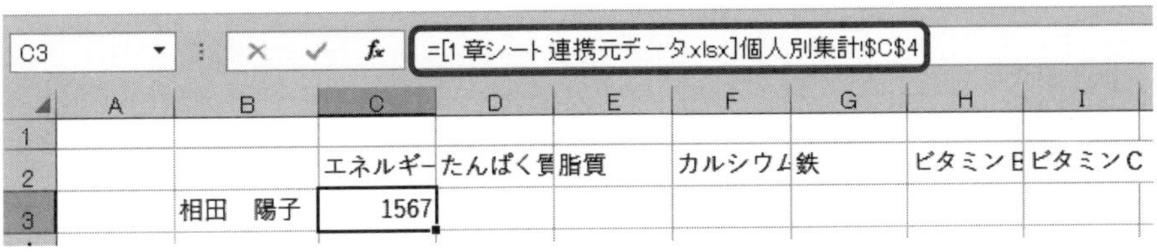

図1－47　ブック間の参照

解説：参照式の意味は下記のとおりである。
　　　＝ '[1章シートの連携.xlsx]個人別集計'!B4
　　　「1章シートの連携.xlsx」というエクセルのブックの［個人別集計］シートのセル〔B4〕を参照する。

1-11　エクセルと他のアプリケーションの連携

例題　ブック「1章画面表示」の［栄養摂取量］シートを開き、課題A～課題Cをやってみましょう。

課題A：ブック「1章画面表示」の［栄養摂取量］シートにある表をワードに貼り付けなさい。
課題B：ブック「1章画面表示」の［栄養摂取量］シートにある表をワードにリンクとして貼り付けなさい。
課題C：ブック「1章画面表示」の［栄養摂取量］のシートをPDFファイルとして保存しなさい。

解説：エクセルで作成したデータを他のアプリケーションに貼り付けて、データをそのまま利用することができる。「リンク貼り付け」とは、コピー元のデータと貼り付け先のデータが関連づけられ、参照関係（リンク）を作ることである。したがってコピー元のデータを修正すると、自動的に貼り付け先のデータも修正される。一方、通常の「貼り付け」を使った場合はコピー元のデータは貼り付け先のデータとリンクせず、コピー元のデータを修正し

ても貼り付け先のデータは修正されない。

課題A：ブック「1章画面表示」の[栄養摂取量]シートにある表をワードに貼り付けなさい。

手順1　①ブック[1章画面表示]の[栄養摂取量]シートを開く ⇨ ②コピーしたい表のセル範囲[B2：N21]を選択 ⇨ ③[ホーム]タブの[クリップボード]グループ[コピー(Ctrl + C)]ボタンをクリック

手順2　①ワードを起動して，エクセルの表を貼り付けたいファイルを開く ⇨ ②貼り付けたい場所にカーソルを移動する ⇨ ③ワードの[ホーム]タブの[クリップボード]グループ[貼り付け(Ctrl + V)]ボタンをクリック ⇨ エクセルのデータがワードの表として貼り付けられる。

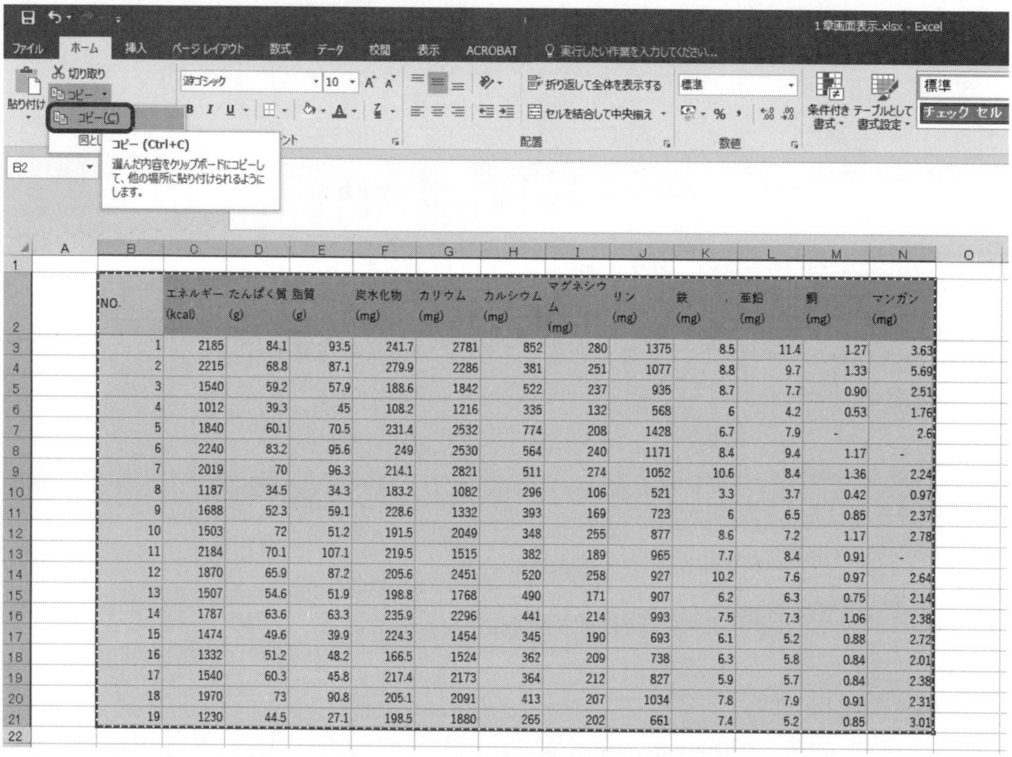

図1-48　コピー元のエクセルの表の選択

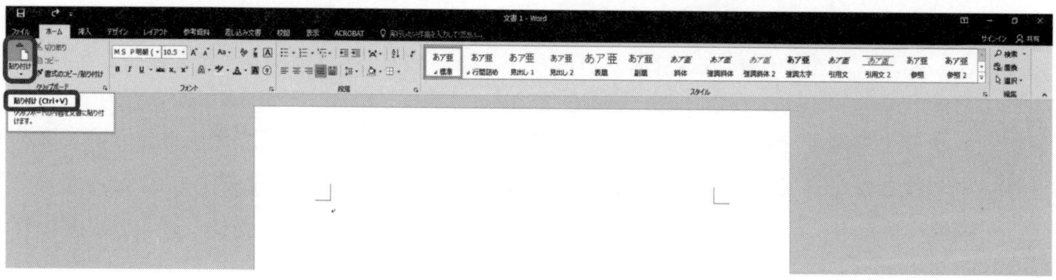

図1-49　ワードを開いて貼り付けボタンを押す

1章 基本操作

NO.	エネルギー(kcal)	たんぱく質(g)	脂質(g)	炭水化物(mg)	カリウム(mg)	カルシウム(mg)	マグネシウム(mg)	リン(mg)
1	2185	84.1	93.5	241.7	2781	852	280	1375
2	2215	68.8	87.1	279.9	2286	381	251	1077
3	1540	59.2	57.9	188.6	1842	522	237	935
4	1012	39.3	45	108.2	1216	335	132	568
5	1840	60.1	70.5	231.4	2532	774	208	1428
6	2240	83.2	95.6	249	2530	564	240	1171
7	2019	70	96.3	214.1	2821	511	274	1052
8	1187	34.5	34.3	183.2	1082	296	106	521
9	1688	52.3	59.1	228.6	1332	393	169	723

図1－50　ワードに表が貼り付く

課題B：ブック「1章画面表示」の[栄養摂取量]のシートにある表をワードにリンクとして貼り付けなさい。

手順1　①ブック「1章画面表示」の[栄養摂取量]のシートとリンク先のワードを開く ⇨ ②エクセルのコピーしたい表のセル範囲[B2：N21]を選択 ⇨ ③[ホーム]タブの[クリップボード]グループ[コピー(Ctrl＋C)]ボタンをクリック

手順2　①ワードで[ホーム]タブの[クリップボード]グループの[貼り付け]ボタンの▼をクリック ⇨ ②[形式を選択して貼り付け(S)]を選択クリック ⇨ 「形式を選択して貼り付け」ダイアログボックスで[リンク貼り付け(L)]のボタンをクリック ⇨ ③[貼り付ける形式(A)]のボックスで[Microsoft Office Excel ワークシートオブジェクト]を選択 ⇨ ④[OK]ボタンをクリック ⇨ ⑤エクセルの表がワードにリンクとして貼り付く。

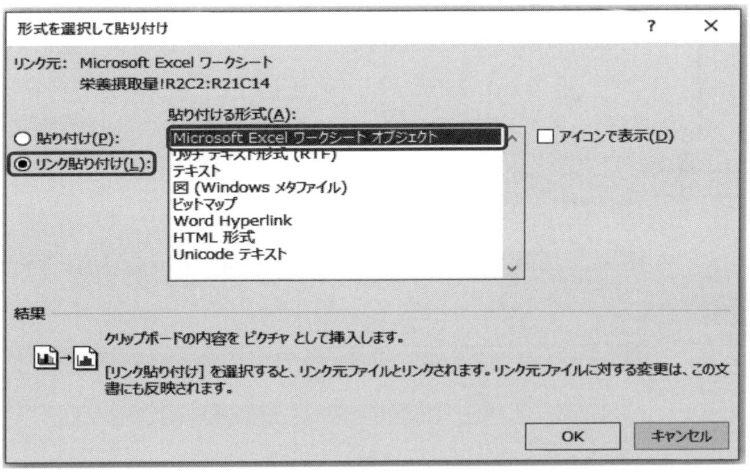

図1－51　エクセルの表をワードにリンク貼り付けする場合の形式

📖 参考：
　　リンクを解除するには，①リンク先のワードでファイルタブをクリック ⇨ ②関連ドキュメントの[ファイルへのリンクの編集]をクリック ⇨ ③[リンクの設定]ダイアログボックスが表示される ⇨ ④[リンク元のファイル(S)]ボックスから解除したいファイルを選択 ⇨ ⑤[リンクの解除(B)]ボタンをクリック

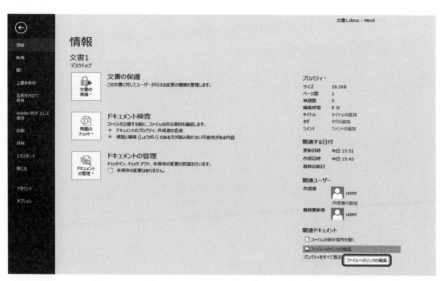

図1－52　「ファイルへのリンクの編集」の選択

解説：PDFファイルとはPortable Document Formatの略記で，Adobe Systems社によって開発された電子文書のためのフォーマットである。コンピュータの機種やシステムの環境によらず，元のレイアウトを再現できるため，特別な機種やソフトがなくても，閲覧・印刷することができる。また，ファイルのセキュリティ設定によって変更不可の設定もできるので，安心して配布できる。

課題C：ブック「1章画面表示」の［栄養摂取量］シートをPDFファイルとして保存しなさい。

手順1　①ブック「1章画面表示」の［栄養摂取量］シードを開く ⇨ ②ファイルタブをクリック ⇨ ③名前を付けて保存を選択 ⇨ ④［保存場所を選択する］ ⇨ ⑤［ファイル名(N)］にファイル名を入力 ⇨ ⑥［ファイルの種類(T)］からPDFを選択 ⇨ ⑦保存(S)ボタンをクリック ⇨ ⑧PDFファイルとして保存完了

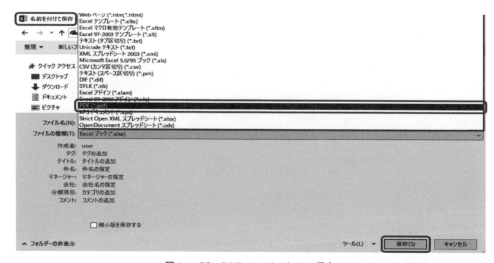

図1－53　PDFファイルとして保存

Ⅰ エントリー編

2章　表の作成

2-1 データの入力

1. 作成するシートの確認

> **例題** 調味パーセント(汁物)表を完成してみましょう(図1-9参照)。

	A	B	C	D	E	F	G	H	I	J	K	L	M	N	O
1															
2		■調味パーセント(汁物)											作成日	4月1日	
3															
4				調味パーセント											
5							割合				重量(g)			備考	
6		No	料理名	調味対象	調味対象g	塩分%	塩分全体	塩:しょうゆ:みそ			塩	しょうゆ	みそ		
7		1	みそ汁	だし	150	0.008	-	-	-		1	-	-	みそ1	
8		2	かす汁	だし+材料	250	0.007	2	-	5		-	-	-	塩:みそ=2:5	
9		3	スープ	とりがらた	200	0.005	1	-	-		-	-	-	塩1	
10		4	すまし汁	だし	150	0.006	4	1	-		-	-	-	塩:しょうゆ=4:1	
11		5	けんちん汁	だし+材料	200	0.007	4	1	-		-	-	-	塩:しょうゆ=4:1	
12		6	吉野汁	だし+くず	200	0.008	4	5	-		-	-	-	塩:しょうゆ=4:5	
13		計													

図2-1 調味パーセント(汁物)

┅┅┅ダウンロード

2-2 表の編集

1. セルの中央揃え

(1) 表頭項目の"塩～みそ"の文字〔K6：M6〕を中央に配置する

手順 ①セル〔K6：M6〕を選択 ⇨ ②[ホーム]タブをクリック ⇨ ③[配置]グループの[中央揃え]ボタンをクリック

(2) セル内の文字〔B7：B12〕と〔G7：M13〕を中央に配置する

手順 ①セル〔B7：B12〕を選択 ⇨ ②[ホーム]タブをクリック ⇨ ③[配置]グループの[中央揃え]ボタンをクリック ④セル〔G7：M13〕を選択 ⇨ ⑤[ホーム]タブをクリック ⇨ ⑥[配置]グループの[中央揃え]ボタンをクリック

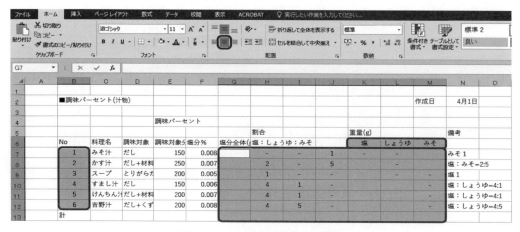

図2-2 セル内の文字を中央揃え

2．セルの結合
(1) "計"の文字を〔B13：F13〕の中央に配置する

手順　①セル〔B13：F13〕を選択 ⇨ ②［ホーム］タブをクリック ⇨ ③［配置］グループの［セルを結合して中央揃え］ボタンをクリック

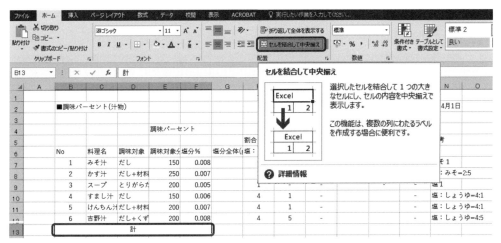

図2－3　セルを結合して中央揃え表示

(2) 表頭項目の"No"～"備考"の文字をそれぞれ結合して中央に配置する

手順1　"No"の文字を〔B4：B6〕の中央に配置する。①セル〔B4：B6〕を選択 ⇨ ②［ホーム］タブをクリック ⇨ ③［配置］グループの［セルを結合して中央揃え］ボタンをクリック

手順2　"料理名"の文字を〔C4：C6〕の中央に配置する。①セル〔C4：C6〕を選択 ⇨ ②以降は手順1と同様

手順3　"調味対象"の文字を〔D4：D6〕の中央に配置する。①セル〔D4：D6〕を選択 ⇨ ②以降は手順1と同様

手順4　"調味パーセント"の文字を〔E4：M4〕の中央に配置する。①セル〔E4：M4〕を選択 ⇨ ②以降は手順1と同様

手順5　"調味対象分量"の文字を〔E5：E6〕の中央に配置する。①セル〔E5：E6〕を選択 ⇨ ②以降は手順1と同様

手順6　"塩分％"の文字を〔F5：F6〕の中央に配置する。①セル〔F5：F6〕を選択 ⇨ ②以降は手順1と同様

手順7　"塩分全体(g)"の文字を〔G5：G6〕の中央に配置する。①セル〔G5：G6〕を選択 ⇨ ②以降は手順1と同様

手順8　"割合"の文字を〔H5：J5〕の中央に配置する。①セル〔H5：J5〕を選択 ⇨ ②以降は手順1と同様

手順9	"塩：しょうゆ：みそ"の文字を〔H6：J6〕の中央に配置する。①セル〔H6：J6〕を選択 ⇨ ②以降は手順1と同様
手順10	"重量(g)"の文字を〔K5：M5〕の中央に配置する。①セル〔K5：M5〕を選択 ⇨ ②以降は手順1と同様
手順11	"備考"の文字を〔N4：N6〕の中央に配置する。①セル〔N4：N6〕を選択 ⇨ ②以降は手順1と同様

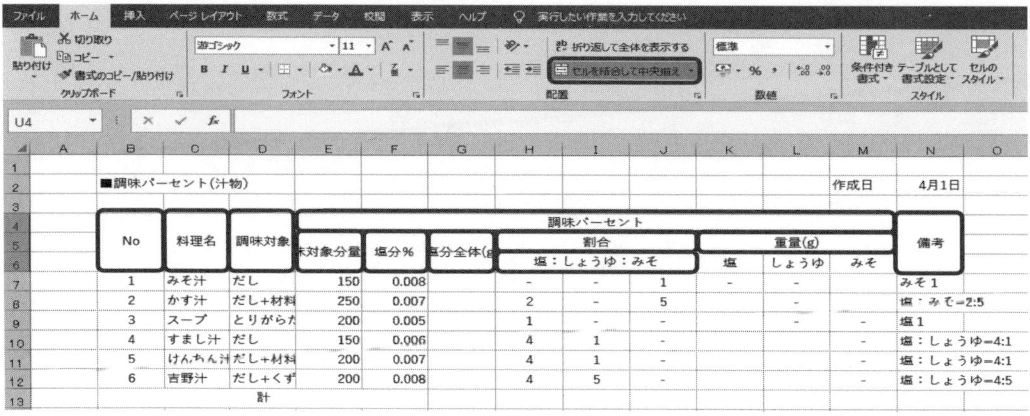

図2－4　表頭項目をそれぞれセルを結合して中央揃え表示

(3)　表頭項目の"No"～"備考"の文字を折り返して全体を表示する

手順	①セル〔B4：N6〕を選択 ⇨ ②[ホーム]タブをクリック ⇨ ③[配置]グループの[折り返して全体を表示する]ボタンをクリック

図2－5　表頭項目を折り返して全体を表示

3. 列幅と行の高さ・表示形式の調整

(1) 列幅の変更 "B列"の幅を「3」に変更する

手順 ①B列を選択 ⇨ ②右クリックしメニューを表示 ⇨ ③[列の幅]を選択 ⇨ ④列幅ダイアログボックスに「3」を入力

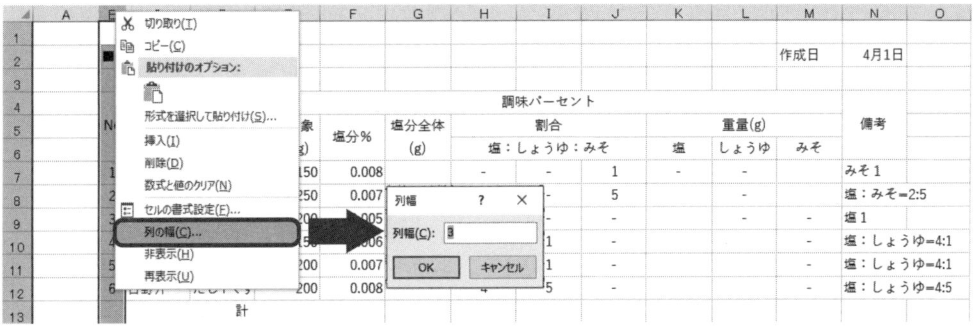

図2-6 列幅の変更(数値入力)

(2) 列幅の変更 "C列"の幅を自動調整する

手順 C列幅の調整。①C列とD列の境界線をポイント ⇨ ②マウスが ↔ の形状時にダブルクリックする ⇨ ③列の幅が自動調整される

(3) 列幅の変更 "D列"の幅を「16」に変更する

手順 D列の右側の境界線をポイント ⇨ ②幅が「16」になるまで右へドラッグ

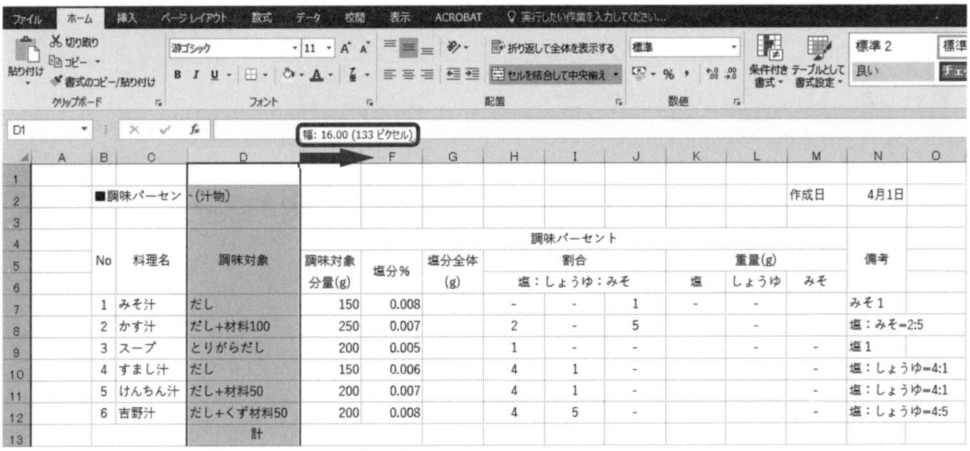

図2-7 列幅の変更(ドラッグ)

(4) 列幅の変更 "G列"の幅を「4.75」に変更する

手順 ①G列とH列の境界線をポイント ⇨ ②幅が「4.75」になるまで左へドラッグ

(5) 列幅の変更 "H列～M列" の幅を「5.5」に変更する

手順 ① H列～M列を選択 ⇨ ② 幅が「5.5」になるまで左へドラッグ

(6) 列幅の変更 "L列とN列" の幅を自動調整する

手順
L列幅の調整 ① L列とM列の境界線をポイント ⇨ 以降は手順1と同様
N列幅の調整 ① N列とO列の境界線をポイント ⇨ 以降は手順1と同様

(7) 行の高さの変更

手順
① 5行と6行を選択 ⇨ ② 6行目の下の境界線をポイント ⇨ ② 高さが「45」になるまで下へドラッグ
③ 7行～13行を選択 ⇨ ② 13行目の下の境界線をポイント ⇨ ② 高さが「21」になるまで下へドラッグ

図2－8　行の高さ変更（ドラッグ）

解説：Excelの既定の列幅は「8.38」である。列幅を表す数値は，「標準フォント[1]」の半角文字の文字数を表す。列幅が「16」の場合，「標準フォントの半角文字が16文字分表示できる列幅」ということになる。つまり，列幅を表す単位は「表示できる文字数」である。

---

[1] 標準フォント：Excelを新規に起動して文字を入力したときに使用されるフォントのこと

(8) 表示形式の変更

手順 ①セル[F7：F12]を選択 ⇨ ②[ホーム]タブをクリック ⇨ ③[数値]グループの[%]ボタンをクリック ⇨ ④[数値]グループの ←.0/.00 をクリック ⇨ 小数点第1位まで表示する

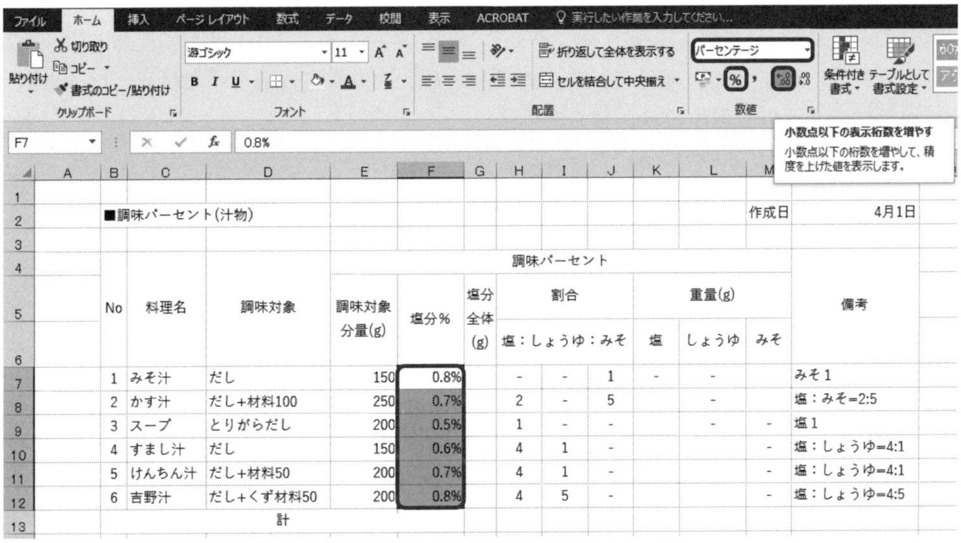

図2−9 表示形式の変更

2−3 数式の入力と合計の計算

1．数式の入力

(1) 数式入力のルール

数式は先頭に(＝)をつけて始める。(＝)のあと計算の対象となるセル番地や演算記号(演算子)を入力する。Excelで用いる演算子は下表の通りである。

表2−1 Excelで用いる演算子

種　類	演算子	読　み
足し算(加算)	＋	プラス
引き算(減算)	−	マイナス
掛け算(乗算)	＊	アスタリスク
割り算(除算)	／	スラシュ
べき乗(累乗)	＾	カレット

解説：調味パーセントとは，材料の重量に対しての調味料(おもに塩分や糖分)の割合を表したものである。ここでいう塩分，糖分とは，調味料に含まれる食塩や砂糖の量を示したものである。

$$\text{調味パーセント}(\%) = \frac{\text{調味料の重量}}{\text{材料の重量}} \times 100$$

調味パーセントは塩分(食塩，しょうゆ，みそ)，糖分(砂糖，みりん)のほかに，酢，油，かたくり粉，小麦粉，だしなどにも適用できる。調味パーセントの使い方は，その材料に用いる調味料の重量を計算する。計算方法は次の通りである。

$$\text{調味料の重量} = \text{材料の重量(g)} \times \frac{\text{調味パーセント}}{100}$$

(2)　塩分全体量を計算する

手順 1　No1のみそ汁の塩分全体量を計算する。
①セル〔G7〕を選択 ⇨ ②「＝」を入力する。

手順 2　①セル〔E7〕を選択 ⇨ ②数式バーとセル〔G7〕に「＝ E7」と表示される ⇨ ③「＊」を入力する ⇨ ④数式バーとセル〔F5〕に「＝ E7 ＊」と表示される。

手順 3　①セル〔F7〕を選択 ⇨ ②数式バーとセル〔G7〕に「＝ E7 ＊ F7」と表示される ⇨ ③〔Enter〕キーを押す。

〔注意〕 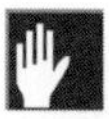 「＝」を入力するには， 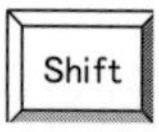

〔shift〕キーを押しながら ⇨ キーを押す。

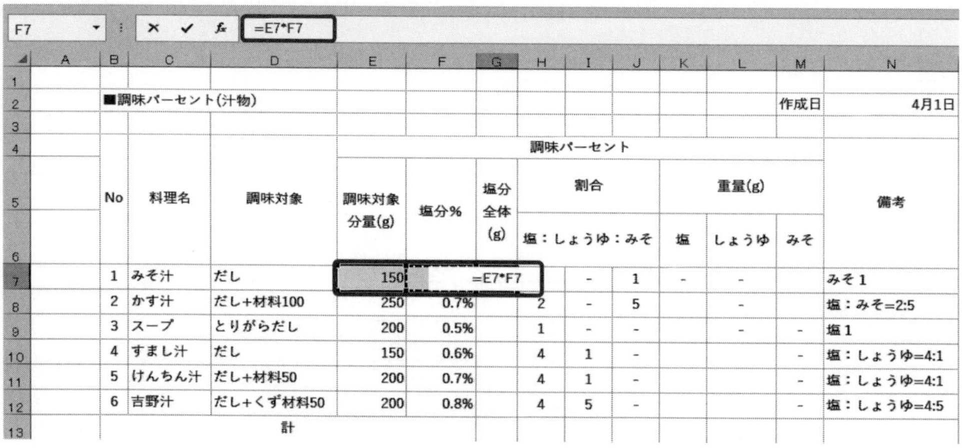

■調味パーセント(汁物)											作成日	4月1日
			調味パーセント									
No	料理名	調味対象	調味対象分量(g)	塩分%	塩分全体(g)	割合			重量(g)			備考
						塩：しょうゆ：みそ			塩	しょうゆ	みそ	
1	みそ汁	だし	150		=E7*F7		-	1	-	-		みそ1
2	かす汁	だし+材料100	250	0.7%		2	-	5		-		塩：みそ=2:5
3	スープ	とりがらだし	200	0.5%		1	-	-		-	-	塩1
4	すまし汁	だし	150	0.6%		4	1	-			-	塩：しょうゆ=4:1
5	けんちん汁	だし+材料50	200	0.7%		4	1	-			-	塩：しょうゆ=4:1
6	吉野汁	だし+くず材料50	200	0.8%		4	5	-			-	塩：しょうゆ=4:5
	計											

図2－10　計算式の表示

(ただし，ここの例題では，調味パーセントは小数で入力しているので，100で除算しない。)材料の重量とは，なべやボールに入る状態の材料重量のことで，ほとんどが正味重量(魚などは骨つきの場合もある)である。なお，汁物や汁けの多い煮物などの場合は，だしの分量に対して，調味パーセントを計算する。

(3) 表示形式の変更（桁揃え）

表示形式の変更（小数点第１位まで表示）をする。

手順　①セル〔G7〕を選択 ⇨ ②マウス右クリックでメニューを表示 ⇨ ③〔セルの書式設定(F)〕をクリック ⇨ ④セルの書式設定のダイアログボックスが表示される ⇨ ⑤〔分類〕の数値をクリック ⇨ ⑥小数点以下の桁数を［0］の△ををクリックし，「1」にする ⇨ ⑦「OK」ボタンをクリック

(4) 数式の複写

No1のみそ汁の塩分全体量の数式を複写する。

手順　①セル〔G7〕を選択 ⇨ ②フィルハンドルを選択 ⇨ ③セル〔G12〕までドラッグ ⇨ ④セル〔G8：G12〕に計算結果が表示される。

■調味パーセント（汁物）　　作成日　4月1日

No	料理名	調味対象	調味対象分量(g)	塩分%	塩分全体(g)	割合 塩	割合 しょうゆ	割合 みそ	重量(g) 塩	重量(g) しょうゆ	重量(g) みそ	備考
1	みそ汁	だし	150	0.8%	1.2	-	-	1	-	-		みそ1
2	かす汁	だし+材料100	250	0.7%	1.8	2	-	5		-		塩：みそ=2:5
3	スープ	とりがらだし	200	0.5%	1.0	1	-	-		-	-	塩1
4	すまし汁	だし	150	0.6%	0.9	4	1	-			-	塩：しょうゆ=4:1
5	けんちん汁	だし+材料50	200	0.7%	1.4	4	1	-			-	塩：しょうゆ=4:1
6	吉野汁	だし+くず材料50	200	0.8%	1.6	4	5	-			-	塩：しょうゆ=4:5
計												

図２－11　数式の複写

2. 合計の計算

(1) 塩分全体の合計を計算する

手順　①セル〔G13〕を選択 ⇨ ②［数式］タブをクリック ⇨ ③［関数ライブラリ］グループの［Σオート SUM ▼］ボタンをクリック ⇨ ④合計(S)を選択 ⇨ ⑤〔Enter〕キーを押す。

SUM　=SUM(G7:G12)

■調味パーセント（汁物）　　作成日　4月1日

No	料理名	調味対象	調味対象分量(g)	塩分%	塩分全体(g)	割合 塩	割合 しょうゆ	割合 みそ	重量(g) 塩	重量(g) しょうゆ	重量(g) みそ	備考
1	みそ汁	だし	150	0.8%	1.2	-	-	1	-	-		みそ1
2	かす汁	だし+材料100	250	0.7%	1.8	2	-	5		-		塩：みそ=2:5
3	スープ	とりがらだし	200	0.5%	1.0	1	-	-		-	-	塩1
4	すまし汁	だし	150	0.6%	0.9	4	1	-			-	塩：しょうゆ=4:1
5	けんちん汁	だし+材料50	200	0.7%	1.4	4	1	-			-	塩：しょうゆ=4:1
6	吉野汁	だし+くず材料50	200	0.8%	1.6	4	5	-			-	塩：しょうゆ=4:5
計					=SUM(G7:G12)							

SUM(数値1, [数値2], ...)

図２－12　塩分全体合計量の表示

(2) 塩の合計を計算する

手順　①セル〔K13〕を選択 ⇨ ②[数式]タブをクリック ⇨ ③[関数ライブラリ]グループのΣ[オートSUM▼]ボタンをクリック ⇨ ④セル〔K7：K12〕を選択 ⇨ ⑤〔Enter〕キーを押す ⇨ ⑥セル〔K13〕に合計の塩量が表示される。ここでは，塩量はまだ計算式を入れていないので，「0」と表示される。

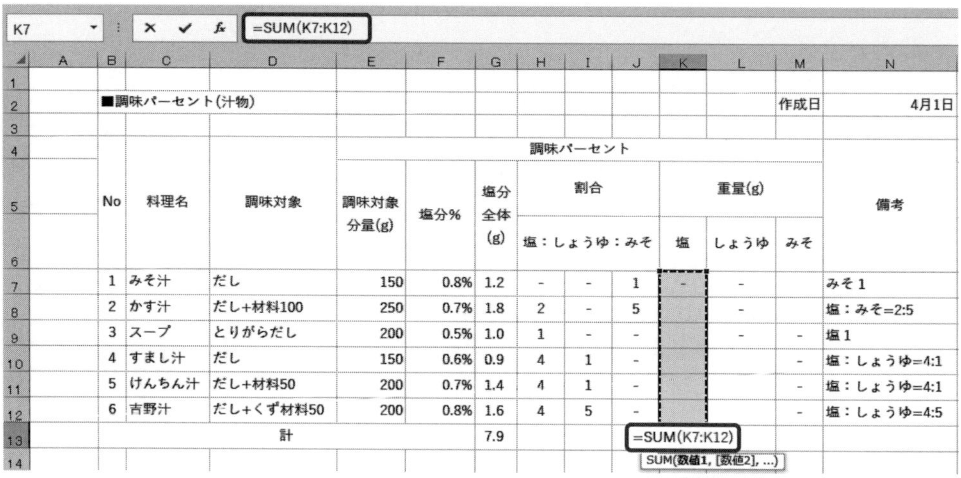

図2－13　塩合計量の表示

(3) しょうゆ，みその合計を計算する

塩合計の式を複写して，しょうゆ，みその合計量を計算する。

手順　①セル〔K13〕を選択 ⇨ ②フィルハンドルを選択 ⇨ ③セル〔M13〕までドラッグ ⇨ ④セル〔L13：M13〕に計算結果が表示される。ここでは，しょうゆ，みそはまだ計算式を入れていないので，「0」と表示される。

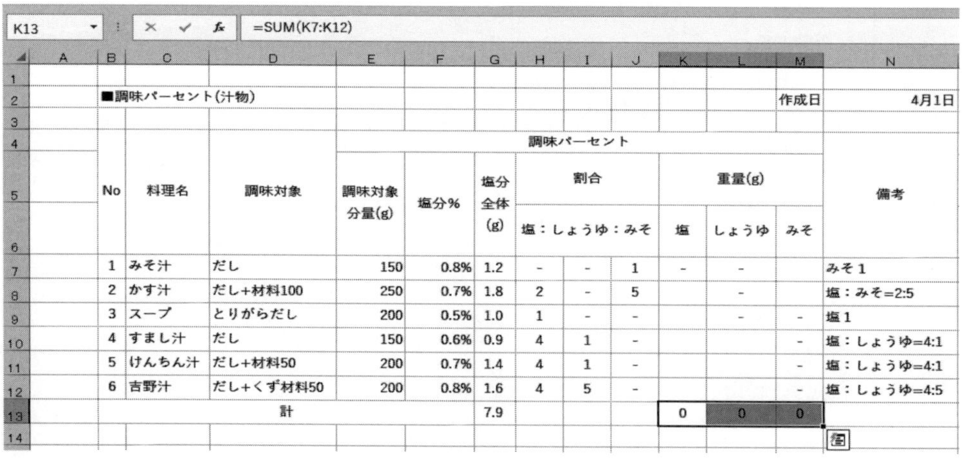

図2－14　塩合計量の式複写

2-4　調味パーセントの計算

1. 割合の計算

(1) 塩：しょうゆ：みその調味割合を計算する。

No1のみそ汁の場合、調味料は「みそ」のみ使用、「塩：しょうゆ：みそ＝－：－：1」なので、みその割合は「みそ／（塩＋しょうゆ＋みそ）」となり、計算すると1となる。
（塩＋しょうゆ＋みそ）は（＋H7＋I7＋J7）とせずに、SUM合計関数を用いる。

手順1	塩の量を計算する。 ①セル〔K8〕を選択 ⇨ ②「＝」を入力する。
手順2	①セル〔G8〕を選択 ⇨ ②数式バーとセル〔K8〕に「＝G8」と表示される ⇨ ③「＊」を入力する ⇨ ④数式バーとセル〔K8〕に「＝G8＊」と表示される。
手順3	①セル〔H8〕を選択 ⇨ ②数式バーとセル〔K8〕に「＝G8＊H8」と表示される ⇨ ③「／」を入力し ⇨ ④「SUM（H8：J8）〔Enter〕キーを押す ⇨ ⑤「0.5」と塩分量が計算される。

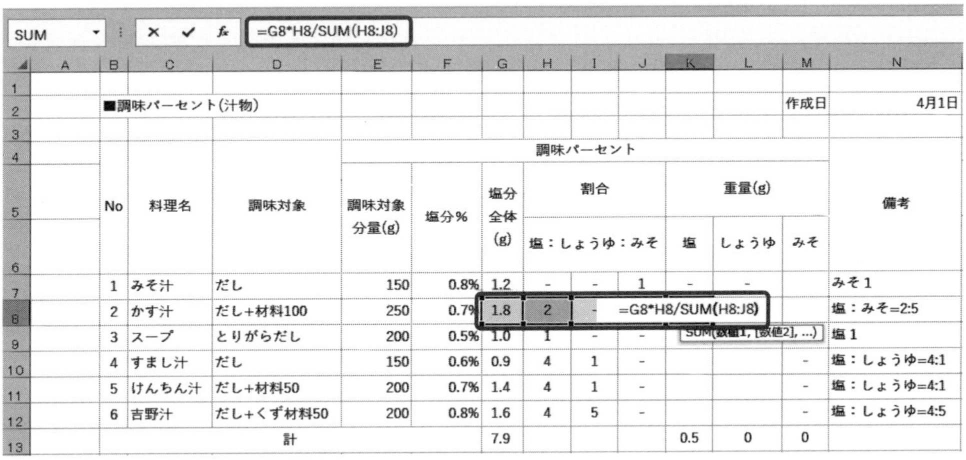

図2－15　塩の量計算

手順4	しょうゆの量を計算する。ここでは、しょうゆ塩分15％で計算する。 ①セル〔L10〕を選択 ⇨ ②「＝」を入力する。
手順5	①セル〔G10〕を選択 ⇨ ②数式バーとセル〔L10〕に「＝G10」と表示される ⇨ ③「＊」を入力する ⇨ ④数式バーとセル〔L10〕に「＝G10＊」と表示される。
手順6	①セル〔I10〕を選択 ⇨ ②数式バーとセル〔L10〕に「＝G10＊I10」と表示される ⇨ ③「／」を入力し ⇨ ④「SUM（H10：J10）を入力 ⇨ ⑤「＊」を入力し ⇨ ⑥100をかけ ⇨ ⑦「／」を入力し ⇨ ⑧15で割る ⇨ ⑨「1.2」しょうゆの重量が計算される。（しょうゆの塩分％は表2－2を参照）

	A	B	C	D	E	F	G	H	I	J	K	L	M	N
1														
2		■調味パーセント(汁物)											作成日	4月1日
3														
4								調味パーセント						
5		No	料理名	調味対象	調味対象分量(g)	塩分%	塩分全体(g)	割合 塩:しょうゆ:みそ			重量(g) 塩 しょうゆ みそ			備考
6														
7		1	みそ汁	だし	150	0.8%	1.2	-	-	1	-	-		みそ1
8		2	かす汁	だし+材料100	250	0.7%	1.8	2	-	5	0.5			塩:みそ=2:5
9		3	スープ	とりがらだし	200	0.5%	1.0	1	-	-		-	-	塩1
10		4	すまし汁	だし	150	0.6%	0.9	4	1			=G10*I10/SUM(H10:J10)*100/15		ょうゆ=4:1
11		5	けんちん汁	だし+材料50	200	0.7%	1.4	4	1	-				塩:しょうゆ=4:1
12		6	吉野汁	だし+くず材料50	200	0.8%	1.6	4	5	-		-		塩:しょうゆ=4:5
13				計			7.9				0.5	0	0	

セル L10: =G10*I10/SUM(H10:J10)*100/15

図2−16 しょうゆの重量計算

手順7 みその量を計算する。ここでは，みそ塩分12％で計算する（次ページの解説を参照）。
①セル〔M7〕を選択 ⇨ ②「=」を入力する。

手順8 ①セル〔G7〕を選択 ⇨ ②数式バーとセル〔M7〕に「=G7」と表示される ⇨ ③「*」を入力する ⇨ ④数式バーとセル〔M7〕に「=G7*」と表示される。

手順9 ①セル〔J7〕を選択 ⇨ ②数式バーとセル〔M7〕に「=G7*J7」と表示される ⇨ ③「/」を入力し ⇨ ④「SUM(H7:J7)を入力 ⇨ ⑤「*」を入力し ⇨ ⑥100をかけ ⇨ ⑦「/」を入力し ⇨ ⑧12で割る ⇨ ⑨「10」みその重量が計算される（みその塩分％は表2−2を参照）。

	A	B	C	D	E	F	G	H	I	J	K	L	M	N
1														
2		■調味パーセント(汁物)											作成日	4月1日
3														
4								調味パーセント						
5		No	料理名	調味対象	調味対象分量(g)	塩分%	塩分全体(g)	割合 塩:しょうゆ:みそ			重量(g) 塩 しょうゆ みそ			備考
6														
7		1	みそ汁	だし	150	0.8%	1.2	-	-	1			=G7*J7/SUM(H7:J7)*100/12	
8		2	かす汁	だし+材料100	250	0.7%	1.8	2	-	5	0.5			塩:みそ=2:5
9		3	スープ	とりがらだし	200	0.5%	1.0	1	-	-		-	-	塩1
10		4	すまし汁	だし	150	0.6%	0.9	4	1			1.2	-	塩:しょうゆ=4:1
11		5	けんちん汁	だし+材料50	200	0.7%	1.4	4	1	-				塩:しょうゆ=4:1
12		6	吉野汁	だし+くず材料50	200	0.8%	1.6	4	5	-		-		塩:しょうゆ=4:5
13				計			7.9				0.5	1.2	0	

セル M7: =G7*J7/SUM(H7:J7)*100/12

図2−17 みその重量計算

手順10 塩の式を複写する。
①セル〔K8〕を選択 ⇨ ②フィルハンドルを選択 ⇨ ③セル〔K12〕までドラッグ ⇨ ④セル〔K8:K12〕に計算結果が表示される。

同様に，しょうゆの塩分量，みその塩分量の式を複写する。
表示形式の変更（小数点第1位まで表示）をする。

手順11
①セル〔K7：M13〕を選択 ⇨ ②マウス右クリックでメニューを表示 ⇨ ③〔セルの書式設定（F）〕をクリック ⇨ ④セルの書式設定のダイアログボックスが表示される ⇨ ⑤〔分類〕の数値をクリック ⇨ ⑥〔小数点以下の桁数を 0 の△をクリックし，「1」にする ⇨ ⑦「OK」ボタンをクリック

	A	B	C	D	E	F	G	H	I	J	K	L	M	N
1														
2		■調味パーセント（汁物）											作成日	4月1日
3														
4								調味パーセント						
5		No	料理名	調味対象	調味対象分量(g)	塩分%	塩分全体(g)	割合 塩：しょうゆ：みそ			重量(g) 塩	しょうゆ	みそ	備考
6														
7		1	みそ汁	だし	150	0.8%	1.2	-	-	1	-	-	10	みそ1
8		2	かす汁	だし＋材料100	250	0.7%	1.8	2	-	5	0.5	-	10.42	塩：みそ＝2:5
9		3	スープ	とりがらだし	200	0.5%	1.0	1	-	-	1	-	-	塩1
10		4	すまし汁	だし	150	0.6%	0.9	4	1	-	0.72	1.2	-	塩：しょうゆ＝4:1
11		5	けんちん汁	だし＋材料50	200	0.7%	1.4	4	1	-	1.12	1.866667	-	塩：しょうゆ＝4:1
12		6	吉野汁	だし＋くず材料50	200	0.8%	1.6	4	5	-	0.711	5.925926	-	塩：しょうゆ＝4:5
13				計			7.9				4.051	992593	20.42	

図2－18　各重量計算の複写

解説：料理の塩味は食塩だけではなく，しょうゆやみそを用いることが多い。調味パーセントの塩分は食塩の量で示したものであり，みそは辛みそ（10～13％），しょうゆは15％の塩分を含んでいる。しょうゆやみそを使ってその材料に必要な塩味をつけるには塩分の換算が必要となる。しょうゆの塩分は約15％（100g中に約15gの塩を含む）なので，塩分パーセントをしょうゆの量に換算するには，6～7倍する。みその場合は，10％塩分の辛みそは10倍に，13％塩分の辛みそは8倍にする。つまり，塩1gとしょうゆ6～7g，辛みそ8～10gは同じ塩分量になる（表2－2参照）。

表2－2　計量スプーン・カップによる調味料の重量および塩分換算表

種類	ミニスプーン(1ml)		小さじ(5ml)		大さじ(15ml)		カップ(200ml)	
	重量(g)	塩分(g)	重量(g)	塩分(g)	重量(g)	塩分(g)	重量(g)	塩分(g)
食塩	1.2	1.2	6	6	18	18	240	240
濃い口しょうゆ（塩分15％）			6	1	18	3	230	35
淡色辛みそ（塩分12％）			6	0.7	18	2.2	230	28

出典：食品成分表2016（七訂）資料編（女子栄養大学出版部）より抜粋

図2－19　セルの書式設定

2－5　文字の変更と修飾

1. フォントの変更

(1) "■調味パーセント（汁物）"のフォント（文字の書体）を「游ゴシック」から「HGPゴシックE」に変更する。

手順　①セル〔B2〕を選択 ⇨ ②[ホーム]タブをクリック ⇨ ③[フォント]グループの[フォント▼]リストボタンの▼をクリック ⇨ ④[HGPゴシックE]を選択 ⇨ ⑤フォントが変更される。

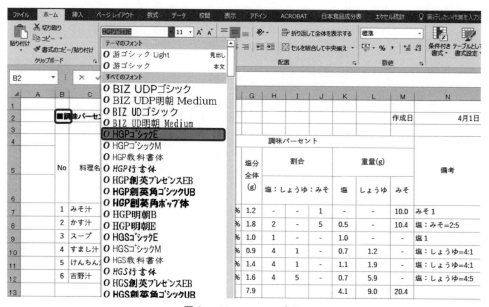

図2－20　フォント表示

2章 表の作成

	A	B	C	D	E	F	G	H	I	J	K	L	M	N
1														
2		■調味パーセント(汁物)											作成日	4月1日
3														
4								調味パーセント						
5		No	料理名	調味対象	調味対象分量(g)	塩分%	塩分全体(g)	割合			重量(g)			備考
6								塩:しょうゆ:みそ			塩	しょうゆ	みそ	
7		1	みそ汁	だし	150	0.8%	1.2	-	-	1	-	-	10.0	みそ1
8		2	かす汁	だし+材料100	250	0.7%	1.8	2	-	5	0.5	-	10.4	塩:みそ=2:5
9		3	スープ	とりがらだし	200	0.5%	1.0	1	-	-	1.0	-	-	塩1
10		4	すまし汁	だし	150	0.6%	0.9	4	1	-	0.7	1.2	-	塩:しょうゆ=4:1
11		5	けんちん汁	だし+材料50	200	0.7%	1.4	4	1	-	1.1	1.9	-	塩:しょうゆ=4:1
12		6	吉野汁	だし+くず材料50	200	0.8%	1.6	4	5	-	0.7	5.9	-	塩:しょうゆ=4:5
13				計			7.9				4.1	9.0	20.4	

図2-21 フォント変更後の表示

2．文字のフォントサイズの変更

(1) "■調味パーセント(汁物)"のフォントサイズを「11ポイント」から「16ポイント」に変更する

手順　①セル〔B2〕を選択 ⇨ ②[ホーム]タブをクリック ⇨ ③[フォント]グループの[フォントサイズ▼]リストボタンの▼をクリック ⇨ ④[16]を選択 ⇨ ⑤フォントサイズが変更される。

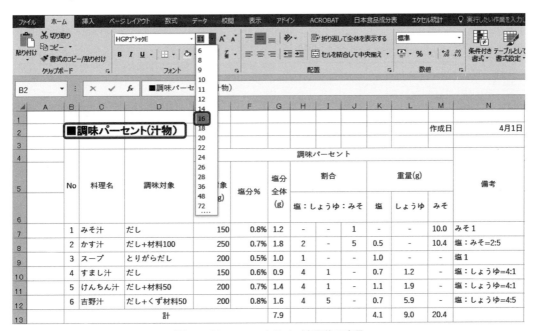

図2-22 フォントサイズ変更後の表示

解説：ポイントとはフォントサイズの単位で，1ポイントは0.35mmである。

3. 文字の修飾

(1) 表頭項目（セル〔B4：N6〕の文字を太字にする

手順　①セル〔B4：N6〕を選択 ⇨ ②[ホーム]タブをクリック ⇨ ③[フォント]グループの[B（太字）]ボタンをクリック ⇨ ④太字に変更される。

(2) "計"（セル〔B13：M13〕の文字を太字にする

手順　①セル〔B13：M13〕を選択 ⇨ ②[ホーム]タブをクリック ⇨ ③[フォント]グループの[B（太字）]ボタンをクリック ⇨ ④太字に変更される。

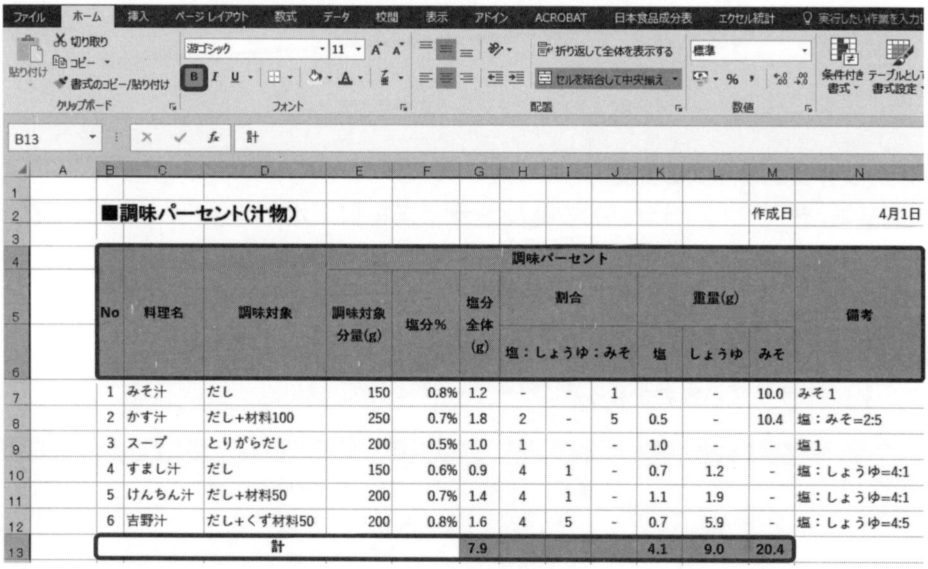

図2－23　文字を太字に変更

2-6　罫線と塗りつぶし

1. 罫線を引く

(1) セル〔B4：N13〕の表全体に罫線を引く

手順　①セル〔B4：N13〕を選択 ⇨ ②[ホーム]タブをクリック ⇨ ③[フォント]グループの[下罫線▼]ボタンの▼をクリック ⇨ ④「格子(A)」をクリック ⇨ ⑤格子状に罫線がひける。

2章 表の作成

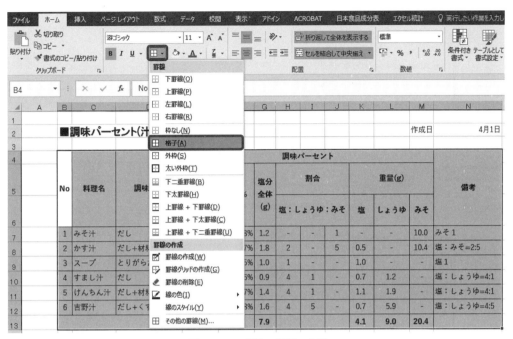

図2－24　罫線の種類の表示

(2) "吉野汁"のセル〔B12：N12〕に下二重罫線をひく

手順　①セル〔B12：N12〕を選択 ⇨ ②［ホーム］タブをクリック ⇨ ③［フォント］グループの［下罫線▼］ボタンの▼をクリック ⇨ ④「下二重罫線(B)」をクリック ⇨ ⑤下側に二重罫線がひける。

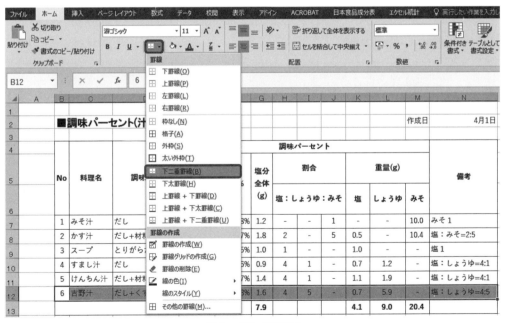

図2－25　罫線挿入

2. 塗りつぶし

(1) 表頭のセルに色を塗る

手順 ①セル〔B4：N6〕を選択 ⇨ ②[ホーム]タブをクリック ⇨ ③[フォント]グループの[塗りつぶしの色▼]ボックスの▼をクリック ⇨ ④「任意の色」のボタンをクリック ⇨ ⑤表頭のセルに色が塗られる。

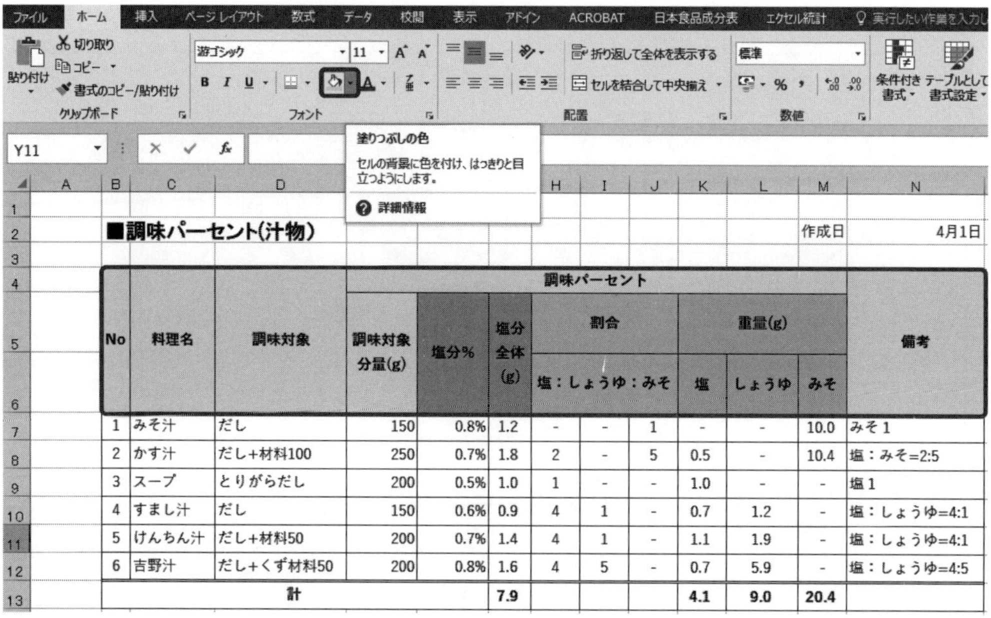

図2－26　セルに色を塗る

■調味パーセント(汁物)　　作成日　4月1日

No	料理名	調味対象	調味対象分量(g)	塩分%	塩分全体(g)	割合 塩	しょうゆ	みそ	重量(g) 塩	しょうゆ	みそ	備考
1	みそ汁	だし	150	0.8%	1.2	-	-	1	-	-	10.0	みそ1
2	かす汁	だし+材料100	250	0.7%	1.8	2	-	5	0.5	-	10.4	塩：みそ=2:5
3	スープ	とりがらだし	200	0.5%	1.0	1	-	-	1.0	-	-	塩1
4	すまし汁	だし	150	0.6%	0.9	4	1	-	0.7	1.2	-	塩：しょうゆ=4:1
5	けんちん汁	だし+材料50	200	0.7%	1.4	4	1	-	1.1	1.9	-	塩：しょうゆ=4:1
6	吉野汁	だし+くず材料50	200	0.8%	1.6	4	5	-	0.7	5.9	-	塩：しょうゆ=4:5
計					7.9				4.1	9.0	20.4	

図2－27　調味パーセント(汁物)完成表

Ⅰ エントリー編

3章　セルの参照

3-1　関数の入力

1. 作成するシートの確認

> **例題**　食中毒発生件数の表を完成してみましょう。　（出典：厚生労働省「平成20年食中毒発生状況」）

	A	B	C	D	E	F	G	H	I	J	K	L	M	N	O	P	Q
1																	
2							月別発生件数								年間合計	1か月平均	原因物質別割合
3		原因物質	1月	2月	3月	4月	5月	6月	7月	8月	9月	10月	11月	12月			
4		サルモネラ属菌	1	2	2	7	6	10	11	22	18	11	5	4			
5		ぶどう球菌	1	2	1	4	7	5	13	10	5	6	2	2			
6		ボツリヌス菌	0	0	0	0	0	0	0	0	0	0	0	0			
7		腸炎ビブリオ	0	0	0	0	0	5	3	7	2	0	0	0			
8		腸管出血性大腸菌	0	0	1	0	2	2	3	5	0	4	0	0			
9		その他の病原大腸菌	3	0	1	2	0	1	1	1	1	0	1	0			
10		ウェルシュ菌	3	5	1	3	3	4	0	3	4	2	3	3			
11		セレウス菌	0	1	0	0	0	2	6	3	3	5	0	1			
12		カンピロバクター	17	14	25	34	54	86	69	67	60	47	13	24			
13		ナグビブリオ	0	0	0	0	0	0	0	1	0	0	0	0			
14		コレラ菌	0	0	0	1	0	0	0	2	0	0	0	0			
15		赤痢菌	0	0	0	0	0	0	1	2	0	0	0	0			
16		チフス菌	0	0	0	0	0	0	0	0	0	0	0	0			
17		パラチフスA菌	0	0	0	0	0	0	0	0	0	0	0	0			
18		その他の細菌	0	0	0	0	0	1	2	1	0	0	0	0			
19		月別合計	25	23	32	50	72	115	108	124	95	76	23	35			
20		月別割合															

図3-1　食中毒発生件数の表

┄┄┄┄ダウンロード

2. 関数の入力

(1) 月別の発生数の合計を求める

前章2-2(p.42)と同様に以下の手順で合計を求め，前章2-1　3. 数式の複写(p.41)と同様にオートフィル機能を用いる。

手順1　①セル〔C19〕を選択 ⇨ ②〔数式〕タブをクリック ⇨ ③〔関数ライブラリ〕グループの〔Σオート SUM〕ボタンをクリック ⇨ ④〔Enter〕キーを押す。

手順2　①セル〔C19〕を選択 ⇨ ②選択したセルの右下のフィルハンドルをポイント ⇨ ③セル〔N19〕までドラッグ ⇨ ④月別発生件数合計が求められる。

(2) 原因物質別の年間合計発生数を求める

手順1　①セル〔O4〕を選択 ⇨ ②〔数式〕タブをクリック ⇨ ③〔関数ライブラリ〕グループの〔Σオート SUM〕ボタンをクリック ⇨ ④〔Enter〕キーを押す。

手順2　①セル〔O4〕を選択 ⇨ ②選択したセルの右下のフィルハンドルをポイント ⇨ ③セル〔O19〕までドラッグ ⇨ ④原因物質別の年間合計発生数が求められる。

(3) 原因物質別の1か月平均発生数を求める

| 手順1 | ①セル〔P4〕を選択 ⇨ ②[数式]タブをクリック ⇨ ③[関数ライブラリ]グループの[Σオート SUM]ボタンの▼をクリック ⇨ ④[平均(A)]をクリック ⇨ ⑤〔Enter〕キーを押す。 |

解説：1～12月の平均を求めるつもりでも，セル〔C4：O4〕までが選択される。
　　　このような場合はセル〔C4：N4〕を選択し直す。

| 手順2 | ①セル〔P4〕を選択 ⇨ ②選択したセルの右下のフィルハンドルをポイント ⇨ ③セル〔P19〕までドラック |

解説：[Σオート SUM ▼]ボタンで直接入力できる関数は以下の5種類である。

表3－1　[オート SUM ▼]で入力できる関数

関　　数	機　　能
SUM	合　計(S)
AVERAGE	平均値(A)
COUNT	数値の個数(C)
MAX	最大値(M)
MIN	最小値(I)

3-2 絶対参照で数式を作成する

　セル参照とは,「2章1-2の2数式の入力」で学んだように,数式にセル番地を指定することをいう。セル参照を利用すると,1つのセルの値を複数の数式で利用したり,参照したセルの値の変更を自動的に数式にも反映させたりすることができる。
セル参照には,相対参照,絶対参照,複合参照の3種類がある。

① **相対参照**　数式が入力されているセル番地を基準として,ほかのセルの位置を相対的な位置関係で指定する。数式をコピーすると,コピー先のセル位置に応じて参照先のセルが自動的に変化する。セル番地の指定方法は,列記号と行番号を並べて〔A1〕のように指定する。

② **絶対参照**　参照するセル番地は,コピーしても変わらず,常に固定される参照方法である。セル番地の指定方法は,列記号と行番号の両方に「$C$3」のように「$」を付ける。

③ **複合参照**　セル番地の列または行のどちらか一方に「$」を付けることで,参照先の列または行だけが固定される参照方法である。

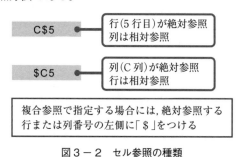

図3-2　セル参照の種類

解説:〔F4〕キーを押すと,セル内の列記号・行番号の前に「$」が挿入され,行と列が固定される。

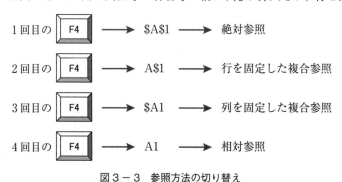

図3-3　参照方法の切り替え

(1)　年間発生件数の原因物質別割合を求める

手順1　①セル〔Q4〕を選択 ⇨ ②「=」を入力 ⇨ ③「サルモネラ菌年間合計」が表示されているセル〔O4〕を選択 ⇨ ④「/」を入力 ⇨ ⑤年間合計が表示されているセル〔O19〕を選択

手順2 ①〔F4〕キーを押す ⇨ ②列記号の O の前と行番号の 19 の前に「$」がつく $O$19（絶対参照）⇨ ③〔Enter〕キーを押す。

	N	O	P	Q
	12月	年間合計	1か月平均	原因物質別割合
	4	99	=O4/$O$19	
	2	58	4.8	
	0	0	0.0	

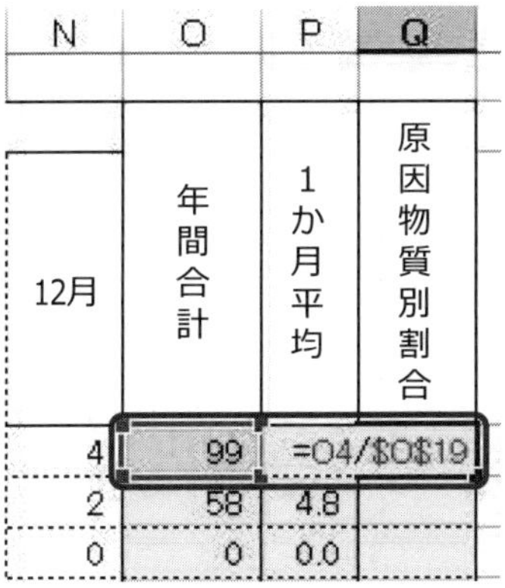

図3−4　原因物質を調べる

手順3 ①セル〔Q4〕を選択 ⇨ ②選択したセルの右下のフィルハンドルをポイント ⇨ ③セル〔Q19〕までドラック

(2) 年間発生数の月別割合を求める

手順 ①セル〔C20〕を選択 ⇨ ②「＝」を入力 ⇨ ③「1月の月別合計」が表示されているセル〔C19〕を選択 ⇨ ④「／」を入力 ⇨ ⑤年間合計が表示されているセル〔O19〕を選択 ⇨ 〔F4〕キーを押す ⇨ 〔Enter〕キーを押す。

(3) 原因物質別の発生割合を％表記にする

手順1 ①セル〔Q4：Q19〕を選択 ⇨ ②［ホーム］タブをクリック ⇨ ③［数値］グループの［パーセントスタイル（Ctrl + Shift + ％）］ボタンをクリック ⇨ ④％表記に変更される。

手順2 ①セル〔Q4：Q19〕を選択 ⇨ ②［ホーム］タブをクリック ⇨ ③［数値］グループの［小数点以下の表示桁数を増やす］ボタンをクリック ⇨ ④小数点第1位に揃う。

手順3 ①セル〔C20〕を選択 ⇨ ②選択したセルの右下のフィルハンドルをポイント ⇨ ③セル〔O20〕までドラック ⇨ 手順1，手順2と同様の操作で，月別割合を小数点以下1桁の％表記に変更する。

3-3 表示桁数，表示スタイルを整える

(1) 原因物質別の1か月平均発生数を小数点第1位に揃える

手順
①セル〔P4：P19〕を選択 ⇨ ②［ホーム］タブをクリック ⇨ ③［数値］グループの［小数点以下の表示桁数を減らす］ボタンまたは［小数点以下の表示桁数を増やす］ボタンをクリック ⇨ ④小数点第1位に揃える。

解説：小数点の表示は，下の桁の値によって四捨五入される。

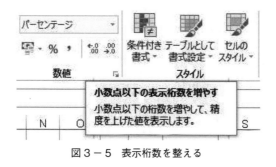

図3-5 表示桁数を整える

	B	C	D	E	F	G	H	I	J	K	L	M	N	O	P	Q
		月別発生件数												年間合計	1か月平均	原因物質別割合
	原因物質	1月	2月	3月	4月	5月	6月	7月	8月	9月	10月	11月	12月			
4	サルモネラ属菌	1	2	2	7	6	10	11	22	18	11	5	4	99	8.3	12.7%
5	ぶどう球菌	1	2	1	4	7	5	13	10	5	6	2	2	58	4.8	7.5%
6	ボツリヌス菌	0	0	0	0	0	0	0	0	0	0	0	0	0	0.0	0.0%
7	腸炎ビブリオ	0	0	0	0	0	5	3	7	2	0	0	0	17	1.4	2.2%
8	腸管出血性大腸菌	0	0	1	0	2	2	3	5	0	4	0	0	17	1.4	2.2%
9	その他の病原大腸菌	3	0	2	0	1	1	1	1	1	1	0	1	12	1.0	1.5%
10	ウェルシュ菌	3	5	1	3	3	4	0	3	4	2	3	3	34	2.8	4.4%
11	セレウス菌	0	1	0	0	2	6	3	3	5	0	0	1	21	1.8	2.7%
12	カンピロバクター	17	13	25	34	54	86	69	67	60	47	13	24	509	42.4	65.4%
13	ナグビブリオ	0	0	0	0	0	0	0	1	0	0	0	0	1	0.1	0.1%
14	コレラ菌	0	0	1	0	0	0	0	2	0	0	0	0	3	0.3	0.4%
15	赤痢菌	0	0	0	0	0	0	1	2	0	0	0	0	3	0.3	0.4%
16	チフス菌	0	0	0	0	0	0	0	0	0	0	0	0	0	0.0	0.0%
17	パラチフスA菌	0	0	0	0	0	0	0	0	0	0	0	0	0	0.0	0.0%
18	その他の細菌	0	0	0	0	0	1	2	1	0	0	0	0	4	0.3	0.5%
19	月別合計	25	23	32	50	72	115	108	124	95	76	23	35	778	64.8	100.0%
20	月別割合	3.2%	3.0%	4.1%	6.4%	9.3%	14.8%	13.9%	15.9%	12.2%	9.8%	3.0%	4.5%	100.0%		

図3-6 食中毒発生件数表の完成

3-4　表の再利用

(1) 表の複写

手順　①セル〔B2：O19〕を選択 ⇨ ②〔ホーム〕タブの〔コピー(Ctrl + C)〕ボタンをクリック ⇨ ③セル〔B22〕をクリック ⇨ ④〔貼り付け(Ctrl + V)〕ボタンをクリック ⇨ ⑤表が貼り付く。

	A	B	C	D	E	F	G	H	I	J	K	L	M	N	O	P	Q
1																	
2								月別発生件数							年間合計	1か月平均	原因物質別割合
3		原因物質	1月	2月	3月	4月	5月	6月	7月	8月	9月	10月	11月	12月			
4		サルモネラ属菌	1	2	2	7	6	10	11	22	18	11	5	4	99	8.3	12.7%
5		ぶどう球菌	1	2	1	4	7	5	13	10	5	6	2	2	58	4.8	7.5%
6		ボツリヌス菌	0	0	0	0	0	0	0	0	0	0	0	0	0	0.0	0.0%
7		腸炎ビブリオ	0	0	0	0	0	0	5	3	7	2	0	0	17	1.4	2.2%
8		腸管出血性大腸菌	0	0	1	0	2	2	3	5	0	4	0	0	17	1.4	2.2%
9		その他の病原大腸菌	3	0	1	2	0	1	1	1	1	0	1	1	12	1.0	1.5%
10		ウェルシュ菌	3	5	1	3	3	4	0	3	4	2	3	3	34	2.8	4.4%
11		セレウス菌	0	1	0	0	0	2	6	3	3	5	0	1	21	1.8	2.7%
12		カンピロバクター	17	13	25	34	54	86	69	67	60	47	13	24	509	42.4	65.4%
13		ナグビブリオ	0	0	0	0	0	0	0	0	1	0	0	0	1	0.1	0.1%
14		コレラ菌	0	0	1	0	0	0	0	2	0	0	0	0	3	0.3	0.4%
15		赤痢菌	0	0	0	0	0	0	1	2	0	0	0	0	3	0.3	0.4%
16		チフス菌	0	0	0	0	0	0	0	0	0	0	0	0	0	0.0	0.0%
17		パラチフスA菌	0	0	0	0	0	0	0	0	0	0	0	0	0	0.0	0.0%
18		その他の細菌	0	0	0	0	0	1	2	1	0	0	0	0	4	0.3	0.5%
19		月別合計	25	23	32	50	72	115	108	124	95	76	23	35	778	64.8	100%
20		月別割合	3.2%	3.0%	4.1%	6.4%	9.3%	14.8%	13.9%	15.9%	12.2%	9.8%	3.0%	4.5%	100%		
21																	
22								月別発生件数							間合		
23		原因物質	1月	2月	3月	4月	5月	6月	7月	8月	9月	10月	11月	12月			
24		サルモネラ属菌	1	2	2	7	6	10	11	22	18	11	5	4	99		
25		ぶどう球菌	1	2	1	4	7	5	13	10	5	6	2	2	58		
26		ボツリヌス菌	0	0	0	0	0	0	0	0	0	0	0	0	0		
27		腸炎ビブリオ	0	0	0	0	0	0	5	3	7	2	0	0	17		
28		腸管出血性大腸菌	0	0	1	0	2	2	3	5	0	4	0	0	17		
29		その他の病原大腸菌	3	0	1	2	0	1	1	1	1	0	1	1	12		
30		ウェルシュ菌	3	5	1	3	3	4	0	3	4	2	3	3	34		
31		セレウス菌	0	1	0	0	0	2	6	3	3	5	0	1	21		
32		カンピロバクター	17	13	25	34	54	86	69	67	60	47	13	24	509		
33		ナグビブリオ	0	0	0	0	0	0	0	0	1	0	0	0	1		
34		コレラ菌	0	0	1	0	0	0	0	2	0	0	0	0	3		
35		赤痢菌	0	0	0	0	0	0	1	2	0	0	0	0	3		
36		チフス菌	0	0	0	0	0	0	0	0	0	0	0	0	0		
37		パラチフスA菌	0	0	0	0	0	0	0	0	0	0	0	0	0		
38		その他の細菌	0	0	0	0	0	1	2	1	0	0	0	0	4		
39		月別合計	25	23	32	50	72	115	108	124	95	76	23	35	778		

図3-7　表の複写

(2) コピーしたセル内をクリア

手順 ①セル〔C24：O39〕を選択 ⇨ ②[ホーム]タブをクリック ⇨ ③[編集]グループの[クリア▼]ボタンの▼をクリック ⇨ ④[数式と値のクリア(C)]を選択 ⇨ ⑤セル内がクリアされる。

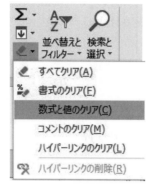

図3－8　クリアボタンをクリック

図3－9　セル内をクリア

解説：上記②において右クリックをしてショートカットメニューから[数式と値のクリア(N)]を選択することもできる。また，セルの範囲を選択し，〔Delete〕キーまたは〔Back space〕キーを押すと，セルの内容が削除される。このとき，セルの書式やセルのコメントは削除されない。

3-5 複合参照で数式を作成する

(1) 原因菌別ごとにみた月別の食中毒構成割合を％表記で少数第1位まで求める

手順1 ①セル〔C24〕をクリック ⇨ ②「=」を入力 ⇨ ③セル〔C4〕をクリック ⇨ ④「/」を入力 ⇨ ⑤セル〔O4〕をクリック ⇨ ⑥〔F4〕キーを押す ⇨ ⑦〔F4〕キーをさらに2回押す（列を固定した複合参照） ⇨ ⑧〔Enter〕キーを押す。

	A	B	C	D	E	F	G	H	I	J	K	L	M	N	O	P	Q
1																	
2								月別発生件数							年間合計	1か月平均	原因物質別割合
3		原因物質	1月	2月	3月	4月	5月	6月	7月	8月	9月	10月	11月	12月			
4		サルモネラ属菌	1	2	2	7	6	10	11	22	18	11	5	4	99	8.3	12.7%
5		ぶどう球菌	1	2	1	4	7	5	13	10	5	6	2	2	58	4.8	7.5%
6		ボツリヌス菌	0	0	0	0	0	0	0	0	0	0	0	0	0	0.0	0.0%
7		腸炎ビブリオ	0	0	0	0	0	5	3	7	2	0	0	0	17	1.4	2.2%
8		腸管出血性大腸菌	0	0	1	0	2	2	3	5	0	4	0	0	17	1.4	2.2%
9		その他の病原大腸菌	3	0	1	2	0	1	1	1	1	1	0	1	12	1.0	1.5%
10		ウェルシュ菌	3	5	1	3	3	4	0	3	4	2	3	3	34	2.8	4.4%
11		セレウス菌	0	1	0	0	0	2	6	3	3	5	0	1	21	1.8	2.7%
12		カンピロバクター	17	13	25	34	54	86	69	67	60	47	13	24	509	42.4	65.4%
13		ナグビブリオ	0	0	0	0	0	0	0	0	1	0	0	0	1	0.1	0.1%
14		コレラ菌	0	0	0	0	0	0	2	0	0	0	0	0	3	0.3	0.4%
15		赤痢菌	0	0	1	0	0	1	2	0	0	0	0	0	3	0.3	0.4%
16		チフス菌	0	0	0	0	0	0	0	0	0	0	0	0	0	0.0	0.0%
17		パラチフスA菌	0	0	0	0	0	0	0	0	0	0	0	0	0	0.0	0.0%
18		その他の細菌	0	0	0	0	0	1	2	1	0	0	0	0	4	0.3	0.5%
19		月別合計	25	23	32	50	72	115	108	124	95	76	23	35	778	64.8	100%
20		月別割合	3.2%	3.0%	4.1%	6.4%	9.3%	14.8%	13.9%	15.9%	12.2%	9.8%	3.0%	4.5%	100%		
21																	
22		原因物質						月別発生件数							間合		
23			1月	2月	3月	4月	5月	6月	7月	8月	9月	10月	11月	12月			
24		サルモネラ属菌	=C4/$O4														
25		ぶどう球菌															
26		ボツリヌス菌															
27		腸炎ビブリオ															
28		腸管出血性大腸菌															
29		その他の病原大腸菌															
30		ウェルシュ菌															
31		セレウス菌															
32		カンピロバクター															
33		ナグビブリオ															
34		コレラ菌															
35		赤痢菌															
36		チフス菌															
37		パラチフスA菌															
38		その他の細菌															
39		月別合計															

図3-10 原因物質別月別の割合

手順2	①セル〔C24〕をクリック ⇨ ②選択したセルの右下のフィルハンドルをポイント ⇨ ③セル〔O24〕までドラッグ ⇨ ④セル〔O24〕の右下のフィルハンドルをポイント ⇨ ⑤セル〔O39〕までドラッグ
手順3	①[ホーム]タブをクリック ⇨ ②[数値]グループ[パーセントスタイル(Ctrl + Shift + %)]ボタンをクリック ⇨ ③％表示になる。
手順4	①[数値]グループの[小数点以下の表示桁数を減らす]ボタンまたは[小数点以下の表示桁数を増やす]ボタンをクリック ⇨ ②小数点第1位に揃える。

3-6　表の体裁を整える

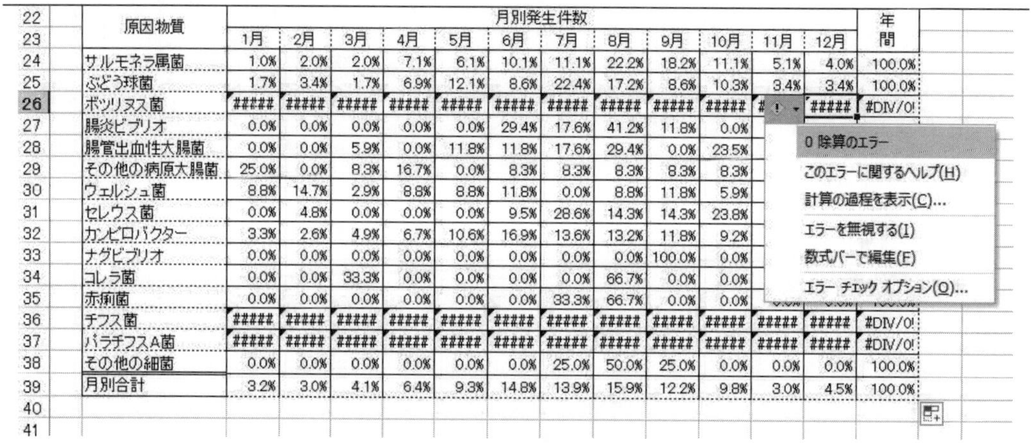

図3-11　エラーチェック

解説：上記の表で，平成20年度に1件も発生のなかった「ボツリヌス菌」，「チフス菌」，「パラチフス菌」による食中毒は，年間合計発生数「0」で除すことになり「#DIV/0！」のエラーが表示される。エラーの可能性のあるセルには ⚠︎▼ （エラーチェック）が表示される。エラーチェックをクリックすると，上記のように一覧が表示され，エラーの原因を参照したり（ここでは0除算のエラー），結果を変更したりできる。なお，「####」が表示されているセルは，セルの列幅が狭くて計算結果または，「#DIV/0！」の文字が表示しきれなかったためである。

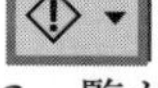

　Excelのエラーには，他に6種ある。

　エラー値の解決方法については次章（第4章）で取り上げる。

表3-2　その他のExcelエラー表示

#N/A	関数や数式に使用する値が未入力	#REF!	参照先のセル範囲が削除されている
#NAME?	処理できない文字列が使用されている	#NUM!	数式または関数の数値が正しくない
#VALUE!	数値ではなく文字が入力されているなど引数の指定が正しくない	#NULL!	参照セル範囲や参照演算子が正しくない

	原因物質	月別発生件数												年間
		1月	2月	3月	4月	5月	6月	7月	8月	9月	10月	11月	12月	
24	サルモネラ属菌	1.0%	2.0%	2.0%	7.1%	6.1%	10.1%	11.1%	22.2%	18.2%	11.1%	5.1%	4.0%	100.0%
25	ぶどう球菌	1.7%	3.4%	1.7%	6.9%	12.1%	8.6%	22.4%	17.2%	8.6%	10.3%	3.4%	3.4%	100.0%
26	ボツリヌス菌	-	-	-	-	-	-	-	-	-	-	-	-	-
27	腸炎ビブリオ	0.0%	0.0%	0.0%	0.0%	0.0%	29.4%	17.6%	41.2%	11.8%	0.0%	0.0%	0.0%	100.0%
28	腸管出血性大腸菌	0.0%	0.0%	5.9%	0.0%	11.8%	11.8%	17.6%	29.4%	0.0%	23.5%	0.0%	0.0%	100.0%
29	その他の病原大腸菌	25.0%	0.0%	8.3%	16.7%	0.0%	8.3%	8.3%	8.3%	8.3%	8.3%	0.0%	8.3%	100.0%
30	ウェルシュ菌	8.8%	14.7%	2.9%	8.8%	8.8%	11.8%	0.0%	8.8%	11.8%	5.9%	8.8%	8.8%	100.0%
31	セレウス菌	0.0%	4.8%	0.0%	0.0%	0.0%	9.5%	28.6%	14.3%	14.3%	23.8%	0.0%	4.8%	100.0%
32	カンピロバクター	3.3%	2.6%	4.9%	6.7%	10.6%	16.9%	13.6%	13.2%	11.8%	9.2%	2.6%	4.7%	100.0%
33	ナグビブリオ	0.0%	0.0%	0.0%	0.0%	0.0%	0.0%	0.0%	100.0%	0.0%	0.0%	0.0%	0.0%	100.0%
34	コレラ菌	0.0%	0.0%	33.3%	0.0%	0.0%	0.0%	0.0%	66.7%	0.0%	0.0%	0.0%	0.0%	100.0%
35	赤痢菌	0.0%	0.0%	0.0%	0.0%	0.0%	0.0%	33.3%	66.7%	0.0%	0.0%	0.0%	0.0%	100.0%
36	チフス菌	-	-	-	-	-	-	-	-	-	-	-	-	-
37	パラチフスA菌	-	-	-	-	-	-	-	-	-	-	-	-	-
38	その他の細菌	0.0%	0.0%	0.0%	0.0%	0.0%	0.0%	25.0%	50.0%	25.0%	0.0%	0.0%	0.0%	100.0%
39	月別合計	3.2%	3.0%	4.1%	6.4%	9.3%	14.8%	13.9%	15.9%	12.2%	9.8%	3.0%	4.5%	100.0%

図3-12 エラー値を消して見栄えをよくする

手順1 図3-11では見栄えが悪いので，①エラーチェックをクリックし，[数式バーで編集(F)]をクリック ⇨ ②式を消して「-」を入力 ⇨ ③「-」を入力したセル〔O26〕をクリックして[ホーム]タブの[中央揃え]ボタンをクリック ⇨ ④セル〔O26〕が選択されている状態で[コピー(Ctrl + C)]ボタンをクリックして，桁あふれ「#####」表示のセル〔C26:O26〕を選択し[貼り付け(Ctrl + V)]ボタンをクリック ⇨ ⑤セル〔C36:O37〕を選択して[貼り付け(Ctrl + V)]ボタンをクリック ⇨ ⑥「-」が表示される。

手順2 表の罫線を再設定するため，①セル〔C24:O39〕を選択 ⇨ ②[ホーム]タブの[下罫線▼]ボタンの▼をクリック ⇨ ③[外枠(S)]ボタンをクリック④外枠が一重の実線で囲まれる。

手順3 ①セル〔C24:N39〕を選択 ⇨ ②[ホーム]タブの[フォント]グループの[罫線▼]ボタンをクリックし，[その他の罫線(M)]をクリック ⇨ ③[セルの書式設定]ダイアログの[罫線]タブをクリック ⇨ ④[線]グループの[スタイル(S)]から[破線]をクリック ⇨ ⑤[罫線]の[中央縦]ボタンをクリック ⇨ ⑥[OK]ボタンをクリック ⇨ ⑦表の縦区切り線が「破線」になる。

手順4 ①セル〔C24:O38〕を選択 ⇨ ②[ホーム]タブの[フォント]グループの[罫線▼]ボタンをクリックし，[その他の罫線(M)]をクリック ⇨ ③[セルの書式設定]ダイアログの[罫線]タブをクリック ⇨ ④[線]グループの[スタイル(S)]から[破線]をクリック ⇨ ⑤[罫線]の[中央横]ボタンをクリック ⇨ ⑥[OK]ボタンをクリック ⇨ ⑦表の横区切り線が「破線」になる。

手順5 ①セル〔C38:O38〕を選択 ⇨ ②[ホーム]タブの[フォント]グループの[罫線▼]ボタンの▼をクリック ⇨ ③[下二重線(B)]をクリック ⇨ ④月別合計との区切り線が二重線となり，表の罫線が整う。

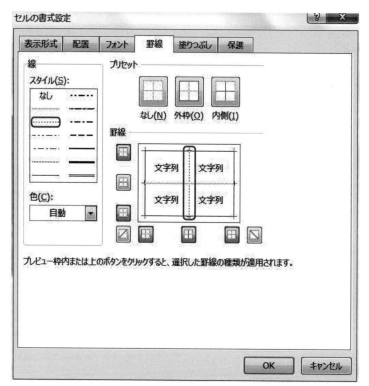

図3-13 セルの書式設定ダイアログで罫線の設定

原因物質	月別発生件数												年間
	1月	2月	3月	4月	5月	6月	7月	8月	9月	10月	11月	12月	
サルモネラ属菌	1.0%	2.0%	2.0%	7.1%	6.1%	10.1%	11.1%	22.2%	18.2%	11.1%	5.1%	4.0%	100.0%
ぶどう球菌	1.7%	3.4%	1.7%	6.9%	12.1%	8.6%	22.4%	17.2%	8.6%	10.3%	3.4%	3.4%	100.0%
ボツリヌス菌	-	-	-	-	-	-	-	-	-	-	-	-	-
腸炎ビブリオ	0.0%	0.0%	0.0%	0.0%	0.0%	29.4%	17.6%	41.2%	11.8%	0.0%	0.0%	0.0%	100.0%
腸管出血性大腸菌	0.0%	0.0%	5.9%	0.0%	11.8%	11.8%	17.6%	29.4%	0.0%	23.5%	0.0%	0.0%	100.0%
その他の病原大腸菌	25.0%	0.0%	8.3%	16.7%	0.0%	8.3%	8.3%	8.3%	8.3%	8.3%	0.0%	8.3%	100.0%
ウェルシュ菌	8.8%	14.7%	2.9%	8.8%	8.8%	11.8%	0.0%	8.8%	11.8%	5.9%	8.8%	8.8%	100.0%
セレウス菌	0.0%	4.8%	0.0%	0.0%	0.0%	9.5%	28.6%	14.3%	14.3%	23.8%	0.0%	4.8%	100.0%
カンピロバクター	3.3%	2.6%	4.9%	6.7%	10.6%	16.9%	13.6%	13.2%	11.8%	9.2%	2.6%	4.7%	100.0%
ナグビブリオ	0.0%	0.0%	0.0%	0.0%	0.0%	0.0%	0.0%	100.0%	0.0%	0.0%	0.0%	0.0%	100.0%
コレラ菌	0.0%	0.0%	33.3%	0.0%	0.0%	0.0%	66.7%	0.0%	0.0%	0.0%	0.0%	0.0%	100.0%
赤痢菌	0.0%	0.0%	0.0%	0.0%	0.0%	0.0%	33.3%	66.7%	0.0%	0.0%	0.0%	0.0%	100.0%
チフス菌	-	-	-	-	-	-	-	-	-	-	-	-	-
パラチフスA菌	-	-	-	-	-	-	-	-	-	-	-	-	-
その他の細菌	0.0%	0.0%	0.0%	0.0%	0.0%	0.0%	25.0%	50.0%	25.0%	0.0%	0.0%	0.0%	100.0%
月別合計	3.2%	3.0%	4.1%	6.4%	9.3%	14.8%	13.9%	15.9%	12.2%	9.8%	3.0%	4.5%	100.0%

図3-14 罫線の再設定完成

II アプリケーション編

4章　論理関数

4-1 論理関数とは

1. 作成するシートの確認

例題 身体計測データの表を入力し，課題A～Dを行い，表を完成させてみましょう。

課題A：体脂肪率%の列の右とBMIの列の右に1列ずつ挿入しなさい。
表頭のフィールド名はそれぞれ体脂肪率判定，BMI判定としなさい。
BMI，体脂肪量と除脂肪量を計算しなさい。BMIの値は小数点以下1桁に四捨五入しなさい。
BMI＝体重(kg)÷(身長(m))^2
体脂肪量(kg)＝体重(kg)×体脂肪率(%)÷100
除脂肪量(kg)＝体重(kg)－体脂肪量(kg)

課題B：体脂肪率が27.5%以上の者に★印をつけなさい。

課題C：BMIを日本肥満学会の基準で判定しなさい(表4－1参照)。
判定は「低体重」，「普通体重」など言葉で表示しなさい。

課題D：BMI判定の列の右に1列挿入し，表頭のフィールド名を肥満判定としなさい。
　BMIと体脂肪率の組合せで肥満判定をしなさい(図4－8参照)。

表4－1　BMIによる肥満判定基準

BMI	日本肥満学会 2011	WHO 2015
18.5未満	低体重	Underweight
18.5以上25未満	普通体重	Normal range
25以上30未満	肥満1度	Pre-obese
30以上35未満	肥満2度	Obese Class Ⅰ
35以上40未満	肥満3度	Obese Class Ⅱ
40以上	肥満4度	Obese Class Ⅲ

	A	B	C	D	E	F	G	H	I
1									
2		BMI判定							
3									
4		No.	身長(cm)	体重(kg)	体脂肪率(%)	BMI(kg/m^2)	体脂肪量(kg)	除脂肪量(kg)	
5		1	154.2	44.5	24.2				
6		2	169.5	73.9	37.4				
7		3	173.1	64.2	29.8				
8		4	162.3	55.0	13.4				
9		5	156.0	46.4	22.5				
10		6	155.0	40.3	23.8				
11		7	149.4	52.0	28.9				
12		8	172.6	62.1	15.2				
13		9	183.5	66.9	19.9				
14		10	177.1	52.3	24.5				
15		11	165.0	69.8	27.9				
16		12	159.3	49.5	30.0				
17		13	158.7	50.0	23.6				
18		14	178.2	51.3	12.0				
19		15	157.0	50.5	19.9				
20									

図4－1　身体計測データ

⋯⋯⋯ダウンロード

2. 関数とは

「関数」とはあらかじめ定義されている数式である。数式を直接入力する代わりに，かっこ内に必要な引数（ひきすう）を指定して計算を行う。関数は大きく分けて 14 種に分類される。各関数の詳細は Excel ヘルプを参照する。

表 4 − 2　12 種類の関数表示

財務	統計
論理	エンジニアリング
文字列操作	キューブ
日付／時刻	情報
検索／行列	互換性
ユーザー定義	データベース
数学／三角	Ｗｅｂ

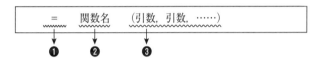

❶　　❷　　❸

① 先頭に半角の「＝」を入力
② 半角英文字で関数名を入力
③ 引数をかっこ内に入れる。各引数は半角の「,」で区切る。

📖 参考：関数を入力するには以下の 3 通りの方法がある。
①[数式]タブをクリック ⇨ [関数ライブラリ]グループの[関数の挿入]ボタンをクリック ⇨ [関数の分類]選択 ⇨ [関数名]選択
②[数式]タブをクリック ⇨ [関数ライブラリ]グループの[関数ボックス▼]から選択
③直接キーボードから関数名や引数を入力する。

課題 A：体脂肪率％の列の右と BMI の列の右に 1 列ずつ挿入しなさい。表頭のフィールド名はそれぞれ体脂肪率判定，BMI 判定としなさい。BMI，体脂肪量と除脂肪量を計算しなさい。BMI は小数点以下 1 桁に四捨五入しなさい。

手順 1　①第 1 章(p.13)の手順に準じて F 列と H 列を挿入 ⇨ ②セル〔F4〕をクリックし，フィールド名を入力(p.13 および p.14 参照) ⇨ ③セル〔H4〕をクリックし，フィールド名を入力

手順 2　①セル〔G5〕をクリック ⇨ ②[数式]タブをクリック ⇨ ③[関数ライブラリ]グループの[数学・三角▼]ボックスの▼をクリック ⇨ ④[ROUND]を選択 ⇨ ⑤[関数の引数]ダイアログボックスが表示される。

手順 3　①[数値]に BMI の計算式「D5/(C5/100)^2」を入力 ⇨ ②[桁数]に「1」と入力 ⇨ ③[OK]ボタンをクリック ⇨ ④セル〔G5〕に BMI の値が表示される。

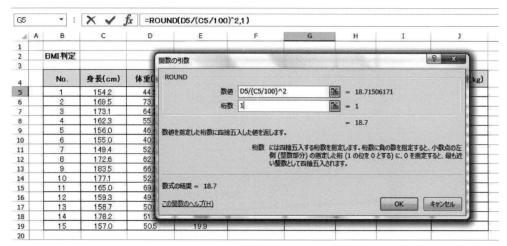

図4−2 ROUND関数とBMIの計算式

手順4	①フィルハンドルを選択してセル〔G19〕までドラッグ ⇨ ②セル〔G5：G19〕に計算結果が表示される。
手順5	①セル〔I5〕をクリック ⇨ ②手順2と同様の操作で，ROUND関数の［関数の引数］ダイアログボックスを表示 ⇨ ③［数値］に体脂肪量の計算式「D5＊E5/100」を入力 ⇨ ②［桁数］に「1」と入力 ⇨ ③［OK］ボタンをクリック ⇨ ④セル〔I5〕に体脂肪量の値が表示される。
手順6	①手順4と同様の操作でセル〔I5：I19〕に体脂肪量の値を表示 ⇨ ②手順5と同様の操作で小数点以下1桁に揃える。
手順7	①セル〔I5：I19〕を選択 ⇨ ②［ホーム］タブをクリック ⇨ ③［数値］グループの［小数点以下の表示桁数を増やす］ボタンをクリック ⇨ ④［小数点以下の表示桁数を減らす］ボタンをクリック

図4−3 体脂肪量の計算式

手順8　①セル〔J5〕をクリック ⇨ ②除脂肪量の計算式「= D5 − I5」を入力 ⇨ ③セル〔J5〕に除脂肪量の値が表示される ⇨ ④手順4と同様の操作でセル〔J5:J19〕に除脂肪量の値を表示

	A	B	C	D	E	F	G	H	I	J
1										
2		BMI判定								
3										
4		No.	身長(cm)	体重(kg)	体脂肪率(%)	体脂肪率判定	BMI(kg/m²)	BMI判定	体脂肪量(kg)	除脂肪量(kg)
5		1	154.2	44.5	24.2		18.7		10.8	33.7
6		2	169.5	73.9	37.4		25.7		27.6	46.3
7		3	173.1	64.2	29.8		21.4		19.1	45.1
8		4	162.3	55.0	13.4		20.9		7.4	47.6
9		5	156.0	46.4	22.5		19.1		10.4	36.0
10		6	155.0	40.3	23.8		16.8		9.6	30.7
11		7	149.4	52.0	28.9		23.3		15.0	37.0
12		8	172.6	62.1	15.2		20.8		9.4	52.7
13		9	183.5	66.9	19.9		19.9		13.3	53.6
14		10	177.1	52.3	24.5		16.7		12.8	39.5
15		11	165.0	69.8	27.9		25.6		19.5	50.3
16		12	159.3	49.5	30.0		19.5		14.9	34.6
17		13	158.7	50.0	23.6		19.9		11.8	38.2
18		14	178.2	51.3	12.0		16.2		6.2	45.1
19		15	157.0	50.5	19.9		20.5		10.0	40.5
20										

図4−4　除脂肪量の計算

3．論理関数とは

主な論理関数には下記のものがある。

表4−3　論理関数の種類

AND（論理式，論理式）	NOT（論理式）
FALSE（ ）	OR（論理式，論理式）
IF（論理式，真の場合，偽の場合）	TRUE（ ）
IFERROR（値，エラーの場合の値）	

解説：論理関数は指定した条件がTURE（真）かFALSE（偽）かを判断する関数や，数式の結果によってその後の処理を分岐させる関数である。

　なおTRUE，FALSE関数には引数はなく，TRUE関数は必ずTRUEを返し，FALSE関数は必ずFALSEを返す。他の表計算ソフトのデータをTRUEやFALSEで表示する必要がある場合に使うことが多いが，計算式で値として利用されるとTRUEは「1」として扱われ，FALSEは「0」として扱われる。セル番地〔A1〕に「5」が入力されているとき，セル番地〔A2〕に「=A1+TRUE( )」と入力すると，5+1の結果6が表示される。

4. IF 関数とは

解説：「IF 関数」によって，指定した条件を満たす場合と満たさない場合で処理を変えることができる。

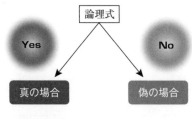

IF 関数の書式
=IF（論理式，真の場合，偽の場合）

図4-5　IF 関数の分岐

①論理式：真偽を判断する論理式を指定する。
②論理式の結果が真の場合の処理を数値，文字列または数式で指定する。
③論理式の結果が偽の場合の処理を数値，文字列または数式で指定する。
②や③で文字列を指定する場合は，半角の「"」で文字列を囲む。

論理式で使用する比較演算子は下記の通りである。

表4-4　比較演算子

=	(等しい)	A1 = 100	セル〔A1〕は 100 と等しい
>	(より大きい)	A1 > 100	セル〔A1〕は 100 より大きい
<	(より小さい)	A1 < 100	セル〔A1〕は 100 より小さい
>=	(以上)	A1 >= 100	セル〔A1〕は 100 以上
<=	(以下)	A1 <= 100	セル〔A1〕は 100 以下
<>	(等しくない)	A1 <> 100	セル〔A1〕は 100 ではない

IF 関数の入力例：

セル〔A1〕の値が 100 以下の場合を 1，100 を超える場合を 2 とする。
= IF (A1 <= 100,1,2)

4-2 IF 関数による判定

課題B：体脂肪率が27.5%以上の者に★印をつけなさい。

手順1　①セル〔F5〕をクリック ⇨ ②〔数式〕タブをクリック ⇨ ③〔関数ライブラリ〕グループの〔関数の挿入（Shift + F3）〕ボタン *fx* をクリック ⇨ ④〔関数の挿入〕ダイアログボックスが表示される。

手順2　①〔関数の分類(C)▼〕の▼をクリックして，一覧から〔論理〕を選択 ⇨ ②〔関数名(N)〕の一覧から〔IF〕を選択 ⇨ ③〔OK〕ボタンをクリック

手順3　①〔関数の引数〕ダイアログボックスが表示される ⇨ ②〔論理式〕に「E5>=27.5」と入力 ⇨ ③〔真の場合〕に「"★"」を入力 ⇨ ④〔偽の場合〕に「""」を入力 ⇨ ⑤〔OK〕をクリック

手順4　①セル〔E5〕が27.5未満なのでセル〔F5〕に「★」は表示されない ⇨ ②数式バーに「=IF(E5>=27.5,"★","")」と表示されていることを確認

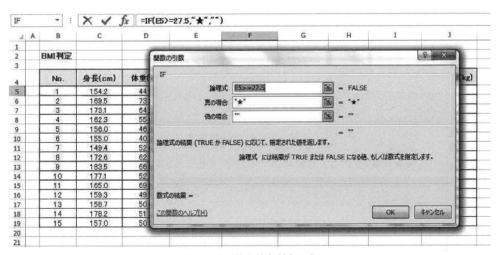

図4-6　体脂肪率判定の式

手順5　①セル範囲〔F6:F19〕に関数をフィルハンドルにてコピー ⇨ 全員の体脂肪判定が表示される。

4−3　IF 関数のネスト

解説：「関数のネスト」とは，「関数の引数に関数を用いること」をいう。
　　　　関数 A（引数 1，関数 B（引数 i，引数 ii，…，引数 n），…，引数 X）という形になる。関数 A と関数 B は同じ関数の場合もあり，異なる関数の場合もある。

課題C：BMI を日本肥満学会の基準で判定する。

手順 1　①セル〔H5〕をクリック ⇨ ②［数式］タブをクリック ⇨ ③［関数ライブラリ］グループの［関数の挿入］ボタン *fx* をクリック ⇨ ④［関数の挿入］ダイアログボックスが表示される。

手順 2　①［関数の分類(C)▼］の▼をクリックして，一覧から［論理］を選択 ⇨ ②［関数名］の一覧から［IF］を選択 ⇨ ③［OK］をクリック

手順 3　①［関数の引数］ダイアログボックスが表示される ⇨ ②［論理式］に「G5＜18.5」と入力 ⇨ ③［真の場合］に「"低体重"」を入力 ⇨ ④［偽の場合］のテキストボックスをクリック ⇨ ⑤［名前▼］ボックスの▼をクリックして，一覧から［IF］を選択

手順 4　①［関数の引数］ダイアログボックスが表示される ⇨ ②［論理式］に「G5＜25」と入力 ⇨ ③［真の場合］に「"普通体重"」を入力 ⇨ ④［偽の場合］のテキストボックスをクリック ⇨ ⑤［名前］ボックスの▼をクリックして，一覧から［IF］を選択

手順 5　①［関数の引数］ダイアログボックスが表示される ⇨ ②［論理式］に「G5＜30」と入力 ⇨ ③［真の場合］に「"肥満1度"」を入力 ⇨ ④［偽の場合］のテキストボックスをクリック ⇨ ⑤［名前▼］ボックスの▼をクリックして，一覧から［IF］を選択

手順 6　①［関数の引数］ダイアログボックスが表示される ⇨ ②［論理式］に「G5＜35」と入力 ⇨ ③［真の場合］に「"肥満2度"」を入力 ⇨ ④［偽の場合］のテキストボックスをクリック ⇨ ⑤［名前▼］ボックスの▼をクリックして，一覧から［IF］を選択

手順 7　①［関数の引数］ダイアログボックスが表示される ⇨ ②［論理式］に「G5＜40」と入力 ⇨ ③［真の場合］に「"肥満3度"」を入力 ⇨ ④［偽の場合］に「"肥満4度"」を入力 ⇨ ⑤［OK］ボタンをクリック

手順 8　①セル範囲〔H6：H19〕に関数をフィルハンドルでコピー ⇨ 全員の BMI 判定が表示される。

図4－7　IF関数ネスト数式

4－4　AND・OR・NOT関数の利用

解説：IF関数の中で2つ以上の条件を指定する場合，「AND関数」や「OR関数」を組合せる。

「AND関数」とは，すべての論理式の条件を満たす場合は「真」とし，それ以外は「偽」とする関数

　　　　＝AND（論理式，論理式，…）

① 条件を満たすかどうかを調べる論理式を指定する。

例えば，体脂肪率が27.5以上で，かつBMIが25.0以上かどうかを調べる論理式は，
＝AND（体脂肪率が入力されているセル番地＞＝27.5，
BMIが入力されているセル番地＞＝25.0）

「OR関数」とは，複数の論理式のうち1つでも「真」であれば「真」，それ以外を「偽」とする関数

　　　　＝OR（論理式，論理式，…）

① 条件を満たすかどうかを調べる論理式を指定する。

例えば，体脂肪率が27.5以上またはBMIが25.0以上かどうかを調べる論理式は，
＝OR（体脂肪率が入力されているセル番地＞＝27.5，BMIが入力されているセル番地＞＝25.0）

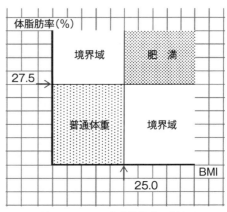

図4－8　BMIと体脂肪率の組合せ

課題D：体脂肪率判定とBMI判定の組合わせで肥満判定しなさい。

| 手順1 | ①第1章(p.13)の手順に準じてI列を挿入 ⇨ ②セル〔I4〕をクリックし，フィールド名を入力(フィールド名は肥満判定とする)。 |

| 手順2 | ①セル〔I5〕をクリック ⇨ ②[数式]タブクリック ⇨ ③[関数ライブラリ]グループの〔関数の挿入〕ボタン *fx* をクリック ⇨ ④[関数の挿入]ダイアログボックスが表示される。 |

| 手順3 | ①[関数の分類▼]の▼をクリックして，一覧から[論理]を選択 ⇨ ②[関数名]の一覧から[IF]を選択 ⇨ ③[OK]ボタンをクリック |

| 手順4 | ①IF関数の[関数の引数]ダイアログボックスが表示される ⇨ ②[論理式]にカーソルがあることを確認 ⇨ ③名前ボックスの▼をクリックして，一覧から[その他の関数]を選択 ⇨ ④[関数の挿入]ダイアログボックスが表示される。 |

| 手順5 | ①[関数の分類▼]が[論理]になっていることを確認 ⇨ ②[関数名]の一覧から[AND]を選択クリックし[OK]ボタンをクリック |

| 手順6 | ①AND関数の[関数の引数]ダイアログボックスが表示される ⇨ ②[論理式1]に「E5＜27.5」と入力 ⇨ ③[論理式2]に「G5＜25」と入力 ⇨ ④数式バーに「＝IF(AND(E5＜27.5，G5＜25))」と表示されていることを確認 |

| 手順7 | ①数式バーの[IF]の部分をクリック ⇨ ②IF関数の[関数の引数]ダイアログボックスに戻る ⇨ ③数式バーに「＝IF(AND(E5＜27.5，G5＜25))」と表示されていることを確認 ⇨ ④[真の場合]に「普通体重」と入力 ⇨ ⑤[偽の場合]のテキストボックスをクリック ⇨ ⑥[名前]ボックスの▼をクリックして，一覧から[IF]を選択 |

| 手順8 | ①IF関数の[関数の引数]ダイアログボックスが表示される ⇨ ②[論理式]にカーソルがあることを確認 ⇨ ③[名前]ボックスの▼をクリックして，一覧から[AND]を選択 |

| 手順9 | ①AND関数の[関数の引数]ダイアログボックスが表示される ⇨ ②[論理式1]に「E5＞＝27.5」と入力 ⇨ ③[論理式2]に「G5＞＝25」と入力 ⇨ ④数式バーに「＝IF(AND(E5＞＝27.5，G5＞＝25))」と表示されていることを確認 |

| 手順10 | ①数式バーの[IF]の部分をクリック ⇨ ②IF関数の[関数の引数]ダイアログボックスに戻る ⇨ ③[論理式]に「AND(E5＞＝27.5，G5＞＝25)」と表示されていることを確認 ⇨ ④[真の場合]に「肥満」と入力 ⇨ ⑤[偽の場合]に「境界域」と入力 ⇨ ⑥[OK]ボタンをクリック |

| 手順11 | ①セル範囲〔I6：I19〕に関数をコピー ⇨ ②全員の肥満判定が表示される。 |

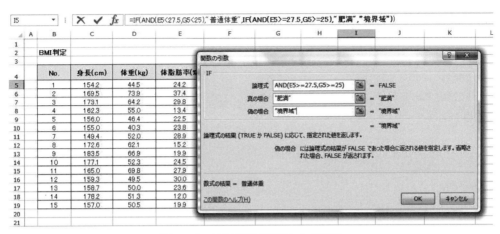

図4−9 AND関数を利用したIF関数

解説：セル〔I5〕をクリックし，直接「= IF (AND (E5 < 27.5, G5 < 25), "普通体重", IF (AND (E5 >= 27.5, G5 >= 25), "肥満", "境界域"))」と入力し，〔Enter〕キーで確定しても同様の結果が得られる。

4-5 エラーの処理

1. IF 関数によるエラー処理

No1 の対象者の身長が未入力だった場合，BMI，BMI 判定と肥満判定に「#DIV/0!」のエラーが表示される。

No.	身長(cm)	体重(kg)	体脂肪率(%)	体脂肪率判定	BMI(kg/m²)	BMI判定	肥満判定	体脂肪量(kg)	除脂肪量(kg)
1		44.5	24.2		#DIV/0!	#DIV/0!	#DIV/0!	10.8	33.7
2	169.5	73.9	37.4	★	25.7	肥満1度	肥満	27.6	46.3
3	173.1	64.2	29.8	★	21.4	普通体重	境界域	19.1	45.1
4	162.3	55.0	13.4		20.9	普通体重	普通体重	7.4	47.6
5	156.0	46.4	22.5		19.1	普通体重	普通体重	10.4	36.0
6	155.0	40.3	23.8		16.8	低体重	普通体重	9.6	30.7
7	149.4	52.0	28.9	★	23.3	普通体重	境界域	15.0	37.0
8	172.6	62.1	15.2		20.8	普通体重	普通体重	9.4	52.7
9	183.5	66.9	19.9		19.9	普通体重	普通体重	13.3	53.6
10	177.1	52.3	24.5		16.7	低体重	普通体重	12.8	39.5
11	165.0	69.8	27.9	★	25.6	肥満1度	肥満	19.5	50.3
12	159.3	49.5	30.0	★	19.5	普通体重	境界域	14.9	34.6
13	158.7	50.0	23.6		19.9	普通体重	普通体重	11.8	38.2
14	178.2	51.3	12.0		16.2	低体重	普通体重	6.2	45.1
15	157.0	50.5	19.9		20.5	普通体重	普通体重	10.0	40.5

図 4-10　身長未入力の場合のエラー表示

手順 1　①セル〔G5〕を選択 ⇨ ②[数式]タブをクリック ⇨ ③[関数ライブラリ]グループの[関数の挿入]ボタン *fx* をクリック ⇨ ④[関数の挿入]ダイアログボックスが表示される。

手順 2　①[関数の分類▼]の▼をクリックして，一覧から[論理]を選択クリック ⇨ ②[関数名]の一覧から[IF]を選択 ⇨ ③[OK]ボタンをクリック

手順 3　①IF 関数の[関数の引数]ダイアログボックスが表示される ⇨ ②[論理式]に「C5 = ""」(セル〔C5〕に何も入力されていなかったら)と入力 ⇨ ③[真の場合]に「""」と入力 ⇨ ④[偽の場合]にカーソルがあることを確認 ⇨ ⑤[偽の場合]は BMI の値を表示するが，BMI の値は小数点以下 1 桁で表示したので，四捨五入関数を用いて，以下の手順で入力する。

手順 4　①[名前▼]ボックスの▼をクリックして，一覧から[その他の関数]を選択 ⇨ ②[関数の挿入]ダイアログボックスが表示される ⇨ ③[関数の分類▼]を[数学/三角]を選択 ⇨ ④[関数名]の一覧から[ROUND](四捨五入関数)を選択

4章 論理関数

手順5 ①[数値]のテキストボックスにBMIの算出式「D5/(C5/100)^2」を入力 ⇨ ②[桁数]のテキストボックスに「1」(小数点以下1桁)を入力 ⇨ ③[OK]ボタンをクリック(図4-2参照)

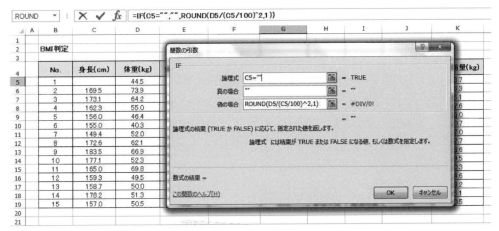

図4-11 IF関数の引数

手順6 ①セル[G5]に空白が表示される ⇨ ②セル[G5]をオートフィルでセル[G19]まで複写 ⇨ ③BMIが表示される。

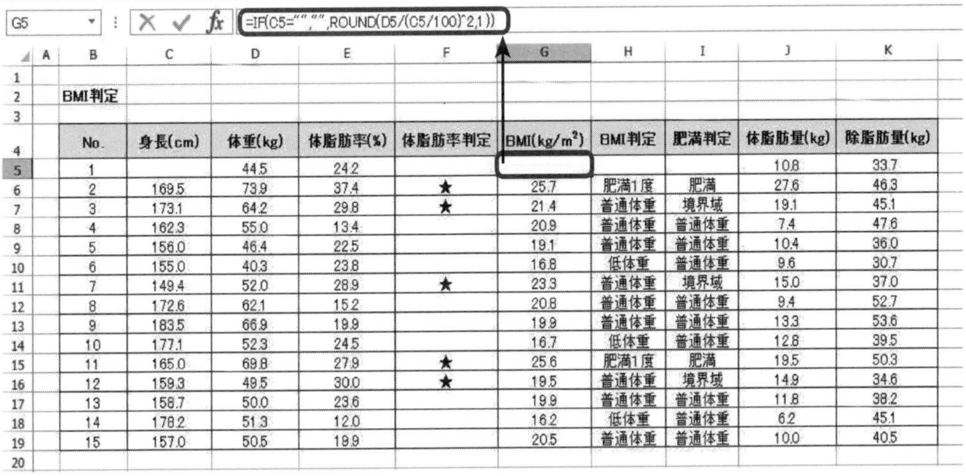

図4-12 セルG5のエラー処理

セル[H5]には,「= IF (G5 = "", "", IF (G5 < 18.5, "やせ", IF (G5 < 25, "普通体重", IF (G5 < 30, "肥満1度", IF (G5 < 35, "肥満2度", IF (G5 < 40, "肥満3度", "肥満4度")))))))」

セル[I5]には,「= IF(OR(G5 = "", E5 = "")), "", IF (AND (E5 < 27.5, G5 < 25), "普通体重", IF (AND (E5 >= 27.5, G5 >= 25), "肥満", "境界域")))」が入力されている。

2. IFERROR 関数によるエラー処理

同様にセル〔C5〕が未入力の場合

手順1 ①セル〔G5〕を選択 ⇨ ②［数式］タブをクリック ⇨ ③［関数ライブラリ］グループの［関数の挿入］ボタン *fx* をクリック ⇨ ④［関数の挿入］ダイアログボックスが表示される。

手順2 ①［関数の分類▼］の▼をクリックして，一覧から［論理］を選択クリック ⇨ ②［関数名］の一覧から［IFERROR］を選択 ⇨ ③［OK］ボタンをクリック

手順3 ① IFERROR 関数の［関数の引数］ダイアログボックスが表示される ⇨ ②［数値］のテキストボックスに「ROUND (D5／(C5/100)＾2,1)」(BMI の計算式を四捨五入して小数点以下1桁とする)と入力 ⇨ ③［エラーの場合の値］に「""」(何も書かない，空白)と入力 ⇨ ④［OK］ボタンをクリック

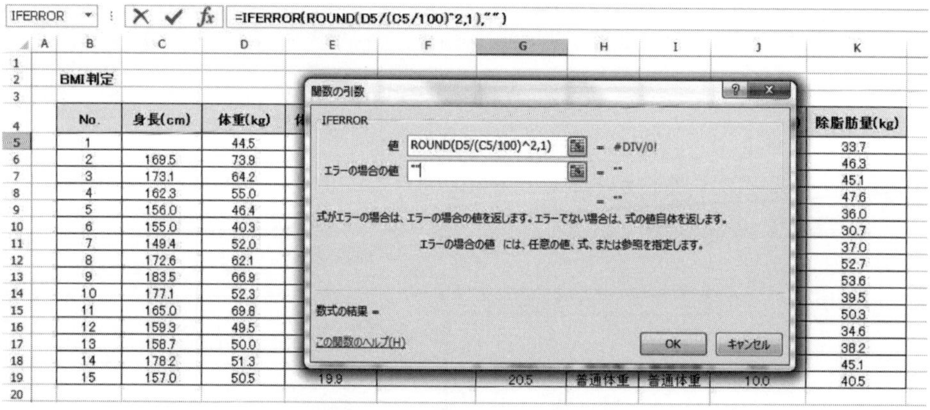

図4－13　IFERROR 関数の引数

手順4 ①セル〔G5〕に空白が表示される ⇨ ②セル〔G5〕をオートフィルでセル〔G19〕まで複写 ⇨ ③ BMI が表示される。

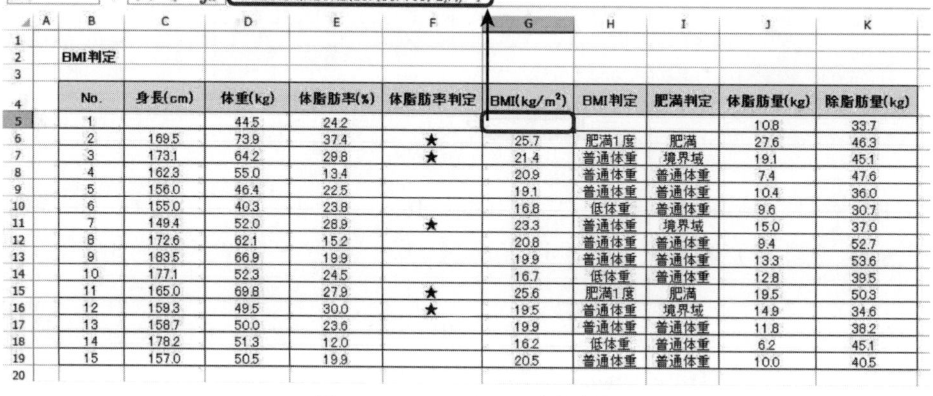

図4－14　セル G5 の結果確認

II アプリケーション編

5章 グラフの作成

5-1 グラフ作成のポイント確認

1. グラフ作成の意義

データをグラフ化するのは数値を「みえる化」することである。つまり視覚化することによって、データで表現したいことをわかりやすく、インパクトをもって伝えることができる。

本章では、そのためのグラフの種類の選び方、作り方を紹介していく。

2. グラフの種類

Excelでは、表のデータをもとに簡単にグラフを作成できる。データで表現したいことは、「大きさの比較」、「時系列変化」、「構成割合（％）」の3つが基本である。

Excel 2016には、右表の通り組み合わせを含め10種のグラフが用意されており、各グラフには複数のパターンが用意されている。

図5-1 Excel 2016に用意されているグラフの種類

表5-1にグラフの使い分けを示す。グラフを作成するときの、同じ系統のデータの集まりを系列という。なお、グラフ化する前の表のデータが1列（または1行）の場合を系列が1つ、2列（または2行）の場合を系列が2つという。折れ線グラフの場合は、1本の線で示されるものが1つの系列である。バブルグラフは散布図のパターンに含まれている。

表5-1 グラフの使い分け

	大きさの比較	大きさの内訳比較	構成割合(%)比較	時系列の変化		関係をみる
				時系列が等間隔	等間隔でない	
系列が1つ	棒グラフ	-	円グラフ	折れ線グラフ	散布図	-
系列が2つ	集合棒グラフ	積み上げ棒グラフ 積み上げ面グラフ	100%積み上げ棒グラフ 100%積み上げ折れ線グラフ			散布図
系列が3つ						バブルグラフ
系列が3つ以上						レーダーチャート

3. グラフの構成要素の名称とグラフツールのリボン
(1) グラフの構成要素の名称

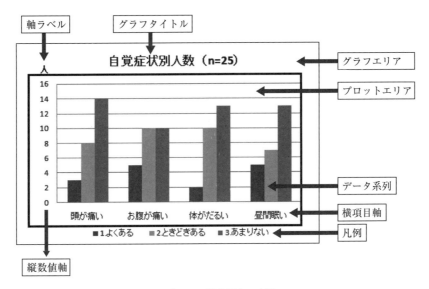

図5-2 グラフの構成要素の名称

(2) グラフツールのリボン

デザインタブ：グラフ全体に関する設定を変更する。

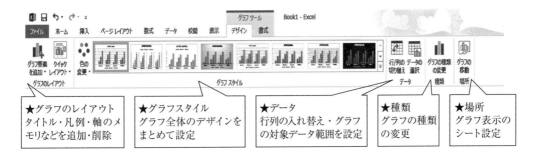

書式タブ：グラフ要素の書式を個別に変更する。

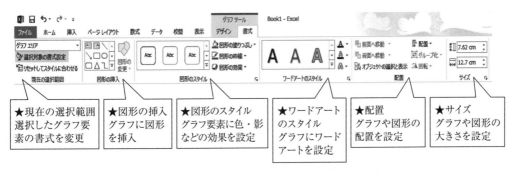

図5-3 グラフツールの「デザイン」タブおよび「書式」タブのリボン

5-2 棒グラフで大きさを比較する

> **例題** 次のデータ(系列が1つ)により,男女の喫煙率を縦棒グラフで比較してみましょう。

出典:厚生労働省:成人喫煙率,国民健康栄養調査

図5-4 喫煙率のデータ

┅┅┅┅ ダウンロード

解説:値の大きさを比較するには[縦(横)棒グラフ]が一般的である。棒グラフを例としてグラフ作成の基本操作を学ぼう。グラフを作成する基本的な手順は,①グラフのもとになるデータが入力されている範囲を選択(図5-4) ⇨ ②グラフの種類とパターンを選択 ⇨ ③グラフ作成である。

(1) 縦棒グラフの作成

手順1 ①セル[A1:C2]を選択 ⇨ ②[挿入]タブをクリック ⇨ ③[グラフ]グループの[縦棒グラフの挿入▼]の▼をクリック ⇨ ④[2-D縦棒]の[集合縦棒]をクリック ⇨ ⑤縦棒グラフが作成される。

図5-5 [集合縦棒]の選択

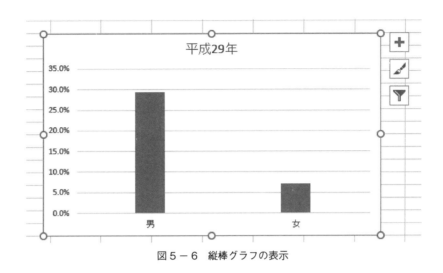

図5－6　縦棒グラフの表示

(2)　グラフタイトルを変更する

手順1　①グラフのグラフエリアをクリック ⇨ ②グラフツールの[デザインタブ]をクリック ⇨ ③[グラフ要素を追加▼]の▼をクリック ⇨ ④[グラフタイトル▶]を選択 ⇨ ⑤[グラフの上]を選択 ⇨ ⑥グラフタイトルのテキストボックスを選択 ⇨ ⑦「男女別成人喫煙率(平成29年)」と入力

解説：グラフ要素の追加は，グラフの右横上にある ➕ グラフ要素ボタンを押してチェックボックスから選択してもできる。

(3)　グラフタイトルの文字サイズ変更

手順1　①タイトルのテキストボックス内をクリック ⇨ ②タイトルを選択 ⇨ ③[ホーム]タブをクリック ⇨ ④[フォントグループ]の[フォントサイズ▼]ボックスの▼をクリック ⇨ ⑤[12]を選択 ⇨ ⑥太字[B]をクリック ⇨ ⑦タイトルの文字サイズとスタイルが変更される。

(4)　軸ラベルの追加

手順1　①グラフのグラフエリアをクリック ⇨ ②グラフツールの[デザインタブ]をクリック ⇨ ③[グラフ要素を追加▼]の▼をクリック ⇨ ④[軸ラベル▶]を選択 ⇨ ⑤[第1縦軸(V)]を選択 ⇨ ⑥表示された「軸ラベル」のテキストボックス内を選択し「喫煙率」と入力 ⇨ ⑦「喫煙率」と入力した軸ラベル上でマウス右クリックでメニューを表示 ⇨ ⑧[軸ラベルの書式設定(F)]をクリック ⇨ ⑨「軸ラベルの書式設定」の作業ウィンドウで[サイズとプロパティ]ボタン ✥ をクリック ⇨ ⑩「配置◢」の「文字列の方向(X)」のテキストボックス内の▼をクリック ⇨ ⑪「縦書き」を選択クリック ⇨ ⑫縦軸の軸ラベルが縦書きになる。

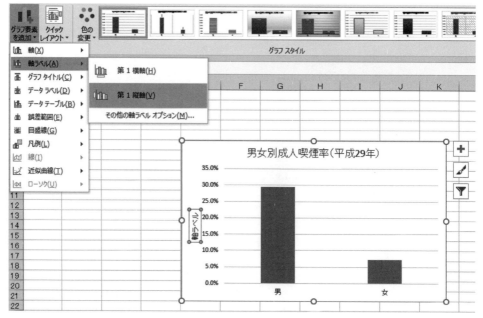

図5−7 軸ラベルの追加

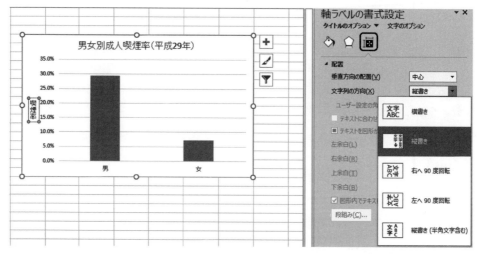

図5−8 縦書きの軸ラベルの表示

(5) 縦(値)軸の桁数を変更

手順1　①％表示の「縦軸」上でマウス右クリックでメニューを表示 ⇨ ②(軸の書式設定(F))をクリック ⇨ ③「軸の書式設定」の作業ウィンドウで「軸のオプション」の ③「軸の書式設定」の作業ウィンドウで[軸のオプション]の▼をクリック ⇨ ④「縦(値)軸」を選択クリック ⇨ ⑤[軸のオプション]ボタン をクリック ⇨ ⑥[▶表示形式]を選択クリック ⇨ ⑦[小数点以下の桁数]のテキストボックス内に「0」を入力 ⇨ ⑧「縦(値)軸」の表示が変更される。

(6) データラベルの追加

手順1
①グラフのグラフエリアをクリック ⇨ ②グラフツールの[デザインタブ]をクリック ⇨ ③[グラフ要素を追加▼]の▼をクリック ⇨ ④[データラベル(D)▶]を選択 ⇨ ⑤[内側(E)]を選択クリック ⇨ ⑥棒グラフ内部にデータが表示される。⑦「データラベル」の文字色・サイズを変更する場合は，「データラベル」をクリック ⇨ ⑧[ホーム]タブをクリック ⇨ ⑨[フォント]グループの[フォントの色]で任意の色を選択 ⇨ ⑩[フォント]リストボタンをクリックし任意のフォントを選択する。

(7) 要素の間隔を狭く，棒グラフを太くする

手順1
①[性別]の系列を右クリック ⇨ ②[データ系列の書式設定]をクリック ⇨ ③[要素の間隔]のテキストボックスに「80」と入力 ⇨ ④間隔が狭く，棒グラフが太くなる。

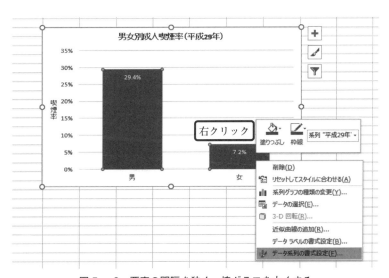

図5－9　要素の間隔を狭く，棒グラフを太くする

📖 参考：
　要素の間隔とは棒と棒との間隔のことである。間隔が80％という場合は間隔が棒の幅の80％(0.8倍)に設定される。間隔を狭くすると連動して棒が太くなる。

5-3 集合縦棒グラフで変化を比較する

> **例題** 下のデータ(系列が2つ)により,男女の喫煙率の変化を集合縦棒グラフで比較してみましょう。

	A	B	C
1		男	女
2	平成元年	55.3%	9.4%
3	平成5年	44.8%	8.9%
4	平成10年	50.8%	10.9%
5	平成15年	46.8%	11.3%
6	平成20年	36.8%	9.1%
7	平成25年	32.2%	8.2%
8	平成29年	29.4%	7.2%

図5-10 男女別年次別喫煙率

･･･ダウンロード

(1) 集合縦棒グラフの作成

手順1 ①セル[A1:C7]を選択 ⇨ ②[挿入]タブをクリック ⇨ ③[グラフ]グループの[縦棒グラフの挿入▼]の▼をクリック ⇨ ④[2-D 縦棒]の[集合縦棒]をクリック ⇨ ⑤集合縦棒グラフが作成される。

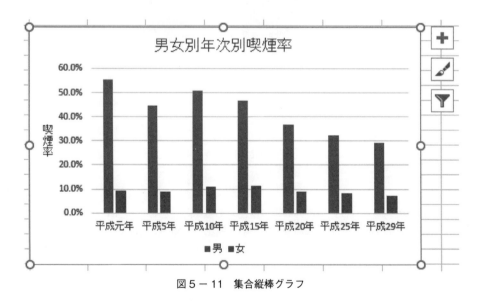

図5-11 集合縦棒グラフ

(2) 棒に網目や縞などのパターンを設定

手順 1　①男の系列を右クリック ⇨ ②[データ系列の書式設定]をクリック ⇨ ③[塗りつぶしと線]をクリック ⇨ ④[▲塗りつぶし]の[塗りつぶし(パターン)(A)]のオプションボタンをクリック ⇨ ⑤[右上がり対角線(反転)]をクリック ⇨ ⑥垂直スクロールバーをドラッグして[前景]の▼をクリックし，[テーマの色]で黒を選択 ⇨ ⑦垂直スクロールバーをドラッグして[▲枠線]をクリック ⇨ ⑧[線(単色)(S)]のオプションボタンをクリックし，[色]で黒を選択 ⇨ ⑨男の系列の棒に右上がり対角線のパターンがつく。

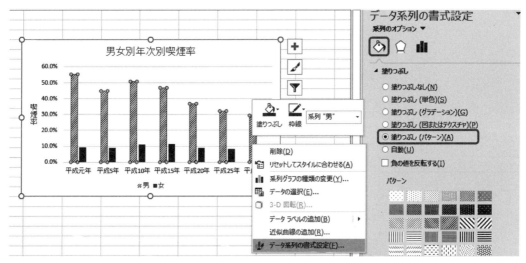

図5－12　男の系列の棒に右上がり対角線のパターンがつく

手順 2　①手順1の①から⑧を参考に女の系列に[20%のパターン]を設定し，[テーマの色]，[▲枠線]の色に黒を設定 ⇨ ②男女両系列にパターンが設定されたグラフが作成される。

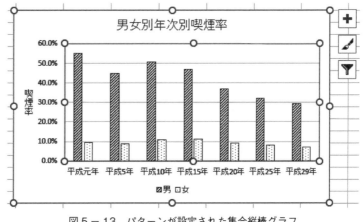

図5－13　パターンが設定された集合縦棒グラフ

(3) 項目軸と凡例の入れ替え

手順1 ①グラフエリアをクリック ⇨ ②[グラフツール]の[デザイン]タブをクリック ⇨ ③[行／列の切り替え]ボタンをクリック ⇨ ④横項目名に男女 ⇨ ⑤凡例に年次が配置される。

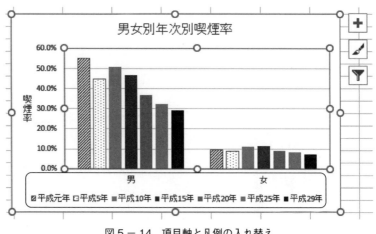

図5-14 項目軸と凡例の入れ替え

5-4 積み上げ縦棒グラフで内訳構成を比較する

> **例題** 次のデータにより，病原体別食中毒発生件数を月別に積み上げ縦棒グラフで示しましょう。

	A	B	C	D	E	F	G
1	平成29年	病因物質別月別食中毒発生状況					
2							
3		サルモネラ菌	腸炎ビブリオ	ウェルシュ菌	カンピロバクター	ノロウイルス	その他
4	1月	0	0	0	35	2148	64
5	2月	0	0	130	95	2412	133
6	3月	0	0	188	65	730	193
7	4月	0	0	87	211	265	138
8	5月	9	0	144	363	444	405
9	6月	20	0	124	333	393	141
10	7月	318	0	0	143	125	324
11	8月	301	77	90	225	119	688
12	9月	303	19	131	259	80	246
13	10月	227	1	37	211	264	458
14	11月	5	0	73	84	570	169
15	12月	0	0	216	291	946	194

出典：厚生労働省：「平成19年(2017年)食中毒発生状況，食中毒統計」(2017)

図5-15 原因病原体別月別食中毒発生状況

･･･････ダウンロード

(1) 積み上げ縦棒グラフの作成

手順1 ①セル〔A3：G15〕を選択 ⇨ ②〔挿入〕タブをクリック ⇨ ③〔グラフ〕グループの〔縦棒グラフの挿入▼〕の▼をクリック ⇨ ④〔2-D 縦棒〕の〔積み上げ縦棒〕を選択クリック ⇨ ⑤積み上げ縦棒グラフが作成される。

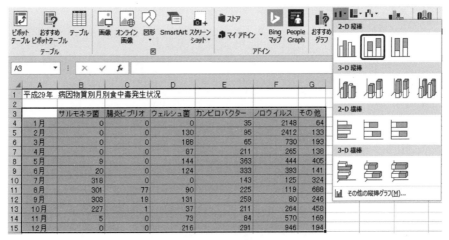

図5-16 〔積み上げ縦棒グラフ〕の選択

手順2 ①グラフタイトルの追加 ➡ ②グラフタイトルの文字サイズ変更 ➡ ③軸ラベルの追加 ➡ ④凡例の位置を調整 ➡ ⑤積み上げ縦棒グラフが作成される。

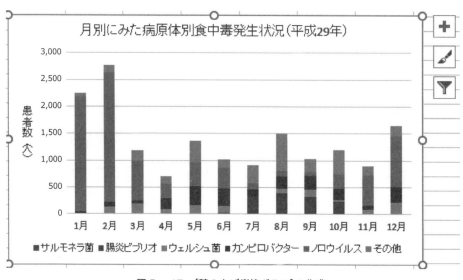

図5－17　[積み上げ縦棒グラフ]の作成

(2) 系列データの削除

手順1 ①グラフをクリック ➡ ②グラフツールの[デザイン]タブをクリック ➡ ③[データ]グループの[データの選択]をクリック

手順2 ①[データソースの選択]ダイアログボックス ➡ ②凡例項目(系列)(S)の[ノロウィルス]をクリック ➡ ③[削除(R)]ボタンをクリック ➡ ④[OK]ボタンをクリック

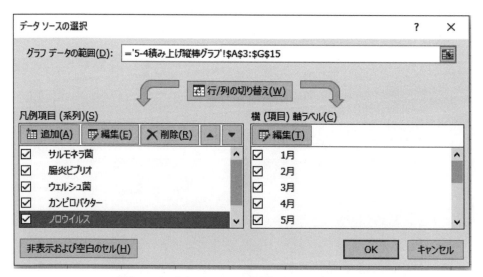

図5－18　[データソースの選択]ダイアログボックス

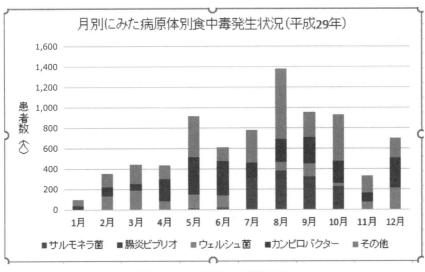

図5-19　系列データ削除完了

(3)　系列データの追加

手順1　①グラフをクリック ⇨ ②グラフツールの[デザイン]タブをクリック ⇨ ③[データ]グループの[データの選択]をクリック

手順2　①[データソースの選択]ダイアログボックス ⇨ ②凡例項目(系列)(S)の[追加(A)]ボタンをクリック

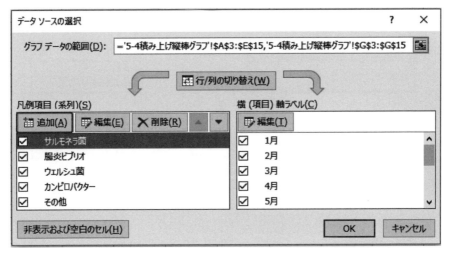

図5-20　系列データの追加

手順3　①[系列の編集]ダイアログボックス ⇨ ②[系列名(N)]にセル〔F3〕を選択 ⇨ [系列値(V)]にセル〔F4：F15〕を選択 ⇨ ③[OK]ボタンをクリック

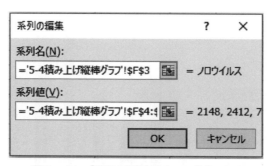

図5-21　[系列の編集]ダイアログボックス

手順4　①[データソースの選択]ダイアログボックス ⇨ ②凡例項目(系列)(S)の[上へ移動]ボタン ▲ をクリックし，系列〔ノロウィルス〕を系列〔その他〕の上に移動 ⇨ ③[OK]ボタンをクリック

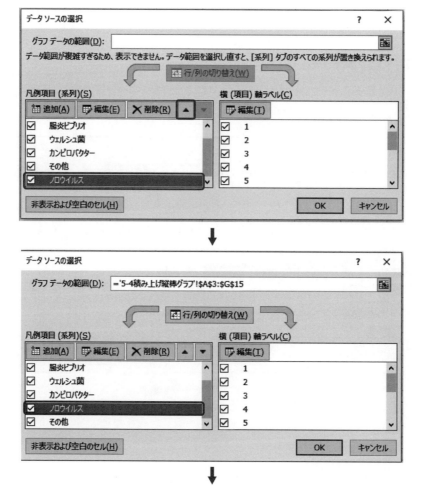

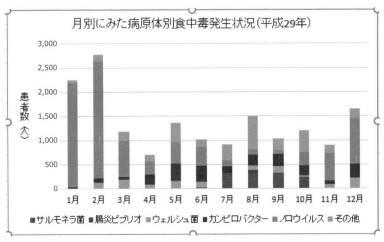

図5-22 系列データ追加完了

5-5 折れ線グラフで年次推移を示そう

> 例題 次のデータより，1950年から2017年の主要死因別にみた男性の粗死亡率の年次推移を折れ線グラフで示してみましょう。

	A	B	C	D	E	F
1		結核	悪性新生物	心疾患	脳血管疾患	肺炎
2	1950	159.5	80.1	64.0	127.9	68.8
3	1955	60.6	94.0	62.2	143.0	41.0
4	1960	43.1	110.9	75.8	172.1	43.9
5	1965	30.6	122.1	80.5	192.2	33.1
6	1970	21.6	132.6	90.9	191.5	29.7
7	1975	13.5	140.6	92.1	164.3	29.9
8	1980	8.2	163.5	112.1	142.7	32.6
9	1985	5.8	187.4	121.5	110.6	43.2
10	1990	4.6	216.4	135.7	95.6	64.1
11	1995	3.7	262.0	114.4	114.2	69.6
12	2000	3.1	291.3	117.3	102.7	76.0
13	2005	2.6	319.1	136.3	103.3	93.0
14	2010	2.2	343.4	144.2	97.7	103.2
15	2011	2.2	346.9	148.6	97.0	108.4
16	2012	2.1	350.8	151.6	95.6	108.2
17	2013	2.0	354.6	149.5	92.7	108.5
18	2014	2.0	357.8	151.2	90.1	106.1
19	2015	1.9	359.7	151.0	87.8	107.5
20	2016	1.9	361.1	153.5	86.6	107.8
21	2017	2.3	363.2	158.7	87.7	87.6

出典：厚生労働省：「性・年齢別にみた死因分類別死亡数及び率の年次推移（人口10万対）」(2017)

図5-23　1950～2017年の主要死因別にみた男性死亡率　　　ダウンロード

解説：時系列変化は「折れ線グラフ」が適しているが，時系列が等間隔で得られない場合は，「折れ線グラフ」ではなく「散布図」を使って作成する。

（1） 散布図による折れ線グラフの作成

手順1　①セル〔A1：F21〕を選択 ⇨ ②［挿入］タブをクリック ⇨ ［グラフ］グループの［散布図グラフの挿入▼］の▼をクリック ⇨ ③［散布図(直線とマーカー)］を選択

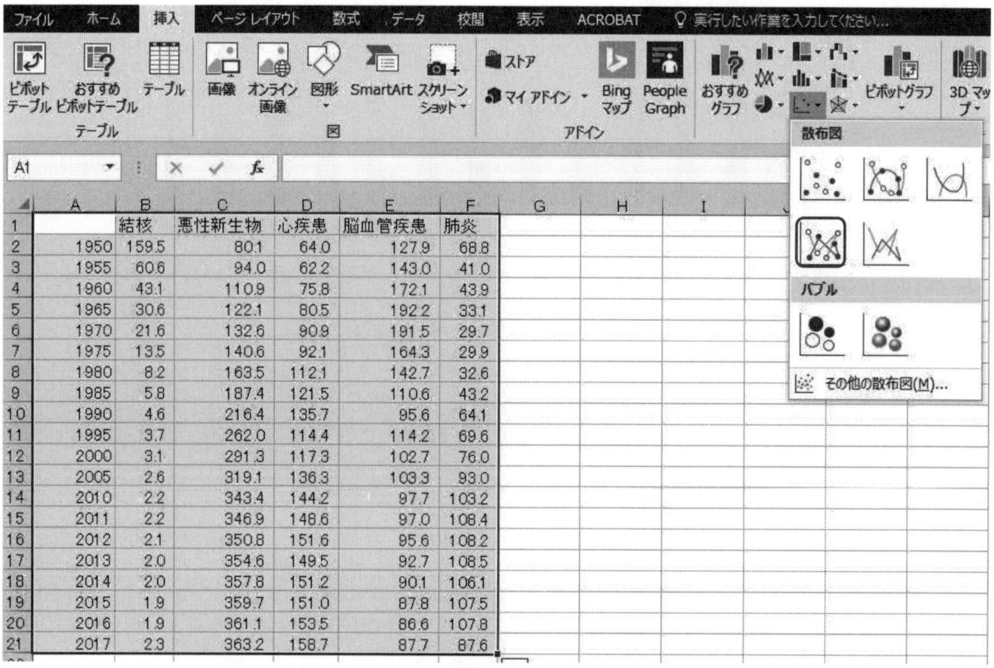

図5－24　［散布図(直線とマーカー)］の選択

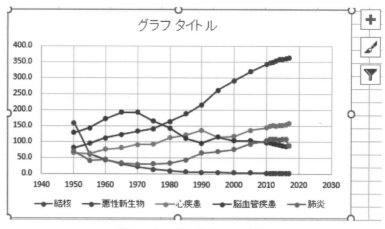

図5－25　折れ線グラフの表示

(2) マーカーの種類とサイズの変更

手順1　①変更したい系列をクリック ⇨ ②右クリックし[データ系列の書式設定(F)]をクリック ⇨ ③[塗りつぶしと線]をクリック ⇨ ③マーカー をクリック ⇨ ④[▲マーカーのオプション]をクリック ⇨ ⑤[組み込み]のオプションボタンをクリック ⇨ ⑥[種類▼]をクリックし，任意のマーカーを選択 ⇨ ⑦[サイズ]をクリックし，任意のサイズを選択 ⇨ ⑧[▲塗りつぶし]で[自動]のオプションボタンをクリック ⇨ ⑨[▲枠線]で[自動]のオプションボタンをクリック ⇨ ⑩プロットエリアをクリック

手順2　①グラフタイトルと縦軸ラベルを追加

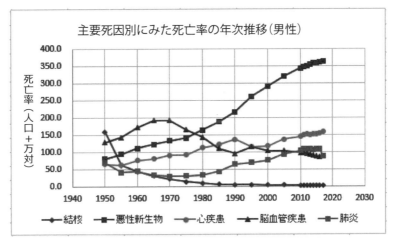

図5-26　折れ線グラフ完成

5-6　移動平均による折れ線グラフの作成

> **例題**　下記のデータに基づき，変動の激しい島根県の乳房の悪性新生物粗死亡率を移動平均して，全国と比較してみましょう。

	A	B	C
1		全国	島根
2	1992	5.3	4.4
3	1993	5.5	5.2
4	1994	5.8	5.1
5	1995	6.3	7.4
6	1996	6.4	5.0
7	1997	6.8	6.3
8	1998	6.9	5.1
9	1999	7.1	7.1
10	2000	7.4	5.7
11	2001	7.7	7.3
12	2002	7.7	7.0
13	2003	7.8	7.5
14	2004	8.4	10.1
15	2005	8.6	7.3
16	2006	8.9	9.8
17	2007	9.1	9.5
18	2008	9.4	8.3
19	2009	9.5	9.0
20	2010	9.9	9.1
21	2011	10.2	8.1
22	2012	10.0	8.8
23	2013	10.5	9.0
24	2014	10.6	9.7
25	2015	10.9	10.6
26	2016	11.3	11.5
27	2017	11.5	8.1

出典：厚生労働省：「都道府県別にみた死因簡単分類別死亡率（人口10万対）」，人口動態統計(2017)

図5-27　全国と島根県の乳房の悪性新生物死亡率

❖❖❖❖ダウンロード

解説：変動の大きい変化は移動平均を用いることによって，推移を滑らかに平滑化するとみやすい。主要な方法に，単純移動平均と加重移動平均と指数移動平均の3種類がある。ここで取り上げる単純移動平均とは，ある個数分のデータの平均値を連続的に求める方法である。3か年移動平均を用いる場合，当該年の前後1か年のデータを平均する（例えば1993年の平均値は1992年，1993年，1994年の値を平均）。

(1) 移動平均の算出

手順1　①セル〔D1〕をクリックし，「島根(移動平均)」と入力 ⇨ ②セル〔D3〕をクリック ⇨ ③〔ホーム〕タブをクリック ⇨ ③〔編集〕グループの〔オートSUM ▼〕の▼をクリック ⇨ ④プルダウンリストから〔平均(A)〕を選択 ⇨ ⑤セル〔C2：C4〕を選択して〔Enter〕キーを押す ⇨ ⑥セル〔D3〕のAVERAGE関数をセル〔D4：D27〕にコピーする。

	A	B	C	D
1		全国	島根	島根(移動平均)
2	1992	5.3	4.4	
3	1993	5.5	5.2	=AVERAGE(C2:C4)
4	1994	5.8	5.1	
5	1995	6.3	7.4	
6	1996	6.4	5.0	
7	1997	6.8	6.3	
8	1998	6.9	5.1	
9	1999	7.1	7.1	

図5-28　移動平均の計算

(2) 全国と島根県(移動平均)の折れ線グラフを作成

手順1　①セル〔B1：B27〕を選択 ⇨ ②〔Ctrl〕キーを押しながらセル〔D1：D27〕を選択 ⇨ ③〔挿入〕タブをクリック ⇨ ③〔グラフ〕グループの〔折れ線グラフの挿入▼〕の▼をクリック ⇨ ④〔2-D 折れ線〕の〔折れ線〕を選択

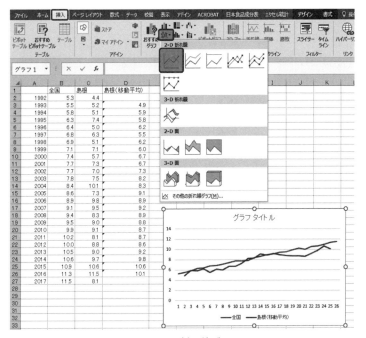

図5-29　折れ線グラフ

手順2　①横項目軸の変更 ⇨ ②「横軸」をクリックし，「グラフツール」の〔デザイン〕タブをクリック ⇨ ③〔データ〕グループの〔データの選択〕をクリック ⇨ ④〔データソースの選択〕ダイアログボックス ⇨ ⑤〔横(項目)軸ラベル(C)〕の〔編集(T)〕ボタンをクリック ⇨ ⑥〔軸ラベル〕ダイアログボックスにセル〔A2：A27〕を選択入力 ⇨ ⑦「OK」ボタンクリック ⇨ ⑧〔データソース選択〕ダイアログボックスの「OK」ボタンクリック

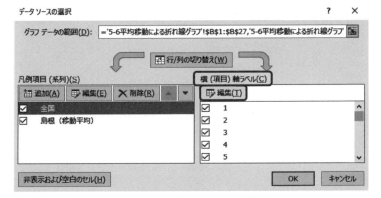

図5-30　データソースの選択

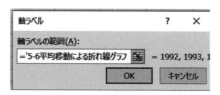

図5－31　軸ラベルのダイアログボックス

手順3　①横軸をクリックし、マウス右クリックでメニューを表示 ⇨ ②[軸の書式設定(F)]をクリック ⇨ ③「軸の書式設定」の作業ウィンドウで[サイズとプロパティ]ボタンをクリック ⇨ ④「配置◢」の「文字列の方向(X)」のテキストボックス内の▼をクリック ⇨ ⑤「横書き」を選択クリック ⇨ ⑥「ユーザー設定の角度(U)」の▲▼をクリックし「0°」にする

手順4　①グラフのグラフエリアをクリック ⇨ ②グラフツールの[デザインタブ]をクリック ⇨ ③[グラフ要素を追加▼]の▼をクリック ⇨ ④[軸ラベル]を選択クリックして[第1縦軸]を選択 ⇨ ⑤軸ラベルを入力して文字列の方向を調整する

手順5　①縦軸をクリックし、マウス右クリックでメニューを表示 ⇨ ②[軸の書式設定(F)]をクリック ⇨ ③「軸の書式設定」の作業ウィンドウで[軸のオプション]の▼をクリック ⇨ ②「縦(値)軸」を選択クリック ⇨ ④[軸のオプション]ボタン▮▮ をクリック ⇨ ⑤[▶表示形式]を選択クリック ⇨ ⑥[カテゴリ]のテキストボックス内をクリック ⇨ ⑦ポップアップリストから[数値]を選択クリック ⇨ ⑧[小数点以下の桁数]のテキストボックス内に「1」を入力 ⇨ ⑨「縦(値)軸」の表示が変更される。

手順6　①グラフタイトルを入力

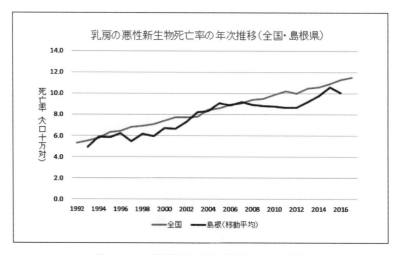

図5－32　移動平均の折れ線グラフの完成図

5-7　片対数グラフの作成

> **例題**　下記のデータを用いて 1950 年，2016 年の性・年齢階級別死亡率を比較してみましょう。

	A	B	C	D	E
1		男（1950年）	女（1950年）	男（2016年）	女（2016年）
2	0-4歳	2,068.5	1,906.6	53.9	53.0
3	5-9歳	219.4	195.6	8.5	6.3
4	10-14歳	114.7	120.1	9.1	7.0
5	15-19歳	246.8	248.6	26.7	12.1
6	20-24歳	486.3	442.7	48.6	21.3
7	25-29歳	563.1	505.9	54.8	25.5
8	30-34歳	531.3	488.2	62.2	32.6
9	35-39歳	594.7	525.6	81.4	49.1
10	40-44歳	713.0	597.8	120.2	73.0
11	45-49歳	948.3	744.1	192.1	111.8
12	50-54歳	1,355.7	1,022.6	319.6	180.0
13	55-59歳	2,082.2	1,439.8	512.0	247.8
14	60-64歳	3,156.9	2,204.1	838.6	359.6
15	65-69歳	5,155.5	3,568.2	1,315.6	538.8
16	70-74歳	7,851.1	5,621.1	2,111.2	896.4
17	75-79歳	11,443.8	8,713.9	3,354.6	1,550.6
18	80-84歳	17,792.8	14,285.7	6124	3,114.3
19	85-89歳	25,886.5	21,739.4	11,144.9	6,326.7
20	90-94歳	41,011.8	32,928.5	18,771.1	12,624.0
21	95-99歳			31,750.7	23,627.2
22	100歳〜			44,611.1	39,319.3
23	注）1950年の90-94歳は、90歳以上の数値である。				

出典：厚生労働省：「性・年齢別にみた死亡率（人口10万対）」，平成29年人口動態統計（2017）

図5-33　男女別年齢階級別死亡率の年次別比較

⋯⋯⋯ダウンロード

（1）折れ線グラフの作成

手順1　①セル〔A1：E22〕を選択 ⇨ ②〔挿入〕タブをクリック ⇨ ③〔グラフ〕グループの〔折れ線グラフの挿入▼〕の▼をクリック ⇨ ④〔2-D折れ線〕の〔折れ線〕を選択

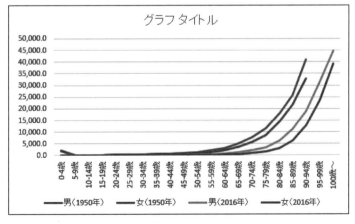

図5-34　折れ線グラフの表示

(2) 縦軸を対数目盛に変更

手順1　①縦軸を右クリック ⇨ ②[軸の書式設定(F)]をクリック

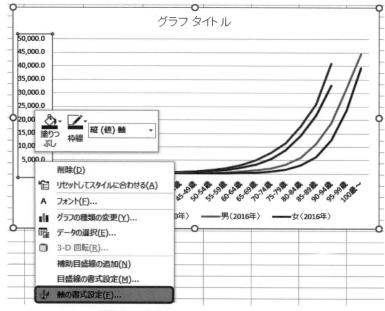

図5－35　[軸の書式設定(F)]の選択

手順2　①[軸の書式設定(F)]作業ウィンドウ ⇨ ②[◢軸のオプション]の[対数目盛を表示する]のチェックボックスにチェックを入れる。

図5－36　対数目盛の設定

手順3 ①グラフタイトル追加 ➡ ②縦軸ラベル追加

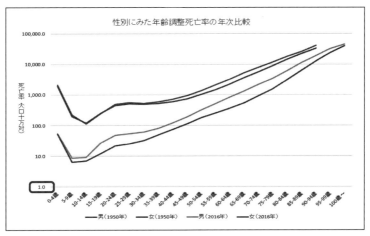

図5-37 片対数グラフの完成図

解説：通常は2点間の距離がその2点の数値の差に比例するような等間隔の目盛り（線形軸）を使用するが，表示するデータ値の範囲が非常に大きいデータの場合，均等目盛グラフでは値が小さいデータは重なってしまう。そこで，2点間の距離がその2点の数値の対数の差に比例する対数目盛り（等間隔ではない目盛り）を使用すると，重なった部分が見えるようになる。対数軸は，線形軸の0～1（0はない）の範囲を無限に拡大し，小さい値をはるかに大きく表示し，大きな値を圧縮し小さく見せる。

対数軸		線形軸
10	← log10=1 →	1.0
9		
8	← log8=0.90309 →	0.9
7		
6	← log6=0.77815 →	0.8
5	← log5=0.69897 →	0.7
4	← log4=0.60206 →	0.6
3	← log3=0.47712 →	0.5
		0.4
2	← log2=0.30103 →	0.3
		0.2
		0.1
1	← log1=0 →	0

対数軸の目盛りにしたがってプロットすると，線形軸に対数値をプロットしたことと同様になる。

5-8 散布図の作成

例題 下記のデータを用いて小学校6年生の身長と体重の関係を検討してみましょう。

	A	B
1	身長	体重
2	140.1	35.1
3	136.8	30.5
4	157.5	52.6
5	147.8	45.5
6	151.3	43.5
7	135.9	32.1
8	129.5	35.2
9	150.9	40.5
10	150.7	53.7
11	155.0	45.0
12	143.6	35.7
13	141.5	34.2
14	152.9	37.9
15	157.0	49.0
16	142.3	32.8
17	144.6	52.7
18	141.9	36.1
19	148.8	42.6
20	145.6	30.8
21	148.3	38.8

出典：架空データ

図5-38 小学校6年生の身長と体重のデータ

⁘⁘⁘ダウンロード

解説：2種類の数値データの関係をみるときには，散布図が適している。

手順1 ①セル[A1：B21]を選択 ⇨ ②[挿入]タブをクリック ⇨ ③[グラフ]グループの[散布図(X，Y)またはバブルチャートの挿入▼]の▼をクリック ⇨ ④[散布図]を選択クリック

手順2 ①縦軸を右クリック ⇨ ②[軸の書式設定(F)]をクリック ⇨ ③[軸の書式設定]作業ウィンドウで[▲軸のオプション]をクリック ⇨ ④[最小値]のテキストボックスに[25.0]と入力

手順3 ①横軸を右クリック ⇨ ②[軸の書式設定(F)]をクリック ⇨ ③[軸の書式設定]作業ウィンドウで[▲軸のオプション]をクリック ⇨ ④[最小値]のテキストボックスに[125.0]と入力

手順4 ①グラフタイトルを入力 ⇨ ②横軸ラベル，縦軸ラベルを追加 ⇨ ③散布図が完成する。

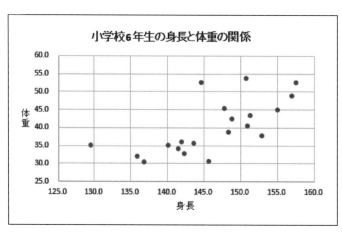

図5-39 散布図の完成図

5-9 複合グラフの作成

> **例題** 下記のデータを用いて出生数を棒グラフで，合計特殊出生率を折れ線グラフで示してみましょう。

	A	B	C
1		出生数	合計特殊出生率
2	1947	2,678,792	4.54
3	1948	2,681,624	4.40
4	1949	2,696,638	4.32
5	1950	2,337,507	3.65
6	1951	2,137,689	3.26
7	1952	2,005,162	2.98
8	1953	1,868,040	2.69
9	1954	1,769,580	2.48
10	1955	1,730,692	2.37
11	1956	1,665,278	2.22
12	1957	1,566,713	2.04
13	1958	1,653,469	2.11
14	～	～	～
55	1999	1,177,669	1.34
56	2000	1,190,547	1.36
57	2001	1,170,662	1.33
58	2002	1,153,855	1.32
59	2003	1,123,610	1.29
60	2004	1,110,721	1.29
61	2005	1,062,530	1.26
62	2006	1,092,674	1.32
63	2007	1,089,818	1.34
64	2008	1,091,156	1.37
65	2009	1,070,035	1.37
66	2010	1,071,304	1.39
67	2011	1,050,806	1.39
68	2012	1,037,231	1.41
69	2013	1,029,816	1.43
70	2014	1,003,539	1.42
71	2015	1,005,677	1.45
72	2016	976,978	1.44
73	2017	946,065	1.43

出典：厚生労働省：「平成29年 人口動態統計」(2017)

図5－40 出生数と合計特殊出生率の年次推移

･･･ダウンロード

解説：数値の大きさが著しく違う複数のデータを，異なる種類のグラフを用いて1つのグラフにまとめて表示することができる。なお，合計特殊出生率とは一人の女性が一生に産む子供の平均数を示す。

手順1　①セル〔A1：C73〕を選択 ⇨ ②〔挿入〕タブをクリック ⇨ ③〔グラフ〕グループの〔複合グラフの挿入▼〕の▼をクリック ⇨ ④〔集合縦棒－第2軸の折れ線〕を選択クリック

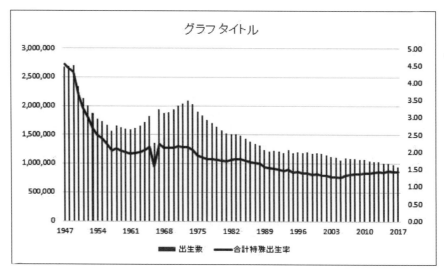

図5－41　集合縦棒と折れ線グラフの表示(1)

手順2　①縦軸を右クリック ⇨ ②〔軸の書式設定(F)〕をクリック ⇨ ③〔軸の書式設定〕作業ウィンドウで〔◢軸のオプション〕をクリック ⇨ ④〔表示単位(U)〕のプルダウンリストボックスで〔万〕を選択クリック

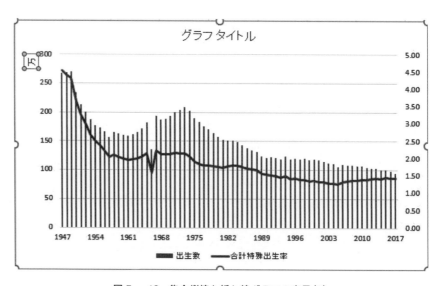

図5－42　集合縦棒と折れ線グラフの表示(2)

手順3　①「表示単位ラベルの書式設定」の作業ウィンドウで縦軸を右クリック ⇨ ②[サイズとプロパティ]ボタン をクリック ⇨ ③[文字列の方向]で[横書き]を選択クリック

手順4　①グラフタイトルを入力 ⇨ ②第1縦軸ラベルと第2縦軸ラベルを追加し，縦書きにする。

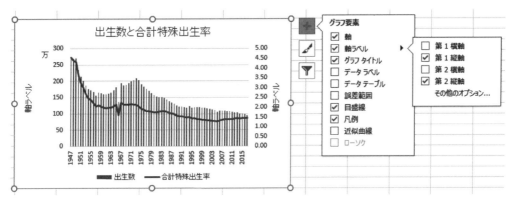

図5－43　グラフ要素(軸ラベル)の追加

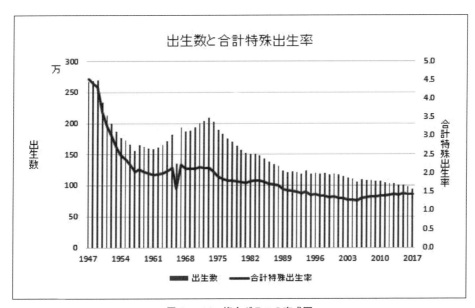

図5－44　複合グラフの完成図

5-10　レーダーチャートの作成

> **例題**　下記のデータを用いて，年度別にエネルギー産生栄養素バランスを比較できるレーダーチャートを作成してみましょう。

	A	B	C	D	E	F	G	H	I	J	K	L
1							*1			*2		
2		年	エネルギー	たんぱく質	脂質	炭水化物	P（エネルギー%）	F（エネルギー%）	C（エネルギー%）	P（16.5%）	F（25%）	C（57.5%）
3			kcal	g	g	g	4kcal	9kcal	4kcal	16.5	25	57.5
4		1960年	2,095.8	69.7	24.7	398.8						
5		1980年	2,084.0	77.9	52.4	313.0						
6		2017年	1,897.0	69.4	59.0	255.4						

出典：「国民健康・栄養調査」，調査内容の変遷，栄養摂取状況調査，栄養素等摂取量，国立健康・栄養研究所

図5-45　エネルギー産生栄養素バランスの年次別比較

（1）％エネルギーの算出

手順1　各年代別に，P（たんぱく質），F（脂質），C（炭水化物），各栄養素のエネルギー量が，各年代のエネルギー量の何％に当たるか計算する。
①セル〔G4〕を選択 ⇨ ② Atwaterのエネルギー換算係数を使用した計算式「＝D4＊G\$3/\$C4＊100」を入力 ⇨ ③セル〔G4〕にたんぱく質の％エネルギー値が表示される。

手順2　①フィルハンドルを選択してセル〔G6〕までドラッグ ⇨ ②セル〔G4：G6〕に計算結果が表示される。

手順3　①そのままフィルハンドルを選択してセル〔I6〕までドラッグ ⇨ ②セル〔G4：I6〕に計算結果が表示される。

G4			fx	＝D4＊G\$3/\$C4＊100					
	A	B	C	D	E	F	G	H	I
1							*1		
2		年	エネルギー	たんぱく質	脂質	炭水化物	P（エネルギー%）	F（エネルギー%）	C（エネルギー%）
3			kcal	g	g	g	4kcal	9kcal	4kcal
4		1960年	2,095.8	69.7	24.7	398.8	13.3	10.6	76.1
5		1980年	2,084.0	77.9	52.4	313.0	15.0	22.6	60.1
6		2017年	1,897.0	69.4	59.0	255.4	14.6	28.0	53.9

図5-46　％エネルギーの計算

解説1：エネルギー換算係数(各成分1g当たりの利用エネルギー量)とは，食品のエネルギー値を計算するための係数のこと。食品のエネルギーは，主に各栄養素の重量にそれぞれのエネルギー換算係数を乗じた数値の合計である。

　　　ここでは，食品のエネルギーの表示法で一般的に広く用いられているAtwaterのエネルギー換算係数，たんぱく質4kcal/g，脂質9kcal/g，炭水化物4kcal/gを使用する。

解説2：「日本人の食事摂取基準(2020年版)」では，生活習慣病の発症予防とその重症化予防を目的として，1歳以上の人を対象に，「エネルギー産生栄養素バランス」の目標量(%エネルギー)の範囲が設定されている。総エネルギー摂取量のうち，13〜20%をたんぱく質から，20〜30%を脂質から，50〜65%を炭水化物から摂取することが推奨されている。

　　　ここでは，2020年版食事摂取基準(エネルギー産生栄養素バランス目標値)の中央値を使用する。

(2) 目標値に対する割合の算出

手順1　(1)で求めたそれぞれの値(%エネルギー)を，各栄養素の目標値の中央値で除し，割合を求める。
①セル〔J4〕を選択 ⇨ ②目標値に対する割合の計算式「=G4/J$3」を入力 ⇨ ③セル〔J4〕にたんぱく質の目標値に対する割合が表示される。

手順2　①フィルハンドルを選択してセル〔J6〕までドラッグ ⇨ ②セル〔J4：J6〕に計算結果が表示される。

手順3　①そのままフィルハンドルを選択してセル〔L6〕までドラッグ ⇨ ②セル〔J4：L6〕に計算結果が表示される。

図5-47　目標値に対する割合の算出

＊1　Atwater換算係数
＊2　2020年版食事摂取基準(エネルギー産生栄養素バランス目標値・中央値)より

(3) 年度別にエネルギー産生栄養素バランスを比較できるレーダーチャートの作成

手順1 ①セル〔B2〕を選択 ➡ ②〔Ctrl〕キーを押しながらセル〔B4：B6〕を選択 ➡ ③〔Ctrl〕キーを押しながらセル〔J2：L2〕を選択 ➡ ④〔Ctrl〕キーを押しながらセル〔J4：L4〕を選択

	A	B	C	D	E	F	G	H	I	J	K	L
1							*1			*2		
2		年	エネルギー	たんぱく質	脂質	炭水化物	P(エネルギー%)	F(エネルギー%)	C(エネルギー%)	P(16.5%)	F(25%)	C(57.5%)
3			kcal	g	g	g	4kcal	9kcal	4kcal	16.5	25	57.5
4		1960年	2,095.8	69.7	24.7	398.8	13.3	10.6	76.1	0.81	0.42	1.32
5		1980年	2,084.0	77.9	52.4	313.0	15.0	22.6	60.1	0.91	0.91	1.04
6		2017年	1,897.0	69.4	59.0	255.4	14.6	28.0	53.9	0.89	1.12	0.94

図5-48 データの選択

手順2 ①［挿入］タブをクリック ➡ ②［グラフ］グループの［等高線グラフまたはレーダーチャートの挿入▼］の▼をクリック ➡ ③［レーダー］を選択

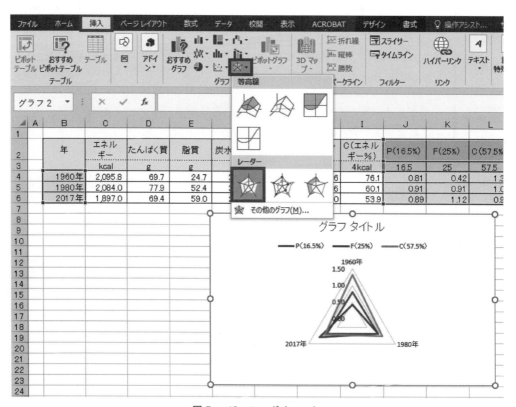

図5-49 レーダチャート

(4) 項目軸の入れ替え

手順 ①グラフエリアをクリック ⇨ ②[グラフツール]の[デザイン]タブをクリック ⇨ ③[行／列の切り替え]ボタンをクリック ⇨ ④項目軸に PFC ⇨ ⑤凡例に年次が配置される。

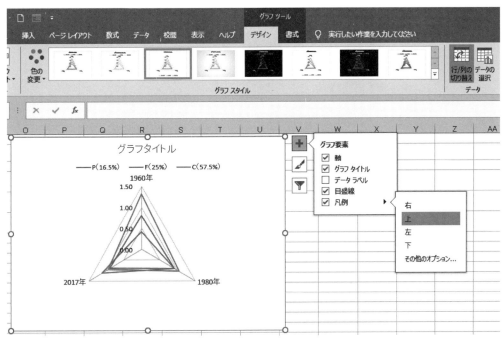

図5－50 項目軸と凡例の入れ替え

(5) グラフタイトルの変更

手順 ①グラフタイトルのテキストボックスを選択 ⇨ ②「年度別エネルギー産生栄養素バランス比較」と入力

(6) 凡例の移動

手順 ①グラフエリアをクリック ⇨ ②[＋]をクリックし，[凡例]の[▶]をクリックして表示したい位置を下に変更する。

(7) 目盛間隔の変更

手順1 ①[レーダー軸]を右クリックして[軸の書式設定]をクリック ⇨ ②[◢軸のオプション]の[最大値]を「1.2」と入力 ⇨ ③[目盛]を「0.2」と入力

手順2 ①[◢目盛]の[補助目盛種類]の「交差」を選択

手順3 ①[◢表示形式]の[カテゴリ]の「パーセンテージ」を選択，表示形式コード(T)を0%とし「追加」を選択，または小数点以下の桁数(D)を0と入力

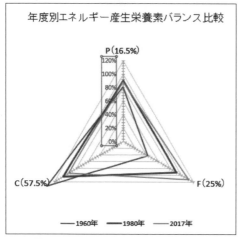

図5－52　レーダーチャートの完成図

図5－51　軸の書式設定

II アプリケーション編

6章　統計分析

6章 統計分析

6-1 統計関数の利用

1. 作成するシートの確認

> **例題** 下表はクラスAおよびBの2クラスから無作為に抽出した23名の栄養教育前後の栄養素等の摂取量である。このデータを入力し，課題A～Hをやってみましょう。

課題A：全項目について基本統計量（人数，最大値，最小値，平均，中央値，標準偏差，レンジ，変動係数）を求めなさい。

課題B：栄養教育前のエネルギーについて度数分布表とヒストグラムを作成しなさい。

課題C：栄養教育前のたんぱく質摂取量と脂質摂取量の相関係数を求めなさい。

課題D：栄養教育前の炭水化物摂取量を目的変数，たんぱく質摂取量を説明変数として回帰式を求めなさい。

課題E：栄養教育前の炭水化物摂取量と栄養教育後の炭水化物摂取量の平均値に差があるか否かを検定しなさい。

課題F：栄養教育前のエネルギー摂取量とたんぱく質摂取量各々について，クラスAとクラスBとで母分散（ばらつき）に差があるか否かを検定しなさい。

課題G：栄養教育前のたんぱく質摂取量について，クラスAとクラスBとで平均値に差があるか否かを検定しなさい。

課題H：栄養教育前のエネルギー摂取量について，クラスAの平均値はクラスBの平均値より多いといえるか否かを検定しなさい。

No.	クラス	栄養教育前				栄養教育後			
		エネルギー (kcal)	たんぱく質 (g)	脂質 (g)	炭水化物 (g)	エネルギー (kcal)	たんぱく質 (g)	脂質 (g)	炭水化物 (g)
1	A	2185	84.1	93.5	241.7	2422	86.5	86.5	316.2
2	A	2215	68.8	87.1	279.9	1811	61.1	62.0	246.2
3	A	1540	59.2	57.9	188.6	1827	70.3	73.5	213.2
4	A	1012	39.3	45.0	108.2	1206	41.2	51.2	144.9
5	A	1840	60.1	70.5	231.4	2032	72.1	71.3	267.9
6	A	2240	83.2	95.6	249.0	2317	67.7	97.6	287.6
7	A	2019	70.0	96.3	214.1	1573	65.5	50.8	207.0
8	A	1187	34.5	34.3	183.2	1354	55.6	51.9	159.4
9	A	1688	52.3	59.1	228.6	1784	76.1	61.0	222.1
10	A	1503	72.0	51.2	191.5	1312	51.6	39.4	179.4
11	B	2184	70.1	107.1	219.5	1942	71.6	82.0	219.6
12	B	1870	65.9	87.2	205.6	1788	54.4	76.1	215.2
13	B	1507	54.6	51.9	198.8	984	30.1	30.9	142.4
14	B	1787	63.6	63.3	235.9	1618	61.1	67.5	182.5
15	B	1474	49.6	39.9	224.3	1321	43.4	40.9	192.9
16	B	1332	51.2	48.2	166.5	1420	46.0	43.7	204.5
17	B	1540	60.3	45.8	217.4	1449	50.3	52.9	192.9
18	B	1970	73.0	90.8	205.1	1445	51.0	69.8	143.1
19	B	1230	44.5	27.1	198.5	1512	61.3	35.2	231.4
20	B	1907	60.8	81.6	228.1	903	23.3	26.6	136.9
21	B	1667	61.5	54.4	224.3	1230	41.4	37.3	176.0
22	B	1527	55.9	61.9	180.5	884	31.6	26.8	126.0
23	B	1746	54.8	64.2	234.3	1197	40.2	40.0	168.1
対象者数									
最大値									
最小値									
平均									
中央値									
標準偏差									
レンジ									
変動係数									

図6-1 栄養教育前後の栄養素等摂取量

ダウンロード

6-2 統計関数の利用〔1〕 基本統計量

1. 基本統計量

解説1：数値で表されたデータの集まりを扱う学問が「統計学」である。その数字の集まりの特徴を把握するためのツールとして使われるのが「基本統計量」であり，最もよく使われるのが平均値である。

平均値は数字のグループを代表する値であり，各値の重心という意味がある。

また，標準偏差は数字のグループのばらつきをはかる尺度である。

中央値は，各数値を大きさの順に並べたときに，ちょうど真ん中にくる値である。数値の数が奇数の場合は真ん中があるが，偶数の場合はない。例えば10個の数値であれば，5番目の値と6番目の値の平均が中央値となる。

解説2：これらの統計量を求めるために，4章で示したようにExcelでは「統計」という分類で関数が用意されている。統計解析ソフトを使わなくてもExcelで基本的な統計解析はある程度まではできるのである。

関数名は以下の通りである。（半角の＝（イコール）で始める）

表6-1 関数名

COUNT（数値や数値を含むセル参照）	数値が含まれるセルの個数を求める
MAX（数値や数値を含むセル参照）	データの最大値を求める
MIN（数値や数値を含むセル参照）	データの最小値を求める
AVERAGE（数値や数値を含むセル参照）	平均値を計算する
MEDIAN（数値や数値を含むセル参照）	データの中央値を求める
STDEV（数値や数値を含むセル参照）	データの標準偏差（不偏分散の平方根）を計算する

なお，レンジと変動係数は関数が用意されていないので，数式を用いる。

レンジは最大値－最小値で求められ，変動係数は「標準偏差／平均値×100（％）」で求められる。（Excelの式では，「標準偏差／平均値×100」）

［Σオート SUM ▼］を用いる方法は3章で述べたので，本章では「関数の挿入」のウィンドウを用いる。

課題A：全項目について基本統計量（人数，最大値，最小値，平均，中央値，標準偏差，レンジ，変動係数）を求めなさい。

手順1：①セル〔D26〕をクリック ⇨ ②［数式］タブをクリック ⇨ ③［関数ライブラリ］グループの［関数の挿入］ボタン *fx* をクリック ⇨ ④［関数の挿入］ダイアログボックスが表示される。

手順2：①［関数の分類（C）］▼ボックスの▼をクリックして，一覧から［統計］を選択 ⇨ ②［関数名（N）］ボックスから［COUNT］を選択 ⇨ ③［OK］ボタンをクリック

| 手順3 | ①[関数の引数]ダイアログボックスが表示される ⇨ ②[値1]に「D3：D25」と入力 ⇨ ③[F4]キーを2回押し、「D$3：D$25」と複合セル参照にする ⇨ ④[OK]ボタンをクリック ⇨ 人数が表示される。 |

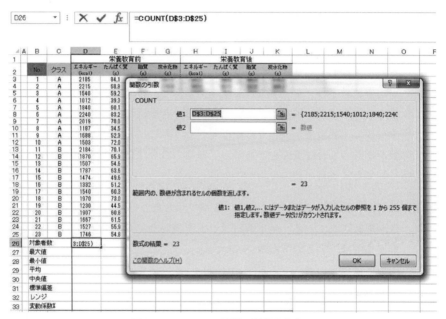

図6-2 COUNT関数の引数入力画面

手順4	①セル[D26]をクリック ⇨ ②[D27：D31]までコピー＆貼り付け(オートフィル操作でもよい)
手順5	①セル[D27]をクリック ⇨ ②数式バーで[COUNT]を消して[MAX]と入力
手順6	①セル[D28]をクリック ⇨ ②数式バーで[COUNT]を消して[MIN]と入力
手順7	①セル[D29]をクリック ⇨ ②数式バーで[COUNT]を消して[AVERAGE]と入力
手順8	①セル[D30]をクリック ⇨ ②数式バーで[COUNT]を消して[MEDIAN]と入力
手順9	①セル[D31]をクリック ⇨ ②数式バーで[COUNT]を消して[STDEV]と入力
手順10	①セル[D32]をクリック ⇨ ②数式バーに「＝D27－D28」の式を入れる。
手順11	①セル[D33]をクリック ⇨ ②数式バーに「＝D31/D29＊100」の式を入れる。
手順12	①セル[D33]をクリック ⇨ ②[ホーム]タブをクリック ⇨ ③[数値]グループの[小数点以下の桁数を増やす]ボタンをクリックし小数点以下1桁の表示とする。

手順13　①セル〔D26：D33〕を選択 ⇨ ②〔E26：K33〕までコピー＆貼り付け(オートフィル操作でもよい)

手順14　①［ホーム］タブをクリック ⇨ ②［数値］グループの［小数点以下の桁数を増やす］ボタンをクリックし，図6－3のように小数点以下の桁数を整える。

対象者数	23.0	23.0	23.0	23.0	23.0	23.0	23.0	23.0
最大値	2240.0	84.1	107.1	279.9	2422.0	86.5	97.6	316.2
最小値	1012.0	34.5	27.1	108.2	884.0	23.3	26.6	126.0
平均	1703.0	60.4	65.8	211.1	1536.1	54.5	55.4	198.9
中央値	1688.0	60.3	61.9	217.4	1449.0	54.4	51.9	192.9
標準偏差	344.0	12.4	22.4	33.9	410.5	16.0	20.0	49.2
レンジ	1228.0	49.6	80.0	171.7	1538.0	63.2	71.0	190.2
変動係数%	20.2	20.6	34.1	16.1	26.7	29.4	36.0	24.8

図6－3　基本統計量の結果

6－3　統計関数の利用〔2〕　度数分布

解説：ある集団のデータをいくつかの階級(区分)に分け，それぞれの階級に属するデータがいくつあったかの個数(度数)を数え，表にしたものを「度数分布表」という。度数分布表をつくることにより，平均値など基本統計量だけではわからない集団の特徴を把握できるようになる。
　　　この度数分布表をグラフにしたものを「ヒストグラム」(histogram)とよぶ。「棒グラフ」と似ているが，棒グラフが各値を棒の高さで示すのに対してヒストグラムは各階級に属するデータの個数を示すので，棒の幅は各階級の幅に対応させることが必要である。
　　　その結果，各棒は隣の階級と接することになる。ヒストグラムで表すことにより，データ全体の分布状況が視覚的にも明らかとなる。

課題B：栄養教育前のエネルギーについて度数分布表とヒストグラムを作成しなさい。

度数分布表作成の手順
　1．データの最大値，最小値，レンジを確認する。
　2．大体の階級数(区分数)をきめる。目安はデータ数nの平方根，$\sqrt{n}$の値の前後
　3．レンジを階級数で割って階級幅の目安とし，区切りのよい幅を決める。
　4．階級の端点(最も下の階級の下限値)を決める。一般的にはデータの最小値が階級の中央にくるように，区切りのよい値とする。

このように，階級数，階級幅，階級の端点ともに理論的に決められる絶対的な基準はない。Excelを使いこなせば，度数分布表やヒストグラムを簡単につくれるので，適当でないと判断したときは試行錯誤を恐れず，すぐにつくり直せばよい。

1. 栄養教育前エネルギー摂取量の度数分布表

手順1 ①エネルギーの最大値は2240，最小値は1012，レンジは1228である ⇨ ②階級数の目安は$\sqrt{23} = 4.79$であるから，5～6の階級数を目安とする ⇨ ③レンジは1228であるから，$1228 \div 6 = 204.7$となり，階級幅を200とする ⇨ ④端点を最小値が中央付近にくるよう900とする。

手順2 ①階級幅を記入した表をシート上に作成する。

階級値			度数
900	～	1100	
1100	～	1300	
1300	～	1500	
1500	～	1700	
1700	～	1900	
1900	～	2100	
2100	～	2300	

図6-4 階級幅を記入

手順3 ①セル〔P3〕を選択

手順4 ①[数式]タブをクリック ⇨ ②[関数ライブラリ]グループの[関数の挿入]ボタンfxをクリック ⇨ ③[関数の挿入]ダイアログボックスが表示される。

手順5 ①[関数の分類(C)▼]ボックスの▼をクリックして，一覧から[統計]を選択 ⇨ ②[関数名(N)]ボックスから[COUNTIFS]を選択 ⇨ ③[OK]ボタンをクリック

手順6 ①[関数の引数]ウィンドウが表示される ⇨ ②[検索条件範囲1]ボックスに「D3：D25」を入力 ⇨ ③[検索条件1]ボックスに「>＝900」を入力 ⇨ ④[検索条件範囲2]ボックスに「D3：D25」を入力 ⇨ ⑤[検索条件2]ボックスに「<1100」を入力 ⇨ ⑥[OK]ボタンをクリック

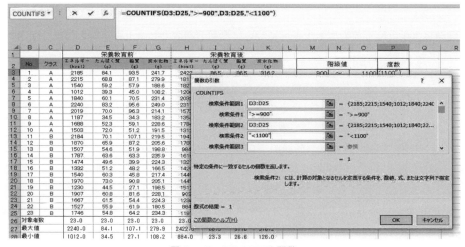

図6-5 COUNTIFS関数

手順7 他の階級幅についても同様の処理を行い，度数分布表を完成させる

図6－6 度数分布表結果

補足：FREQUENCY関数を用いた度数分布表の作成

手順1 ①階級幅を記入した表をシート上に作成する。度数分布を作成するFREQUENCY関数は指定した最上階級値より大きいデータを1階級余計に集計するようになっている。このため「2300～」の行をもうけておく。

図6－7 階級値を入力

手順2 ①セル〔P3：P10〕を選択

手順3 ①［数式］タブをクリック ⇨ ②［関数ライブラリ］グループの［関数の挿入］ボタン fx をクリック ⇨ ③［関数の挿入］ダイアログボックスが表示される。

手順4 ①［関数の分類(C)▼］ボックスの▼をクリックして，一覧から［統計］を選択 ⇨ ②［関数名(N)］ボックスから［FREQUENCY］を選択 ⇨ ③［OK］ボタンをクリック

手順5 ①［関数の引数］ウィンドウが表示される ⇨ ②［データ配列］ボックスに「D3：D25」を入力 ⇨ ③［区間配列］ボックスに階級の上限の区切りである「O3：O9」を入力

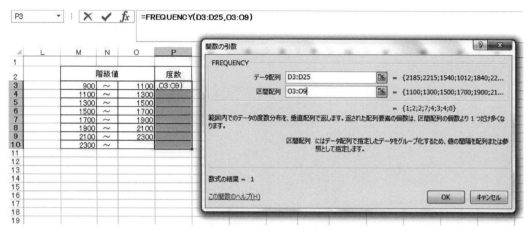

図6－8　FREQUENCY 関数

手順6 ①〔Ctrl〕キー＋〔Shift〕キー＋〔Enter〕キーを押して確定 ⇨ ②配列数式として度数が入力される。

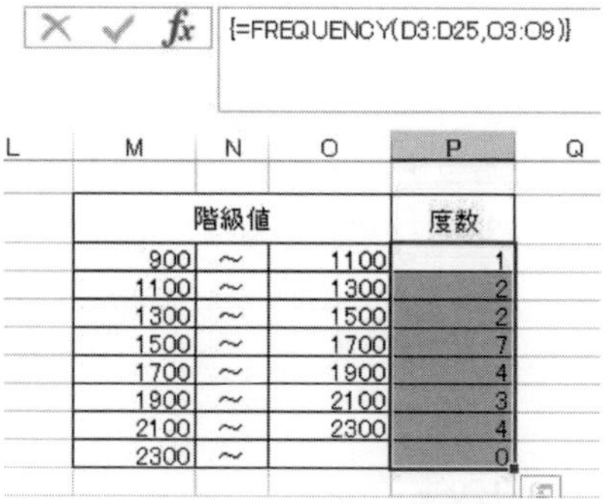

図6－9　FREQUENCY 配列数式

📖 参考：FREQUENCY 関数と配列数式

　　FREQUENCY 関数は数値の範囲ごとの個数を計算する関数である。集計したいデータの範囲を「データ配列」に指定し，各階級の区切りを「区間配列」に指定する。FREQUENCY 関数を使うと一つの式で複数ある各範囲の人数をすべてカウントし，その結果を「配列」として1度に返す。このように配列とよばれる複数のセルに1つの数式を当てはめて，複数の結果を求める式を配列数式という。配列数式として確定するには，上述のように〔Ctrl〕キー＋〔Shift〕キー＋〔Enter〕キーを押す。

2．ヒストグラムの作成

手順1
①前項で作成した度数分布表の階級値の列〔M2：P10〕を選択し，［ホーム］タブの［コピー(Ctrl + C)］ボタンをクリック ⇨ ②貼り付け先のセル〔R2〕をクリックして［貼り付け(Ctrl + V)▼］ボタンをクリック ⇨ ③度数の列〔P3：P10〕を選択して［コピー(Ctrl + C)］ボタンをクリック ⇨ ④貼り付け先のセル〔U3〕をクリック⑤［貼り付け(Ctrl + V)▼］ボタンの▼をクリックし，一覧から［形式を選択して貼り付け(S)］を選択クリック ⇨ ⑥［形式を選択して貼り付け］ウィンドウが開く ⇨ ⑦［貼り付け］グループの［値(V)］のオプションボタンをクリック ⇨ ⑧［OK］ボタンをクリック ⇨ ⑨数値が貼り付く ⇨ ⑩必要に応じて列幅を調整 ⇨ ⑫度数分布表のコピー完成

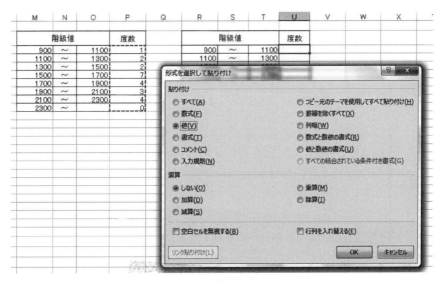

図6－10　度数分布表のコピー

手順2
①セル〔U2：U10〕を選択 ⇨ ②［挿入］タブの［グラフ］グループの［縦棒グラフの挿入▼］をクリック ⇨ ③［2D縦棒］の［集合縦棒］を選択 ⇨ ④縦棒グラフが作成される。

手順3
①［デザイン］タブの［データの選択］ボタンをクリック ⇨ ②［データソースの選択］のダイアログが表示される ⇨ ③［横（項目）軸ラベル(C)］の［編集(T)］ボタンをクリック ⇨ ④軸ラベルダイアログが表示される ⇨ ⑤［軸ラベルの範囲(A)］に階級上限値の範囲〔T3：T9〕を選択 ⇨ ［OK］ボタンをクリック

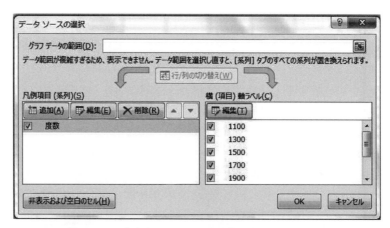

図6-11　[デザインソースの選択]ダイアログボックス

手順4　①[横項目軸]を選んでダブルクリック ⇨ ②[軸の書式設定]ダイアログの[表示形式]をクリック ⇨ ③[表示形式コード(T)]に「"～"0」と入力 ⇨ ④[追加(A)]ボタンをクリック ⇨ ⑤[横項目軸]が変更される ⇨ ⑥[軸の書式設定]ダイアログを閉じる(×ボタンをクリック)。

手順5　①縦棒をクリック ⇨ ②マウスの右ボタンをクリックし，[データ系列の書式設定(F)]を選択 ⇨ ③ダイアログボックスの[系列オプション]で[要素の間隔(W)]のスライダーを[0%]にし，×ボタンをクリックして閉じる ⇨ ④グラフ要素の「＋」ボタンをクリックし，[軸ラベル]ボックスにチェックを入れる ⇨ ⑤縦軸ラベルに「人」と入力 ⇨ 横軸ラベルに「kcal」と入力する ⇨ ⑥グラフの移動や大きさの変更などを加えて体裁を整える。

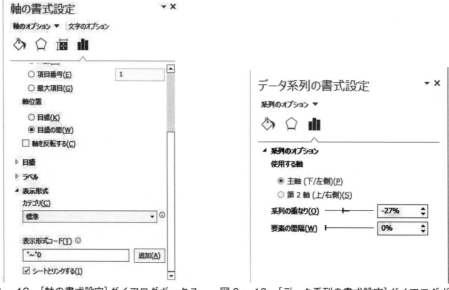

図6-12　[軸の書式設定]ダイアログボックス　　図6-13　[データ系列の書式設定]ダイアログボックス

手順6 │ ①タイトルを「エネルギー摂取量の度数分布」に変更 ⇒ ②ヒストグラムの完成

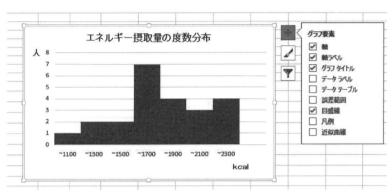

図6－14　ヒストグラム完成図

6－4　分析ツールの活用〔1〕　相関と回帰

解説1：エクセルには簡単にデータ解析を行える便利な「分析ツール」が，アドイン（アドイン：Microsoft Office に独自のコマンドや独自の機能を追加する追加プログラム）プログラムとして標準で装備されている。アドインとは，ソフトウエアに追加される拡張機能をさす。Excel で「分析ツール」を初めて使う場合は，まず「分析ツール」をインストールする必要がある。

〔注意〕　分析ツールをインストールする場合，共用端末の場合はシステム管理者へのインストール許可を確認する必要がある場合がある。

1．分析ツールが組み込まれているか確認する

手順 │ ①［データ］タブをクリック ⇒ ②［分析］グループに［データ分析］ボタンがあるかを確認

図6－15　分析ツールの確認

2.「データ分析」ボタンがない場合のデータ分析ツールの組み込み方

手順1 ①［ファイル］タブをクリック ⇨ ②左側のフレームメニューから［オプション］をクリック

手順2 ①［Excelのオプション］ダイアログボックスが表示される ⇨ ②左側のフレームメニューから［アドイン］をクリック

手順3 ①［管理(A)］ボックスの一覧の［Excelアドイン］をクリック ⇨ ②［設定(G)］ボタンをクリック

手順4 ①「アドイン」ダイアログが表示され，［有効なアドイン(A)］ボックスが表示される ⇨ ②「分析ツール」横のチェックボックスをチェックする ⇨ ③「OK」をクリック

図6-16　［アドイン］ダイアログボックス

解説２：［分析ツール］には以下の 19 種の分析ツールが用意されている。

図６－17　［分析ツール］

3. 相関係数

解説：相関係数(correlation coefficient)とは，２つの変数の関係の強さをはかる定量的な尺度である。２つの変数を X 軸（横軸）と Y 軸（縦軸）に対応させたグラフ（散布図）を描いてみる。

図６－15 において，

①のように一方が大きくなれば他方も大きくなる場合は，２つの関係は正の相関がある。

②のように一方が大きくなれば他方は小さくなる場合は，２つの関係は負の相関がある。

③のように２つの変数の間にはっきりした関係がみられない場合は，２つの関係は無相関である。

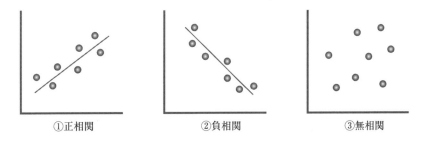

図６－18　相関係数

　相関係数は，"r" で表し，「－１≦r≦１」の範囲にある。「０」は，全く直線的な関係がない場合，「－１」は傾きがマイナスの直線上に完全にのる場合，「１」は傾きがプラスの直線上に完全にのる場合である。

　相関係数がゼロに近いということは，２つの変数の間に直線関係がないことを意味しているが，必ずしも無関係といえない。２つの変数の間に放物線のような２次曲線的関係が

あっても相関関係は「0」の近くになる。相関係数は直線関係の強さを見るものであって，2つの変数の関係は散布図を描いてみる方がよい。

課題C：栄養教育前のたんぱく質摂取量と脂質摂取量の相関係数を求めなさい。

手順1　①［データ］タブの［分析］グループの［データ分析］ボタンを選択 ⇨ ②［分析ツール(A)］の［相関］をクリック ⇨ ③［OK］ボタンをクリック

手順2　①［相関］ダイアログボックスが表示される ⇨ ②［入力元］の［入力範囲(I)］に図6-1の〔$E$2：$F$25〕を選択 ⇨ ③［データ方向］は［列(C)］であることを確認 ⇨ ④［先頭行をラベルとして使用(L)］のチェックボックスにチェックを入れる ⇨ ⑤［出力オプション］の［新規ワークシート(P)］をクリック ⇨ ⑥［OK］ボタンをクリック ⇨ ⑦相関表が出力される。

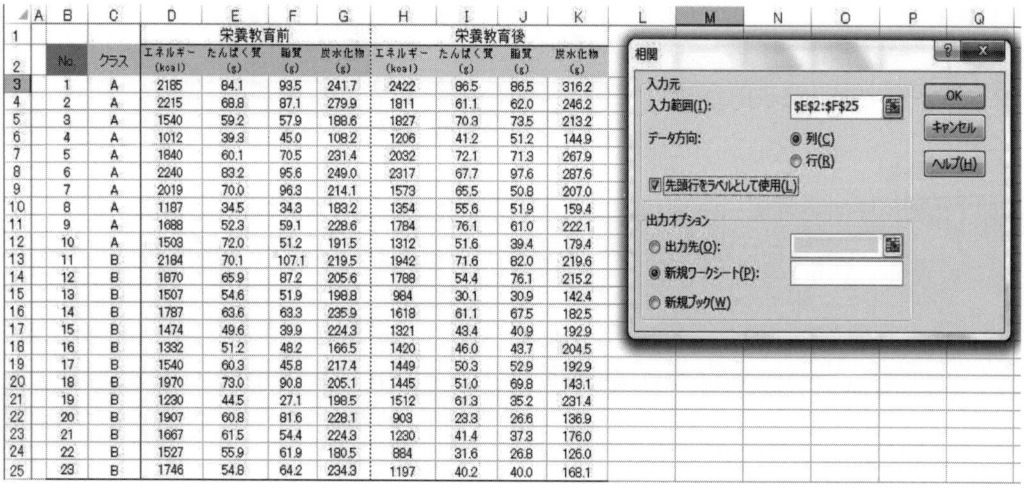

	A	B	C	D	E	F	G	H	I	J	K
1				栄養教育前				栄養教育後			
2		No.	クラス	エネルギー (kcal)	たんぱく質 (g)	脂質 (g)	炭水化物 (g)	エネルギー (kcal)	たんぱく質 (g)	脂質 (g)	炭水化物 (g)
3		1	A	2185	84.1	93.5	241.7	2422	86.5	86.5	316.2
4		2	A	2215	68.8	87.1	279.9	1811	61.1	62.0	246.2
5		3	A	1540	59.2	57.9	188.6	1827	70.3	73.5	213.2
6		4	A	1012	39.3	45.0	108.2	1206	41.2	51.2	144.9
7		5	A	1840	60.1	70.5	231.4	2032	72.1	71.3	267.9
8		6	A	2240	83.2	95.6	249.0	2317	67.7	97.6	287.6
9		7	A	2019	70.0	96.3	214.1	1573	65.5	50.8	207.0
10		8	A	1187	34.5	34.3	183.2	1354	55.6	51.9	159.4
11		9	A	1688	52.3	59.1	228.6	1784	76.1	61.0	222.1
12		10	A	1503	72.0	51.2	191.5	1312	51.6	39.4	179.4
13		11	B	2184	70.1	107.1	219.5	1942	71.6	82.0	219.6
14		12	B	1870	65.9	87.2	205.6	1788	54.4	76.1	215.2
15		13	B	1507	54.6	51.9	198.8	984	30.1	30.9	142.4
16		14	B	1787	63.6	63.3	235.9	1618	61.1	67.5	182.5
17		15	B	1474	49.6	39.9	224.3	1321	43.4	40.9	192.9
18		16	B	1332	51.2	48.2	166.5	1420	46.0	43.7	204.5
19		17	B	1540	60.3	45.8	217.4	1449	50.3	52.9	192.9
20		18	B	1970	73.0	90.8	205.1	1445	51.0	69.8	143.1
21		19	B	1230	44.5	27.1	198.5	1512	61.3	35.2	231.4
22		20	B	1907	60.8	81.6	228.1	903	23.3	26.6	136.9
23		21	B	1667	61.5	54.4	224.3	1230	41.4	37.3	176.0
24		22	B	1527	55.9	61.9	180.5	884	31.6	26.8	126.0
25		23	B	1746	54.8	64.2	234.3	1197	40.2	40.0	168.1

図6－19　［相関］ダイアログボックス

	A	B	C
1		たんぱく質 (g)	脂質 (g)
2	たんぱく質 (g)	1	
3	脂質 (g)	0.805762	1

図6－20　相関表

4．回帰分析

解説：回帰分析（regression analysis）は，2つの変数について，一方の説明したい変数を従属変数（目的変数）とし，他方の説明をするために用いられる独立変数（説明変数）との間に式をあてはめて，目的変数が説明変数によってどれくらい説明できるのかを定量的に分析する手法である。

説明変数が1つのときを単回帰といい，変数間の関係に一次方程式（$Y = a+bX$）をあてはめる。

データに最もよくあてはまる直線を求めるには，求める直線とデータとのY軸でみた誤差 d の二乗和（つまり誤差の面積の和）が最小になるように直線を求める方法（最小二乗法という）が使われる。

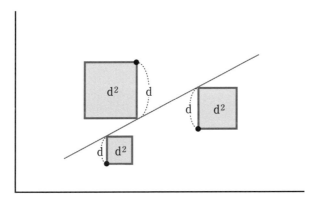

図6-21　最小二乗法

課題D：栄養教育前の炭水化物摂取量を目的変数，たんぱく質摂取量を説明変数として回帰式を求めなさい。

手順1
①［データ］タブの［分析］グループの［データ分析］ボタンを選択 ⇨ ②［分析ツール(A)］の［回帰分析］をクリック ⇨ ③［OK］ボタンをクリック

手順2
①［回帰分析］ダイアログボックスが表示される ⇨ ②［入力元］の［入力Y範囲(Y)］に図6-1の「炭水化物」の入力範囲〔$G$2：$G$25〕を選択 ⇨ ③［入力元］の［入力X範囲(X)］に図6-1の「たんぱく質」の入力範囲〔$E$2：$E$25〕を選択 ⇨ ④［ラベル(L)］のチェックボックスにチェックを入れる ⇨ ⑤［出力オプション］の［新規ワークシート(P)］をクリック ⇨ ⑥［OK］ボタンをクリック ⇨ ⑦回帰分析結果が出力される。

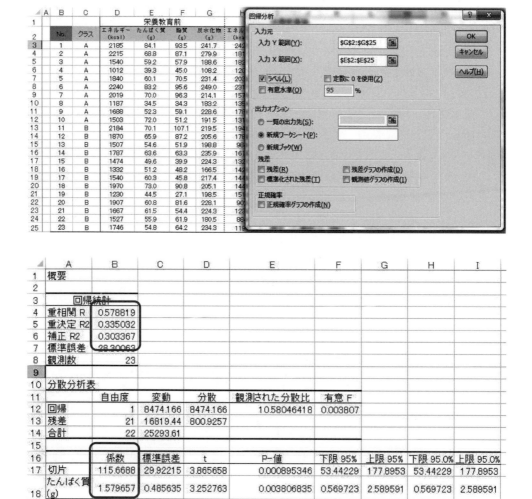

図6-22 「回帰分析」ダイアログボックスと計算結果

解説:「係数」のところに切片の値と傾きの値(たんぱく質が1g増加したときの炭水化物の増加分)が示されている。推定された回帰式は

　　　炭水化物摂取量 = 115.67 + 1.58 × たんぱく質摂取量

となる。

「重決定R2」はあてはまりのよさの指標で,この場合たんぱく質の摂取量から炭水化物の摂取量の約34%が説明できることを示す。

6-5　分析ツールの活用〔2〕　平均値の差の検定

解説1：図6-14に示したように，分析ツールには4種類の平均値の検定のツールが用意されているので，使いこなせると便利である。統計的検定について以下にごく簡単に述べるが，詳しい内容は統計学の成書を読んで勉強してほしい。

例えば，栄養指導前の炭水化物摂取量と栄養指導後の炭水化物摂取量，あるいは高血圧群の食塩摂取量と高血圧でない群の食塩摂取量など，2つのデータ群があるとする。2つの群の平均値に明らかに差があるかどうかを統計的な手続きで科学的に判断したい場合に統計的検定が使われる。

仮説検定とは，ある事柄を仮説として設定し，観測データに基づいてこの仮説を検討する推論形式をいう。この際に設定する仮説を**帰無仮説**といい，これを H_0 で表す。仮説検定はこの仮説 H_0 を否定することを考え，否定できた場合に「有意」であるという。「有意」とは仮説 H_0 を否定することに「統計的に意味が有る」すなわち偶然とは考えにくいという意味である。また，帰無仮説 H_0 が否定されたときには，この仮説の反対の仮説（**対立仮説**といい H_1 で表す）が正しいとする。すなわち，仮説検定は帰無仮説 H_0 を否定して，対立仮説 H_1 が正しいと証明することを目ざすものである。

「有意」の程度を示す確率を**有意水準**といい，α（一般的に5%，1%，0.1%を用いる）で表す。有意水準とは帰無仮説を否定することが誤りである（第1種の過誤という）確率の上限である。また，帰無仮説を否定しないことが誤りである（第2種の過誤という）確率の上限を β で表し，$1-\beta$ を検出力という。

検定の方法は，この α を重視し，これを一定の有意水準以下に抑え，β を可能な限り小さくするという考え方に基づいている。β を小さくするには，標本サイズを大きくすればよい。

表6-2　2種類の誤り

	仮説が真	仮説が偽
仮説を否定する	第1種の過誤	正しい判断
仮説を否定しない	正しい判断	第2種の過誤

仮説検定の手順は下記のとおりである。

ステップ①　帰無仮説と対立仮説を設定する。

ステップ②　帰無仮説が正しいとすると，統計理論によって，ある統計量が一定の確率分布を示すことが分かっているので，標本データに基づいて求めた統計量（平均値の差の検定の場合はt統計量という）より大きくなる確率を求める。

ステップ③　その確率が有意水準（α）より小さい場合，有意として帰無仮説を否定して，対立仮説が正しいと判断する（帰無仮説を棄却する）。

ステップ④　また，その確率が有意水準（α）より大きい場合，有意でないすなわちそのようなことは偶然にいくらでも起こりうると考え，対立仮説が正しいとはいえないと判断する（帰無仮説を採択する）。

1．一対の標本による平均の検定

解説２：解説１に挙げた栄養指導前後の炭水化物の摂取量など同じ対象の対になったデータについての検定で，**対応のある平均値の検定**ともいわれる。同じ対象の前後の差を計算し，この差の平均は「差がない」という帰無仮説のもとでは，差＝0を中心とした分布に従うはずである。この分布は統計学者の研究から**t分布**という分布に従うことが分かっているので，t分布のどの位置にあるかを計算する。これを**統計量**といい，対応のある平均値の差の検定ではt分布を用いることから，**t統計量**という。なお前後の差の平均値はそのままの実数値ではなく，どのような実際データでも使えるように標準偏差を単位とした値に変換して用いる。

課題Ｅ：栄養教育前の炭水化物摂取量と栄養教育後の炭水化物摂取量の平均値に差があるか否かを検定しなさい。

上の課題で，帰無仮説は，H_0：栄養教育前後で炭水化物摂取量に差がない。
対立仮説は，H_1：栄養教育後の炭水化物摂取量に差がある。
有意水準は5%，すなわち$\alpha = 0.05$とする。

手順１　①［データ］タブの［分析］グループの［データ分析］ボタンをクリック ⇨ ②［ツール(A)］の［t検定：一対の標本による平均の検定］をクリック ⇨ ③［OK］ボタンをクリック

手順２　①［t検定：一対の標本による平均の検定］ダイアログボックスが表示される ⇨ ②［入力元］の［変数1の入力範囲(1)］に栄養教育前の「炭水化物」の入力範囲〔$G$2：$G$25〕を選択 ⇨ ③［入力元］の［変数2の入力範囲(2)］に栄養教育後の「炭水化物」の入力範囲〔$K$2：$K$25〕を選択 ⇨ ［仮説平均との差異(Y)］には「0」を入力 ⇨ ④［ラベル(L)］のチェックボックスにチェックを入れる ⇨ ⑤［出力オプション］の一覧の［新規ワークシート(P)］のオプションボタンをクリック ⇨ ⑥［OK］ボタンをクリック ⇨ ⑦［一対の標本による平均の検定］結果が出力される。

	A	B	C	D	E	F	G	H	I	J	K
1				栄養教育前				栄養教育後			
2		No.	クラス	エネルギー (kcal)	たんぱく質 (g)	脂質 (g)	炭水化物 (g)	エネルギー (kcal)	たんぱく質 (g)	脂質 (g)	炭水化物 (g)
3		1	A	2185	84.1	93.5	241.7	2422	86.5	86.5	316.2
4		2	A	2215	68.8	87.1	279.9	1811	61.1	62.0	246.2
5		3	A	1540	59.2	57.9	188.6	1827	70.3	73.5	213.2
6		4	A	1012	39.3	45.0	108.2	1206	41.2	51.2	144.9
7		5	A	1840	60.1	70.5	231.4	2032	72.1	71.3	267.9
8		6	A	2240	83.2	95.6	249.0	2317	67.7	97.6	287.6
9		7	A	2019	70.0	96.3	214.1	1573	65.5	50.8	207.0
10		8	A	1187	34.5	34.3	183.2	1354	55.6	51.9	159.4
11		9	A	1688	52.3	59.1	228.6	1784	76.1	61.0	222.1
12		10	A	1503	72.0	51.2	191.5	1312	51.6	39.4	179.4
13		11	B	2184	70.1	107.1	219.5	1942	71.6	82.0	219.6
14		12	B	1870	65.9	87.2	205.6	1788	54.4	76.1	215.2
15		13	B	1507	54.6	51.9	198.8	984	30.1	30.9	142.4
16		14	B	1787	63.6	63.3	235.9	1618	61.1	67.5	182.5
17		15	B	1474	49.6	39.9	224.3	1321	43.4	40.9	192.9
18		16	B	1332	51.2	48.2	166.5	1420	46.0	43.7	204.5
19		17	B	1540	60.3	45.8	217.4	1449	50.3	52.9	192.9
20		18	B	1970	73.0	90.8	205.1	1445	51.0	69.8	143.1
21		19	B	1230	44.5	27.1	198.5	1512	61.3	35.2	231.4
22		20	B	1907	60.8	81.6	228.1	903	23.3	26.6	136.9
23		21	B	1667	61.5	54.4	224.3	1230	41.4	37.3	176.0
24		22	B	1527	55.9	61.9	180.5	884	31.6	26.8	126.0
25		23	B	1746	54.8	64.2	234.3	1197	40.2	40.0	168.1

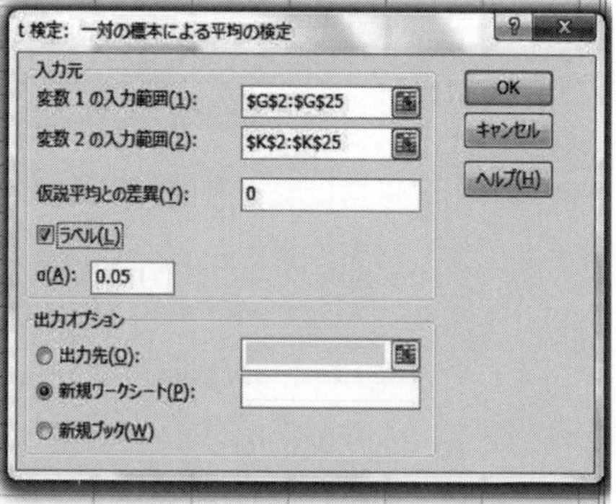

図６－23　［一対の標本による平均値の検定］ダイアログボックス

	A	B	C
1	t-検定: 一対の標本による平均の検定ツール		
2			
3		炭水化物(g)	炭水化物(g)
4	平均	211.087	198.9304
5	分散	1149.709	2425.009
6	観測数	23	23
7	ピアソン相関	0.513043	
8	仮説平均との差異	0	
9	自由度	22	
10	t	1.3513	
11	P(T<=t) 片側	0.095166	
12	t 境界値 片側	1.717144	
13	P(T<=t) 両側	0.190333	
14	t 境界値 両側	2.073873	

図6−24　[一対の標本による平均値の検定]の結果

解説3：栄養教育前の炭水化物摂取量の平均は211.1g，栄養教育後の炭水化物摂取量の平均は198.9gであり，栄養教育後の平均摂取量は12.2g減少している。これが偶然の減少か，それとも意味のある減少かを統計的に検定しようという課題である。

ここで自由度は観測数をnとすると，「$n-1=23-1=22$」となる。図6−21に示す通りt統計量は

差の平均÷(差の平均の標準偏差÷観測数)で計算する。これは，**差の平均の分布の平均の標準偏差は元の分布の標準偏差を観測数で割ったものになる**という定理があるからである。すなわち，t統計量は差の平均を標準偏差を単位に変換した値になる。このtの値は，「差がない」としたときのt分布のどのあたりの位置にあるかをみる。ここで，対立仮説は，栄養教育後の炭水化物摂取量≠教育前炭水化物摂取量なので，増えても減っても等しくないので，**両側検定**となる。また，「教育前−教育後」の値は，t分布が左右対称の分布であるので，絶対値で判断する。図6−21に示すようにt統計量の絶対値＜t境界値(両側)である。すなわち，このような差がでることは5％よりも大きく，実際の確率では0.19(約19％)となる。したがって偶然でも起こり得ると判断して，帰無仮説は棄却しない。結論は，栄養教育後の炭水化物摂取量は，教育前炭水化物摂取量に比べて有意に減少したとはいえない(意味のある減少とはいえない)。

2．2標本を使った分散の検定

解説4：図6－1のクラスAとクラスBに所属する対象者は異なる。このように異なる対象者よりなる2つの母集団から抽出した2つの標本のデータをもとに2つの母集団の平均に差があるか否かを検定したいときには，検定方法の使い分けが必要である。

　両群の母集団の分散が分かっているとき，分散が既知の場合は正規分布に基づくZ検定を用いる。

　両群の母集団の分散がわかっていない分散が未知の場合は，まず両群の分散の差を検定する。分散が等しい場合は，スチューデントのt検定により平均値の差の検定をし，分散が等しくない場合は，ウェルチのt検定により平均値の差の検定をする（表6－3）。

表6－3　2つの標本の平均の差の検定の使い分け

両群母集団の分散が既知	両群母集団の分散が未知
Z検定	両群の母分散が等しい場合：スチューデントのt検定
	両群の母分散が等しくない場合：ウェルチのt検定

解説5：2つの標本の分散の比の分布は，統計学者の研究から「F分布」という分布に従うことがわかっているので，F分布のどの位置にあるかを計算する。分散の比の検定ではF分布を用いることから，分散比を「F統計量」という。

　　　　帰無仮説は，H_0：分散が等しい，すなわち2群の分散の比＝1である。
　　　　対立仮説は　H_1：分散が等しくない，すなわち2群の分散の比≠1である。
　分散比を求める際，通常は大きい値の方が分子になるようにするため，対立仮説は2群分散の比＞1のようにみえるが，実際は両側検定である。有意水準は5%であるが，以下で使用する「分析ツール」の「F検定：2標本を使った分散の検定」は片側検定しか行わないため，$\alpha = 0.025$と指定する必要がある。

　また，「F検定：2標本を使った分散の検定」が算出する分散の比は，「変数1の分散／変数2の分散」なので，棄却域をF分布の右側に設定するには，分散の大きい方の変数を変数1に指定する。

課題F：栄養教育前のエネルギー摂取量とたんぱく質摂取量各々について，クラスAとクラスBで母分散に差があるか否かを検定しなさい。

1．AおよびBクラスの栄養教育前エネルギー摂取量の分散の検定

手順1　①[データ]タブの[分析]グループの[データ分析]ボタンをクリック ⇨ ②[分析ツール(A)]の[F検定：2標本を使った分散の検定]をクリック ⇨ ③[OK]ボタンをクリック

手順2　①[F検定：2標本を使った分散の検定]ダイアログボックスが表示される ⇨ ②[入力元]の[変数1の入力範囲(1)]にクラスAの「エネルギー」の入力範囲〔$D$3：$D$12〕を選択 ⇨ ③[入力元]の[変数2の入力範囲(2)]にクラスBの「エネルギー」の入力範囲〔$D$13：$D$25〕を選択 ⇨ ④α(A)：の0.05を0.025に変更 ⇨ ⑤[出力オプション]の一覧の[新規ワークシート(P)]のオプションボタンをクリック ⇨ ⑥[OK]ボタンをクリック ⇨ ⑦[F検定：2標本を使った分散の検定]結果が出力される。

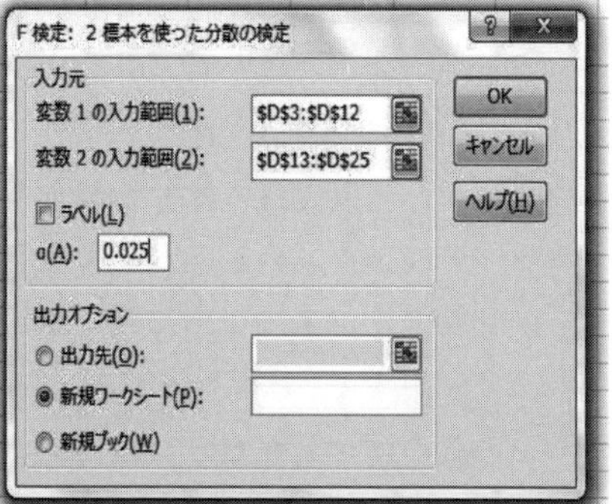

図6-25 [F検定：2標本を使った分散の検定]のダイアログボックス

図6-26 [F検定：2標本を使った分散の検定]のエネルギー摂取量の結果

解説6：Aクラス（変数1）のエネルギー摂取量の分散は約 $188453\,\mathrm{kcal^2}$, 一方Bクラス（変数2）のエネルギー摂取量の分散は約 $73329\,\mathrm{kcal^2}$ である。ここで自由度はA，B両クラスの観測数を n_1, n_2 とすると，「$n_1-1=10-1=9$」，「$n_2-1=13-1=12$」となる。統計量である分散比は約2.57で $\alpha=0.025$ のときのF境界値片側3.44と比較すると図6-24に示すように分散比＜F境界値（両側 $\alpha=0.05$）である。すなわち，このような比が出ることは5％よりも多い。実際の確率は0.065と示されているが，これは片側検定の結果なので，2倍して0.13（13％）で起こる。したがって偶然でも起こり得る分散比と判断して，帰無仮説を捨てない（棄却しない）。

結論は，Aクラスのエネルギー摂取量の分散とBクラスのエネルギー摂取量の分散は等しいとみなす。

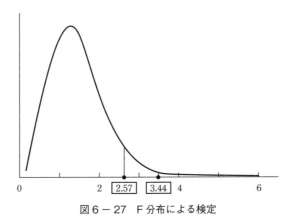

図6−27 F分布による検定

2. AおよびBクラスの栄養教育前たんぱく質摂取量の分散の検定

手順1 ①[データ]タブの[分析]グループの[データ分析]ボタンをクリック ⇨ ②[分析ツール(A)]の[F検定：2標本を使った分散の検定]をクリック ⇨ ③[OK]ボタンをクリック

手順2 ①[F検定：2標本を使った分散の検定]ダイアログボックスが表示される ⇨ ②[入力元]の[変数1の入力範囲(1)]にクラスAの[たんぱく質]の入力範囲[$E$3：$E$12]を選択 ⇨ ③[入力元]の[変数2の入力範囲(2)]にクラスBの[たんぱく質]の入力範囲[$E$13：$E$25]を選択 ⇨ ④α(A)：の0.05を0.025に変更 ⇨ ⑤[出力オプション]の一覧の[新規ワークシート(P)]のオプションボタンをクリック ⇨ ⑥[OK]ボタンをクリック ⇨ ⑦[F検定：2標本を使った分散の検定]結果が出力される。

	A	B	C
1	F-検定:2標本を使った分散の検定		
2			
3		変数1	変数2
4	平均	62.35	58.90769
5	分散	280.4383	67.09244
6	観測数	10	13
7	自由度	9	12
8	観測された分散比	4.17988	
9	P(F<=f) 片側	0.012084	
10	F 境界値 片側	3.435846	

図6−28 [F検定：2標本を使った分散の検定]のたんぱく質の結果

解説7：Aクラスのたんぱく質摂取量の分散は$280.4g^2$，一方Bクラスのたんぱく質摂取量の分散は$67.1g^2$である。ここで自由度はA，B両群の観測数をn_1, n_2とすると，「$n_1-1=10-1=9$」，「$n_2-1=13-1=12$」である。統計量である分散比は4.18で$\alpha=0.025$のときのF境界値3.44と比較すると，分散比＞F境界値(両側$\alpha=0.05$)である。すなわち，このような比がでることは5％よりも少ない。実際の確率は0.012と示されているが，これは片側検定の結果なので，2倍して0.024（約2.4％）でしか起こらない。した

がって偶然では起こり得ない分散比と判断して，帰無仮説を捨て（棄却し）対立仮説を採る（採択する）。

結論は，Aクラスのたんぱく質摂取量の分散とBクラスのたんぱく質摂取量の分散は等しくないとみなす。

3．等分散を仮定した2標本による平均値の検定

解説8：エネルギー摂取量の分散はクラスAとBで差がなく，等分散の2標本であることが上述1．で示された。そこで，2標本の平均値の差の検定を「等分散を仮定したt検定」を用いて行う。

帰無仮説は，H_0：A，B両クラスでエネルギーの平均摂取量に差がない。
対立仮説は，H_1：A，B両クラスでエネルギーの平均摂取量に差がある。
有意水準は5％，すなわち$\alpha = 0.05$とする。

課題G：栄養教育前エネルギー摂取量について，クラスAとクラスBで平均値に差があるか否かを検定しなさい。

手順1 ①［データ］タブの［分析］グループの［データ分析］ボタンをクリック ⇨ ②［分析ツール(A)］［t検定：等分散を仮定した2標本による検定］をクリック ⇨ ③［OK］ボタンをクリック

手順2 ①［t検定：等分散を仮定した2標本による検定］ダイアログボックスが表示される ⇨ ②［入力元］の［変数1の入力範囲(1)］にクラスAの「エネルギー」の入力範囲〔\$D\$3：\$D\$12〕を選択 ⇨ ③［入力元］の［変数2の入力範囲(2)］にクラスBの「エネルギー」の入力範囲〔\$D\$13：\$D\$25〕を選択 ⇨ ④［仮説平均との差異(Y)］には「0」を入力 ⇨ ⑤［出力オプション］の一覧の［新規ワークシート(P)］のオプションボタンをクリック ⇨ ⑥［OK］ボタンをクリック ⇨ ⑦「t検定：等分散を仮定した2標本による検定」結果が出力される。

図6－29　［t検定：等分散を仮定した2標本による検定］のダイアログボックス

	A	B	C
1	t-検定：等分散を仮定した2標本による検定		
2			
3		変数1	変数2
4	平均	1742.9	1672.385
5	分散	188452.5	73328.59
6	観測数	10	13
7	プールされた分散	122667.4	
8	仮説平均との差異	0	
9	自由度	21	
10	t	0.47866	
11	P(T<=t) 片側	0.318563	
12	t 境界値 片側	1.720743	
13	P(T<=t) 両側	0.637127	
14	t 境界値 両側	2.079614	

図6-30　[t検定：等分散を仮定した2標本による検定]の結果

解説9：等分散を仮定した2標本による検定は，スチューデントのt検定(Student's t-test)ともよばれる。これは，1908年に統計学者のウィリアム・ゴセットがスチューデントというペンネームで論文を発表したことに由来する。

　変数1（クラスA）のエネルギーの平均摂取量は1742.9 kcal，変数2（クラスB）のエネルギーの平均摂取量は約1672.4 kcalである。自由度はそれぞれの観測数－1を合計した値となるので，(10－1)＋(13－1)＝9＋12＝21となる。対立仮説を両クラスの平均値に差があるとした場合両側検定となる。t統計量の値は0.479で，tの境界値両側は，2.08であるから，t統計量<境界値となる。すなわち，このような差がでることはA，B両群の平均値が等しいという仮説の下ではしばしば起こることで5％よりも高い確率，すなわち0.64（約64％）の確率で起こる事象である。

　したがって帰無仮説を採り（採択し）対立仮説を捨てる（棄却する）。結論は，Aクラスのエネルギー平均摂取量とBクラスのエネルギー平均摂取量は差があるとはいえないとなる。

　なお，プールされた分散とは，クラスAとBの両群を合算した分散であり，次式で計算される。

　プールされた分散＝（Aクラス自由度×Aクラス分散＋Bクラス自由度×Bクラス分散）÷全体自由度＝((10－1)＊188452.5＋(13－1)＊73328.59)/21＝122667.4

t統計量は，

(両群の平均値の差)÷$\sqrt{プールされた分散×(1/Aクラス観測数＋1/Bクラス観測数)}$
＝(1742.9－1672.385)/sqrt(122667.4＊(1/10＋1/13))≒0.48

となる。

4. 分散が等しくないと仮定した2標本による検定

解説10：クラスAのたんぱく質摂取量の分散とクラスBのたんぱく質摂取量の分散は等しくないことが上述2．で示された。そこで，2標本の平均値の差の検定を「t検定：分散が等しくないと仮定した2標本による検定」を用いて行う。

帰無仮説は，H_0：A，B 両クラスでたんぱく質の平均摂取量に差がない。

対立仮説は，H_1：A，B 両クラスでたんぱく質の平均摂取量に差がある。

有意水準は 5%，すなわち $\alpha = 0.05$ とする。

どちらの集団の母平均が大きいかを既存の知見から仮定できない場合は，通常両側検定とする。

課題H：栄養教育前のたんぱく質摂取量について，クラス A とクラス B で平均値に差があるか否かを検定しなさい。

手順 1　①[データ]タブの[分析]グループの[データ分析]ボタンをクリック ⇨ ②[分析ツール(A)]の[t 検定：分散が等しくないと仮定した 2 標本による検定]をクリック ⇨ ③[OK]ボタンをクリック

手順 2　①[t 検定：分散が等しくないと仮定した 2 標本による検定]ダイアログボックスが表示される ⇨ ②[入力元]の[変数 1 の入力範囲(1)]にクラス A の「たんぱく質」の入力範囲〔$E$3：$E$12〕を選択 ⇨ ③[入力元]の[変数 2 の入力範囲(2)]にクラス B の[たんぱく質]の入力範囲〔$E$13：$E$25〕を選択 ⇨ ④[二標本の平均値の差(H)]には「0」を入力 ⇨ ⑤[出力オプション]の一覧の[新規ワークシート(P)]のオプションボタンをクリック ⇨ ⑥[OK]ボタンをクリック ⇨ ⑦[t 検定：分散が等しくないと仮定した 2 標本による検定]結果が出力される。

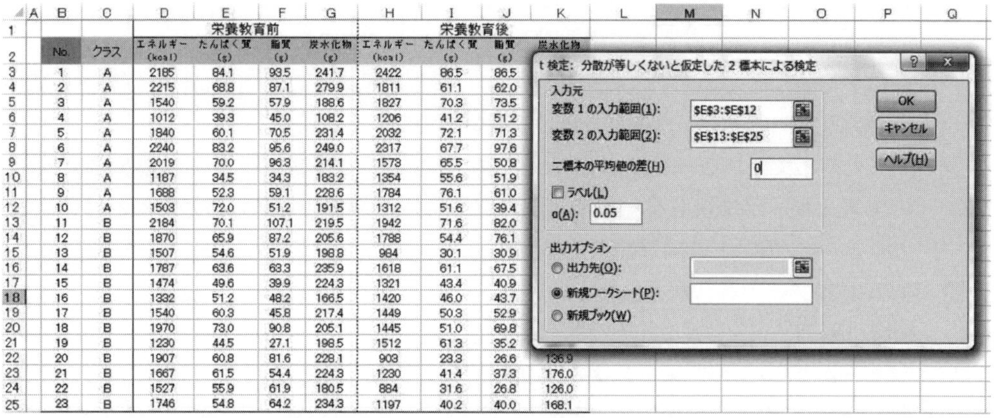

	A	B	C	D	E	F	G	H	I	J	K
1				栄養教育前				栄養教育後			
2		No.	クラス	エネルギー (kcal)	たんぱく質 (g)	脂質 (g)	炭水化物 (g)	エネルギー (kcal)	たんぱく質 (g)	脂質 (g)	炭水化物
3		1	A	2185	84.1	93.5	241.7	2422	86.5	86.5	
4		2	A	2215	68.8	87.1	279.9	1811	61.1	62.0	
5		3	A	1540	59.2	57.9	188.6	1827	70.3	73.5	
6		4	A	1012	39.3	45.0	108.2	1206	41.2	51.2	
7		5	A	1840	60.1	70.5	231.4	2032	72.1	71.3	
8		6	A	2240	83.2	95.6	249.0	2317	67.7	97.6	
9		7	A	2019	70.0	96.3	214.1	1573	65.5	50.8	
10		8	A	1187	34.5	34.3	183.2	1354	55.6	51.9	
11		9	A	1688	52.3	59.1	228.6	1784	76.1	61.0	
12		10	A	1503	72.0	51.2	191.5	1312	51.6	39.4	
13		11	B	2184	70.1	107.1	219.5	1942	71.6	82.0	
14		12	B	1870	65.9	87.2	205.6	1788	54.4	76.1	
15		13	B	1507	54.6	51.9	198.8	984	30.1	30.9	
16		14	B	1787	63.6	63.3	235.9	1618	61.1	67.5	
17		15	B	1474	49.6	39.9	224.3	1321	43.4	40.9	
18		16	B	1332	51.2	48.2	166.5	1420	46.0	43.7	
19		17	B	1540	60.3	45.8	217.4	1449	50.3	52.9	
20		18	B	1970	73.0	90.8	205.1	1445	51.0	69.8	
21		19	B	1230	44.5	27.1	198.5	1512	61.3	35.2	
22		20	B	1907	60.8	81.6	228.1	903	23.3	26.6	136.9
23		21	B	1667	61.5	54.4	224.3	1230	41.4	37.3	176.0
24		22	B	1527	55.9	61.9	180.5	884	31.6	26.8	126.0
25		23	B	1746	54.8	64.2	234.3	1197	40.2	40.0	168.1

図 6 － 31　[t 検定：分散が等しくないと仮定した 2 標本による検定]のダイアログボックス

	A	B	C	D
1	t-検定: 分散が等しくないと仮定した2標本による検定			
2				
3		変数 1	変数 2	
4	平均	62.35	58.90769	
5	分散	280.4383	67.09244	
6	観測数	10	13	
7	仮説平均との差異	0		
8	自由度	12		
9	t	0.597378		
10	P(T<=t) 片側	0.280679		
11	t 境界値 片側	1.782288		
12	P(T<=t) 両側	0.561358		
13	t 境界値 両側	2.178813		

図 6 － 32　[t 検定：分散が等しくないと仮定した 2 標本による検定]の結果

解説11：等分散性が仮定できない場合の平均値の差の検定は，**ウェルチのt検定**とよばれる検定が行われる。計算方法はスチューデントのt検定とほとんど同じだが，t統計量と自由度を求める計算式が異なる。t統計量は，

（両群の平均値の差）÷√(クラスAの分散/クラスA観測数+クラスBの分散/クラスB観測数)
= (62.35 − 58.91)/sqrt (280.44/10 + 67.09/13) = 0.597

となる。対立仮説はクラスAのたんぱく質平均摂取量がクラスBの平均摂取量と差があるとした両側検定となる。t統計量の値は0.597で，α = 0.05のときのtの境界値両側は，2.179であるから，t統計量＜境界値となる。すなわち，このような差がでることは5%よりも多く，実際の確率では0.561（約56.1%）で起こる。したがって偶然でも起こり得ると判断して，帰無仮説を捨てない（棄却しない）。

結論は，クラスAのたんぱく質摂取量の平均はクラスBのたんぱく質摂取量の平均と差があるとはいえない。

6-6　2×2分割表の検定（関連性の検定）

> **例題**　ダイエット用に開発されたサプリメントの効果を50人の女子大生で検証した。25人にはサプリメントを投与し，25人にはサプリメントを投与しなかった。
> サプリメント投与の有無以外，食事や運動などの環境は，50人皆同じものとした。
> 50人のダイエット効果の結果が以下の表となる。サプリメントがダイエットに効果があったかどうかを検定しなさい。

表6-4　サプリメントとダイエットとの関連

サプリメント	ダイエット効果		
	あり	なし	計
投与あり	17	8	25
投与なし	10	15	25

･･･ダウンロード

解説1：2つの質的変数の組み合わせにより集計した表を分割表といい，この2つの変数の関連や分布の差を検討することができる。各変数のカテゴリ数によって2×2分割表，R×C分割表，2×R分割表などという。

分割表の検定はχ^2検定で行う。

ここでは，2×2分割表に限定して，2項目間の関連の有無を検定するために，数式を入力してχ^2検定ツールを作成する。

表6－5 項目Aと項目Bの関連図

		項目B		
		あり	なし	計
項目A	あり	a	b	$a+b$
	なし	c	d	$c+d$
	計	$a+c$	$b+d$	$n\ (a+b+c+d)$

項目Aと項目Bとの間に関連性があるか否かを有意水準 で検定するには，
帰無仮説：項目Aと項目Bとには関連がない(独立である)
対立仮説：項目Aと項目Bとには関連がある(独立でない)として，

$$\chi^2 = \frac{n(|ad-bc|-0.5n)^2}{(a+b)(c+d)(a+c)(b+d)} \quad (ただし，-0.5n は連続性の補正の項)$$

を求め，
自由度1のχ^2分布の$100\cdot\alpha$パーセント点と比較して，

$\chi^2 > 100\cdot\alpha$パーセント点ならH_0を棄却し，H_1を採択(有意である)

$\chi^2 \leqq 100\cdot\alpha$パーセント点なら$H_0$を採択(有意でない)

と判断するか，
χ^2より大きくなる確率(これを上側確率という)P値を求めて，

P値$<\alpha$ならH_0を棄却し，H_1を採択(有意である)

P値$\geqq\alpha$ならH_0を採択(有意でない)

と判断する。

手順1 ①表6－4の表の「計の欄」の数値以外を入力⇒②行，列の合計および総合計をセル〔D3〕，〔D4〕，〔B5〕，〔C5〕および〔D5〕にSUM関数を用いて求める。

	A	B	C	D
1	サプリメント	ダイエット効果		
2		あり	なし	計
3	投与あり	17	8	25
4	投与なし	10	15	25
5	計	27	23	50

図6－33 SUM関数を用いた合計結果

手順2
① セル〔A7:A11〕に「カイ2乗値」、「5%点」、「1%点」、「P値」および「オッズ比」を入力 ⇒ ② セル〔B7〕に数式「=D5*(ABS(B3*C4-B4*C3)-0.5*D5)^2/(D3*D4*B5*C5)」を入力 ⇒ ③ セル〔B8〕およびセル〔B9〕に関数「=CHIINV(0.05,1)」、「=CHIINV(0.01,1)」を入力 ⇒ ④ セル〔B10〕に関数「=CHIDIST(B7,1)」を入力 ⇒ ⑤ セル〔B11〕に数式「=B3*C4/(C3*B4)」を入力 ⇒ ⑥ セル〔B7:B11〕の小数点以下を3桁に揃える。

	A	B	C	D
1	サプリメント	ダイエット効果		
2		あり	なし	計
3	投与あり	17	8	25
4	投与なし	10	15	25
5	計	27	23	50
6				
7	カイ2乗値	2.899		
8	5%点	3.841		
9	1%点	6.635		
10	p値	0.089		
11	オッズ比	3.188		

図6-34 数式入力後のセル〔A7:A11〕の計算結果

解説2：図6-31から、$\chi^2 = 2.899 < 3.841$となり、有意水準5%で検定すると「有意でない」すなわち「ダイエット用に開発されたサプリメントとダイエット効果との間には関連があるとはいえない」ことがわかる。

これは、P値 $= 0.089 > 0.05$であることと同じ意味である。

解説3：「オッズ比」とは2項目(この場合、サプリメントとダイエット効果との)間の関係の強さを示す指標であり、この値が1より大であれば、「サプリメント投与」と「ダイエット効果」との間に関連があることを示し、オッズ比=1の場合は2項目間に関連がないことを示す。一般的にオッズ比は「相対危険」に近似することが知られているので、今回の結果からは、サプリメントを投与すると投与しないより3.188倍ダイエット効果があると解釈してよい。

しかし、オッズ比は3.188であったが、検定結果では「有意でない」のでこの値は偶然1より大きくなったと判断することになる。
すなわち関連性の検定は、
　帰無仮説 H_0：オッズ比 $=1$である
　対立仮説 H_1：オッズ比 >1または<1である
と設定しても上述の仮説の設定と同じである。

解説4：以上のことを一般形にして図6－32のように作成しておけば，セル〔C3：D4〕に数値を入力するだけで2×2分割表の検定をオッズ比の算出とともに行えるツールとして活用できる。

	A	B	C	D
1				
2		あり	なし	計
3	あり			=SUM(B3:C3)
4	なし			=SUM(B4:C4)
5	計	=SUM(B3:B4)	=SUM(C3:C4)	=SUM(D3:D4)
6				
7	カイ2乗値	=D5*(ABS(B3*C4-B4*C3)-0.5*D5)^2/(D3*D4*B5*C5)		
8	5%点	=CHIINV(0.05,1)		
9	1%点	=CHIINV(0.01,1)		
10	p値	=CHIDIST(B7,1)		
11	オッズ比	=B3*C4/(C3*B4)		

図6－35　χ^2検定ツール完成

解説5：パーセント点を求める関数と確率を求める関数を標準正規分布，t分布，χ^2分布について表6－6に示す。両者は逆関数の関係にある。

表6－6　分布の種類によって用いられる関数

	パーセント点を求める関数	分布の確率を求める関数
標準正規分布	NORMSINV（確率）	NORMSDIST（Z値）
t分布	TINV（確率，自由度）	TDIST（t値，自由度，片側(1) or 両側(2)）
χ^2分布	CHIINV（確率，自由度）	CHIDIST（χ^2値，自由度）

II アプリケーション編

7章　データベース機能

7−1　作成するシートの確認

例題　図7−2は健康診断データです。課題A〜Jをやってみましょう。

課題A：健診データのテーブルを「年齢」の低い順に並べなさい。

課題B：健診データのテーブルを1番目に優先するキーを「性」，2番目に優先するキーを「高コレステロール血症」，3番目に優先するキーを「高血圧」として，昇順に並べ替えなさい。

課題C：同様の並べ替えを「昇順」ボタンのみを使って行いなさい。

課題D：B列に氏名が入力された図7−1のテーブルにつき，氏名にふりがなをつけたうえで，氏名を「昇順」に並べ替えなさい。

課題E：図7−2の健診データの表について，先頭行を固定し，D列，E列，I〜K列を非表示にしなさい。

課題F：課題Eの全列を再表示した「健診データ」の表にオートフィルタを設定して，尿糖が[5]の人を抽出しなさい。

課題G：すべてのレコードを表示した「健診データ」の表について，尿糖が[4]または[5]の人を抽出しなさい。

課題H：尿蛋白が「1」かつ尿糖が「1」かつ尿潜血が「1」かつ高血圧が「1」の人を抽出しなさい。

課題I：表7−2（p.153頁）に示す　日本高血圧学会の「成人における血圧値の分類」Ⅲ度高血圧症（収縮期血圧180mmHg以上かつ／または　拡張期血圧110mmHg以上）の人を［詳細設定］を用いて「健診データ」の表から抽出しなさい。

課題J：図7−33を用いて，「鈴木」という氏名のレコードを抽出しなさい。

注] 図7−2の健康診断データは実際のデータである。L列の高血圧分類は，表7−2の「血圧値分類」に基づくM列，N列の血圧値の分類と必ずしも連動していない。これは，既往や服薬の状態による結果である（高血圧と診断されて，降圧剤を服薬中のため血圧値が低くコントロールされているなど）。

(1) データベースとは

解説：データベースとは，特定の目的で整理されたデータの集まりである。図7-1に示すように，行を「レコード」，列を「フィールド」といい，列見出しを「フィールド名」という。フィールドに対応するデータは，それぞれのレコードごとに1つしかない。フィールド単位やレコード単位に空白の列や行がない図7-1のような表を「データベース形式の表」という。Excel 2013には，「データベース形式の表」を使いやすくするために「テーブル形式」に変換する機能が加わった。

Excelのテーブル機能には，次のようなものがある。

① 並べ替え（ソート）：指定した基準に従って，データを並べ替える。数値や文字列だけでなく，セルの色やフォントの色，日付や時刻の並べ替えもできる。
② 抽出（フィルタ）：テーブルから条件を満たすデータだけを抽出する。
③ 集計：テーブルのデータをグループに分類して，グループごとに集計する。

	A	B	C	D	E	F	G	H
1	受診番号	氏名	性	年齢	身長	体重	収縮期圧	拡張期圧
2	1	海野佳代子	2	75	168	55	122	86
3	2	太田博文	1	63	164.2	56.8	120	82
4	3	菊池佳代	2	62	143.1	53.6	144	88
5	4	大矢一孝	1	66	155	50	130	82
6	5	大木聡	1	45	163.3	60.6	96	68
7	6	渡邊和夫	1	73	167	57	120	80
8	7	鈴木若菜	2	67	163.9	52.3	136	62
9	8	村田もも	2	77	151.5	48	134	90
10	9	鈴木智佳子	2	56	148.5	64.5	118	80
11	10	伊達ゆかり	2	53	165.1	64.4	120	76

図7-1 データベース形式の表

(2) 「健康診断データ」の表をテーブル形式への変換

手順
①「健康診断データ」の表（図7-2）の任意のセルをクリック ⇨ ②［挿入］タブをクリック ⇨ ③［テーブル］グループの［テーブル］ボタンをクリック ⇨ ④テーブルの作成ダイアログボックスが表示される（図7-3）。⇨ ⑤テーブルに変換するデータ範囲を指定し「OK」ボタンをクリック ⇨ ⑥テーブルに変換され，フィールド名に▼が表示される（図7-4）。

受診番号	性	年齢	身長	体重	尿蛋白	尿糖	尿潜血	総コレステロール	肝機能検査	高コレステロール血症	高血圧	収縮期血圧	拡張期血圧
1	2	75	168	55	1	1	1	248	1	3	1	122	86
2	1	63	154.2	56.8	1	1	1	217	2	2	1	120	82
3	1	74	142	48.5	1	2	1	205	1	2	2	144	88
4	2	62	143.1	53.6	1	1	1	251	1	3	2	130	82
5	1	66	155	60	1	1	1	215	1	2	1	96	68
6	1	45	163.3	60.6	1	5	1	236	1	3	1	120	80
7	1	73	157	67	1	1	1	201	1	2	1	138	82
8	2	41	148	56	1	4	1	184	1	1	1	134	90
9	1	43	157	54.8	1	1	1	216	1	2	1	118	80
10	1	47	160	66	1	1	1	202	1	2	3	120	76
11	2	74	145.8	58.4	1	1	4	184	1	1	1	120	84
12	2	64	160.3	52.4	1	5	1	220	1	3	2	126	72
13	1	53	151.4	61.4	2	1	5	241	1	3	1	126	76
14	2	81	149.3	48	1	1	2	187	1	1	1	136	82
15	2	43	160	60	1	1	1	205	1	2	2	156	94
16	1	41	156.5	45.6	1	1	5	191	1	1	1	110	84
17	2	66	154.5	57	1	1	1	199	1	1	1	158	92
18	1	72	155.5	49.5	1	1	1	204	1	1	1	132	84
19	2	41	149.6	41.2	1	4	3	154	1	1	1	110	68
20	1	68	149	58	3	1	1	201	1	2	2	130	82
21	1	81	154.1	42.8	2	1	5	227	1	3	1	112	58
22	2	46	150	50	1	1	1	226	1	3	3	146	106
23	1	42	152	45	1	1	1	225	1	3	2	134	82
24	2	68	147.8	41.9	1	1	5	253	1	3	1	138	76
25	2	58	151.5	49.5	1	1	1	246	1	3	3	118	74
26	1	48	140.2	55	1	1	1	189	1	1	1	140	78
27	2	52	146.2	61.2	1	1	5	211	1	2	1	120	90
28	1	56	142	47	1	3	1	138	1	1	3	110	64
29	1	69	154	60	1	1	1	199	1	1	2	140	80
30	2	50	158.7	55.6	2	1	5	175	1	1	1	180	80
31	1	82	141.5	48.5	1	1	3	203	1	2	2	166	92
32	2	44	169.8	62.2	1	5	1	158	1	1	1	134	88
33	1	45	159.9	56.4	1	1	1	190	1	1	1	148	90
34	1	56	129	41	1	1	1	188	1	1	1	150	96
35	1	88	150.7	52.6	1	1	3	161	1	1	1	148	98
36	2	67	149.1	59.3	1	4	1	243	2	3	1	180	70
37	1	77	151	51.8	1	1	1	218	1	2	1	162	68
38	2	66	146.5	54.2	2	1	2	169	1	1	1	138	90
39	2	58	160.2	50.6	4	5	1	172	1	1	3	150	100
40	2	63	150.3	45.4	1	1	3	104	1	1	1	140	90
41	1	74	159	50	1	1	1	212	1	2	1	136	82
42	2	76	153.5	54.1	1	1	4	213	1	2	1	160	80
43	1	79	148	59	1	1	1	228	1	3	1	128	88
44	2	74	153.6	53.6	1	1	5	241	1	3	1	132	84
45	2	40	136.3	38.3	1	1	3	263	1	3	3	170	90
46	1	63	154	76	1	1	1	297	1	3	2	118	68
47	2	73	153.3	58.9	1	1	4	200	1	1	1	160	92
48	1	79	162	46	1	1	1	160	1	1	1	158	94
49	1	60	154.3	58.8	3	1	3	172	1	1	2	160	86
50	1	70	147.1	43.8	1	1	1	134	1	1	1	138	88
51	1	86	174.4	67.2	1	1	1	209	1	2	1	136	90
52	2	73	167.5	60	1	5	1	128	1	1	1	134	84
53	2	62	154	64	1	1	1	223	2	3	3	128	80
54	2	64	165	59	1	1	1	222	1	3	1	130	82
55	2	40	151.5	39.4	1	1	5	164	1	1	1	140	80
56	2	58	159.6	46.8	1	1	4	189	1	1	1	180	80
57	2	70	157.1	69.4	2	1	5	282	1	3	1	180	72
58	2	54	143	37.5	1	1	1	161	1	1	1	128	70
59	2	66	166	63.4	2	1	1	174	1	1	1	152	100
60	1	52	149.5	44.8	1	1	1	268	1	3	1	150	98
61	2	54	144	40.6	1	1	4	193	1	1	1	148	94
62	1	79	150.4	46	1	1	4	210	1	2	2	160	80
63	1	45	155	59.6	1	5	1	222	1	3	1	162	96
64	1	82	152.6	54.6	1	1	2	155	1	1	1	140	94
65	2	51	137.3	45	1	1	1	169	1	1	1	138	90
66	1	62	156.1	49.6	1	1	2	154	1	1	1	136	88
67	1	67	136.6	44.6	2	1	4	236	1	3	1	134	86
68	2	86	147	43	1	1	2	243	1	3	2	130	78
69	2	73	146	49	1	1	1	255	1	3	1	132	76
70	2	52	146.8	47.8	1	1	5	267	1	3	1	146	80
71	1	57	152.5	48.4	1	1	1	184	1	1	1	154	74
72	2	66	147.8	50.6	1	1	1	228	1	3	1	152	96
73	1	60	145.5	42	1	1	1	200	1	2	1	140	90
74	1	83	139.2	45.4	2	1	5	263	1	3	1	138	84
75	2	57	159	86.8	3	1	1	210	1	2	2	136	98
76	1	41	146	47.4	1	4	5	201	1	2	2	168	94
77	2	53	146	53.3	3	1	1	169	1	1	1	162	82
78	2	51	158.3	50	1	1	5	177	1	1	1	138	86
79	2	76	160	60.4	1	1	1	239	1	3	1	168	92
80	1	54	147.2	48.2	1	1	2	226	1	3	1	150	90
81	2	48	156.8	63.8	4	1	1	186	1	1	1	152	92
82	2	52	147.3	49.2	2	1	3	154	1	1	1	160	94
83	2	54	150	53	1	1	1	218	1	2	2	150	92
84	2	58	156.4	54.5	1	1	5	167	1	1	1	152	98
85	1	71	152.5	48.2	1	1	4	271	1	3	1	168	88
86	2	40	142	44	1	1	1	256	1	3	2	138	84
87	1	74	150	60	1	2	1	243	1	3	1	144	96
88	1	70	131.9	41.6	1	1	1	223	1	3	1	152	88
89	1	78	147.5	44	3	2	1	279	1	3	1	136	88
90	1	77	141.8	45.4	1	1	2	191	1	1	1	176	86
91	2	65	152.2	39.7	3	1	4	263	1	3	1	138	90
92	2	53	155.5	60	1	1	1	239	1	3	1	142	88
93	2	64	147	52	3	1	2	212	1	2	3	168	96
94	1	59	155	54	1	1	1	198	1	1	1	154	96
95	2	62	162.8	48.3	1	5	1	148	1	1	1	138	92
96	1	60	152.4	46.8	1	1	1	146	1	1	1	180	94
97	2	67	147	58	1	1	5	220	1	3	3	156	88
98	1	40	146.8	40.8	3	1	2	266	2	3	1	170	116
99	1	55	164.8	62.6	1	4	1	225	1	3	2	180	98
100	1	40	147	59	1	1	1	214	1	2	2	168	98

図7-2　健康診断データ

・・・・・・・・ダウンロード

7章 データベース機能

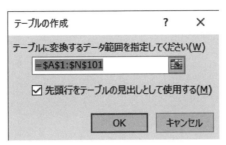

図7-3 テーブルの作成ダイアログボックス

なお[テーブルツール]の[デザイン]タブをクリックすると，[テーブルスタイル]グループの中から，表の配色やスタイルを指定して変更することができる。テーブルスタイルによる機能の差はない。

受診番号	性	年齢	身長	体重	尿蛋白	尿糖	尿潜血	総コレステロール	肝機能検査	高コレステロール血症	高血圧	収縮期血圧	拡張期血圧
7	1	73	157	67	1	1	1	201	1	2	1	138	82
8	2	41	148	56	1	4	1	184	1	1	1	134	90
9	1	43	157	54.8	1	1	1	216	1	2	1	118	80
10	1	47	160	66	1	1	1	202	1	2	3	120	76
11	2	74	145.8	58.4	1	1	4	184	1	1	1	120	84
12	2	64	160.3	52.4	1	5	1	220	1	3	2	126	72
13	1	53	151.4	61.4	2	1	5	241	1	3	1	126	76
14	2	81	149.3	48	1	1	1	187	1	1	1	136	82
15	2	43	160	60	1	1	1	205	1	2	2	156	94
16	1	41	156.5	45.6	1	1	5	191	1	1	1	110	84
17	2	66	154.5	57	1	1	2	199	1	1	1	158	92
18	1	72	155.5	49.5	1	1	1	204	1	2	1	132	84
19	2	41	149.6	41.2	1	4	3	154	1	1	1	110	68

図7－4 健康診断データテーブル

7-2　データの並べ替え

(1)　1つの項目を基準(キー)として並べ替える

課題A：健康診断テーブルを「年齢」の低い順に並べなさい。

手順　①C列(年齢)の ▼ (オートフィルタボタン)をクリック ➡ ②オートフィルタボタンのプルダウンリストが表示されるので，最上部にある ${}^{A}_{Z}↓$ 昇順(S)をクリック(図7－5) ➡ ③年齢の小さい順に並び替わる(図7－6)。

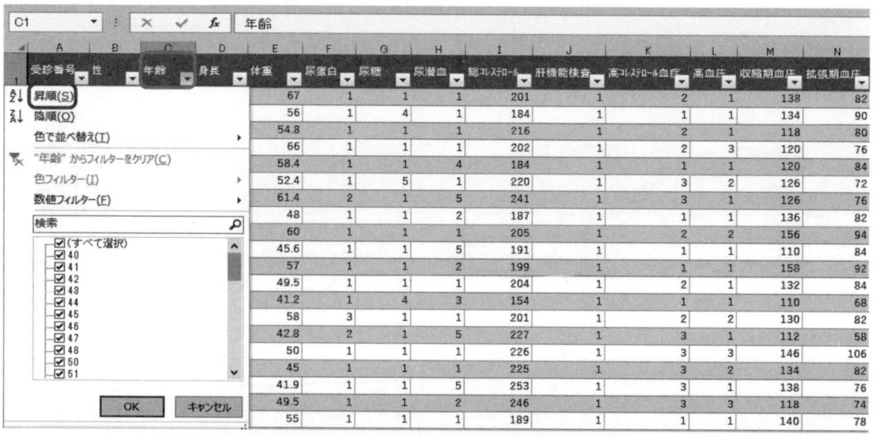

図7－5　データの並べ替え

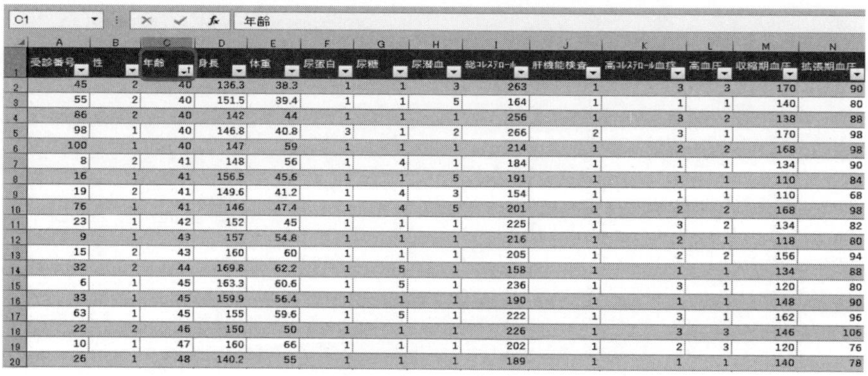

図7－6　年齢順に並べ替えられたデータ

解説：昇順と降順の意味を表7－1に示す。

表7－1　昇順と降順

	昇　順	降　順
数字	小さい順	大きい順
日本語(ひらがな，カタカナ)	五十音順	昇順の逆
日本語(漢字)	JISコード順	
アルファベット	アルファベット順	

7章 データベース機能

(2) データを元の状態に戻す

手順
①A列（受診番号）の ▼ （オートフィルタボタン）をクリック ⇨ ②プルダウンリストが表示されるので，最上部にある ↓ 昇順(S)をクリック ⇨ ③「受診番号順」に並び替わる。

参考：
元の順に戻すためには，「受診番号」などのように通し番号を付けておくとよい。

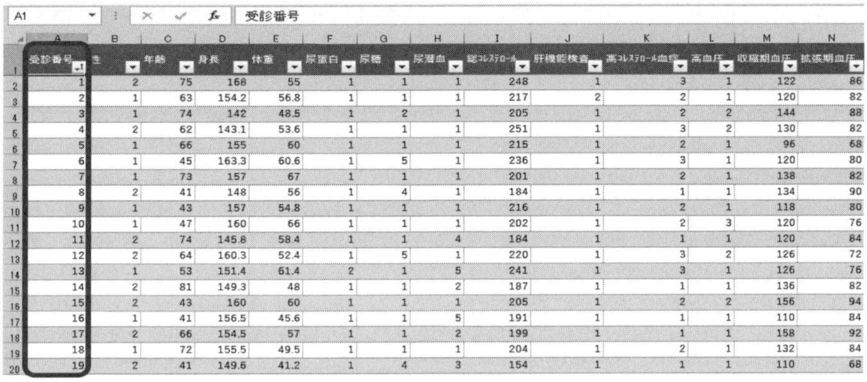

図7-7 元の状態に戻ったデータ

(3) 複数の項目を基準（キー）として並べ替える

課題B：1番目に優先するキーを「性」，2番目に優先するキーを「高コレステロール血症」，3番目に優先するキーを「高血圧」として，昇順に並べ替えなさい。

手順1
①テーブル内の任意の1つのセルを選択 ⇨ ②[データ]タブをクリック ⇨ ③[並べ替えとフィルタ]グループの[並べ替え]ボタン をクリック ⇨ ④[並べ替え]ダイアログボックスが表示される。

手順2
①[最優先されるキー]の▼をクリック ⇨ ②[性]を選択クリック ⇨ ③[最優先されるキー]に[性]が選択された。

手順3
①[レベルの追加(A)]のボタンをクリック ⇨ ②[次に優先されるキー]が追加される ⇨ ③[次に優先されるキー]の▼をクリック ⇨ ②[高コレステロール血症]を選択クリック ⇨ ③[次に優先されるキー]に[高コレステロール血症]が選択された。

手順4
①[レベルの追加(A)]のボタンをクリック ⇨ ②[次に優先されるキー]が追加される ⇨ ③[次に優先されるキー]の▼をクリック ⇨ ④[高血圧]を選択クリック ⇨ ⑤[次に優先されるキー]に[高血圧]が選択された（図7-8）⇨ ⑥[OK]ボタンをクリック ⇨ ⑦図7-9のように並べ替えられる。

注] 上記の「高コレステロール血症」とは「高総コレステロール血症」のことであるが，現在ではLDLコレステロールの方が心血管のリスクと相関が高いことが明らかになり，WHO，アメリカ，日本動脈硬化学会のガイドラインではいずれも「総コレステロール値」に注目していない。

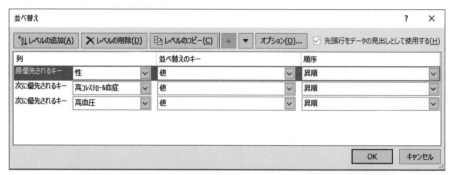

図７－８　「並べ替え」のダイアログボックスによるレベルの追加

	A	B	C	D	E	F	G	H	I	J	K	L	M	N
1	受診番号	性	年齢	身長	体重	尿蛋白	尿糖	尿潜血	総コレステロール	肝機能検査	高コレステロール血症	高血圧	収縮期血圧	拡張期血圧
2	16	1	41	156.5	45.6	1	1	5	191	1	1	1	110	84
3	26	1	48	140.2	55	1	1	1	189	1	1	1	140	78
4	33	1	45	159.9	56.4	1	1	1	190	1	1	1	148	90
5	34	1	56	129	41	1	1	1	188	1	1	1	150	96
6	35	1	88	150.7	52.6	1	1	3	161	1	1	1	148	98
7	48	1	79	162	46	1	1	1	160	1	1	1	158	94
8	50	1	70	147.1	43.8	1	1	1	134	1	1	1	138	88
9	64	1	82	152.6	54.6	1	1	2	155	1	1	1	140	94
10	66	1	62	156.1	49.6	1	1	2	154	1	1	1	136	88
11	71	1	57	152.5	48.4	1	1	1	184	1	1	1	154	74
12	90	1	77	141.8	45.4	1	1	2	191	1	1	1	176	88
13	94	1	59	155	54	1	1	1	198	1	1	1	154	92
14	96	1	60	152.4	46.8	1	1	1	146	1	1	1	180	92
15	29	1	69	154	60	1	1	1	199	1	1	2	140	80
16	49	1	60	154.3	58.8	3	1	3	172	1	1	2	160	86
17	28	1	56	142	47	1	3	1	138	1	1	3	110	64
18	2	1	63	154.2	56.8	1	1	1	217	2	2	1	120	82
19	5	1	66	155	60	1	1	1	215	1	2	1	96	68
20	7	1	73	157	67	1	1	1	201	1	2	1	138	82
21	9	1	43	157	54.8	1	1	1	216	1	2	1	118	80
22	18	1	72	155.5	49.5	1	1	1	204	1	2	1	132	84
23	37	1	77	151	51.8	1	1	1	218	1	2	1	162	68
24	51	1	86	174.4	67.2	1	1	1	209	1	2	1	136	90
25	73	1	60	145.5	42	1	1	2	200	1	2	1	140	92
26	3	1	74	142	48.5	1	2	1	205	1	2	2	144	88
27	31	1	82	141.5	48.5	1	1	3	203	1	2	2	166	92
28	41	1	74	159	50	1	1	1	212	1	2	2	136	82
29	62	1	79	150.4	46	1	1	4	210	1	2	2	160	80
30	76	1	41	146	47.4	1	4	5	201	1	2	2	168	98

図７－９　３レベルで並べ替えた結果

課題Ｃ：同様の並べ替えを「昇順」ボタンのみを使って行いなさい。

手順１　Ｌ列（高血圧）の ▼（オートフィルタボタン）をクリック ⇨ ②「プルダウンリストが表示されるので，最上部にある A↓Z 昇順(S)をクリック ⇨ ③「高血圧順」に並び替わる。

手順２　Ｋ列（高コレステロール血症）の ▼（オートフィルタボタン）をクリック ⇨ ②「プルダウンリストが表示されるので，最上部にある A↓Z 昇順(S)をクリック ⇨ ③「高コレステロール血症順」に並び替わる。

手順３　Ｂ列（性）の ▼（オートフィルタボタン）をクリック ⇨ ②「プルダウンリストが表示されるので，最上部にある A↓Z 昇順(S)をクリック ⇨ ③「性別順」に並び替わる。

参考：

「昇順」ボタンのみで，第１優先キー，第２優先キー，……，第ｎ優先キーとして並べ替えるには，順序を逆にして第ｎキーで並べ替え（ソート），……，第２優先キーで並べ替え，第１優先キーで並べ替える。

7-3　日本語の並べ替え

解説：日本語が入力されたフィールドの並べ替えは，日本語にフリガナが付いている場合と，付いていない場合で，並び替えの結果が異なる。フリガナが付いている場合はフリガナの五十音順に，付いていない場合は，日本語のJISコード順に並ぶ。

課題D：B列に氏名が入力された図7-1 (p.135)のデータベース形式の表につき，氏名にフリガナを付けたうえで，氏名を「昇順」に並べ替えなさい。

手順1　①セル〔B2：B11〕を選択 ⇨ ②[ホーム]タブをクリック ⇨ ③[フォント]グループの[ふりがなの表示(S)]ボタン ［ア亜▼］ をクリック ⇨ ④フリガナが付く。

	A	B	C	D	E	F	G	H
1	受診番号	氏名	性	年齢	身長	体重	収縮期圧	拡張期圧
2	1	カイノ カヨコ 海野佳代子	2	75	168.0	55.0	122	86
3	2	オオタ ヒロフミ 太田博文	1	63	164.2	56.8	120	82
4	3	キクチ カヨ 菊池佳代	2	62	143.1	53.6	144	88
5	4	オオヤ カズタカ 大矢一孝	1	66	155.0	50.0	130	82
6	5	オオキ サトル 大木聡	1	45	163.3	60.6	96	68
7	6	ワタナベカズオ 渡邊和夫	1	73	167.0	57.0	120	80
8	7	スズキ ワカナ 鈴木若菜	2	67	163.9	52.3	136	62
9	8	ムラタ 村田もも	2	77	151.5	48.0	134	90
10	9	スズキ チカコ 鈴木智佳子	2	56	148.5	64.5	118	80
11	10	ダテ 伊達ゆかり	2	53	165.1	64.4	120	76

図7-10　フリガナ表示

✣…✣…✣…✣ダウンロード

手順2　①B列の任意のセルをクリック ⇨ ②[データ]タブをクリック ⇨ ③[並べ替えとフィルタ]グループの[昇順]ボタンをクリック ⇨ ④フリガナ順に並べ替わる。

	A	B	C	D	E	F	G	H
1	受診番号	氏名	性	年齢	身長	体重	収縮期圧	拡張期圧
2	5	オオキ サトル 大木聡	1	45	163.3	60.6	96	68
3	2	オオタ ヒロフミ 太田博文	1	63	164.2	56.8	120	82
4	4	オオヤ カズタカ 大矢一孝	1	66	155.0	50.0	130	82
5	1	カイノ カヨコ 海野佳代子	2	75	168.0	55.0	122	86
6	3	キクチ カヨ 菊池佳代	2	62	143.1	53.6	144	88
7	9	スズキ チカコ 鈴木智佳子	2	56	148.5	64.5	118	80
8	7	スズキ ワカナ 鈴木若菜	2	67	163.9	52.3	136	62
9	10	ダテ 伊達ゆかり	2	53	165.1	64.4	120	76
10	8	ムラタ 村田もも	2	77	151.5	48.0	134	90
11	6	ワタナベカズオ 渡邊和夫	1	73	167.0	57.0	120	80

図7-11　フリガナ順に並べ替え

解説：「フリガナ」が入力されていないと，五十音順に並べ替えることができない。別のフィールドを用意して，その読みを入れておけば，五十音順に並べ替えることができる。

文字列にある読みの情報(カタカナ)をとり出す関数に PHONETIC 関数がある。

=PHONETIC（範囲）

↓

フリガナを取り出したいセルを指定する

手順 3　①C列を挿入 ⇨ ②フィールド名に「フリガナ」と入力 ⇨ ③セル〔C2〕を選択し，[数式]タブをクリック ⇨ ④数式ライブラリの[その他の関数]ボタンをクリックし，プルダウンリストボタンから[情報]をクリックして，関数名[PHONETIC]をクリック ⇨ ⑤[関数の引数]ダイアログボックス(図 7 − 12)の[参照]に「B2」を入力 ⇨ [OK]ボタンをクリック ⇨ セル〔C2〕にフリガナが表示される(図 7 − 13)。

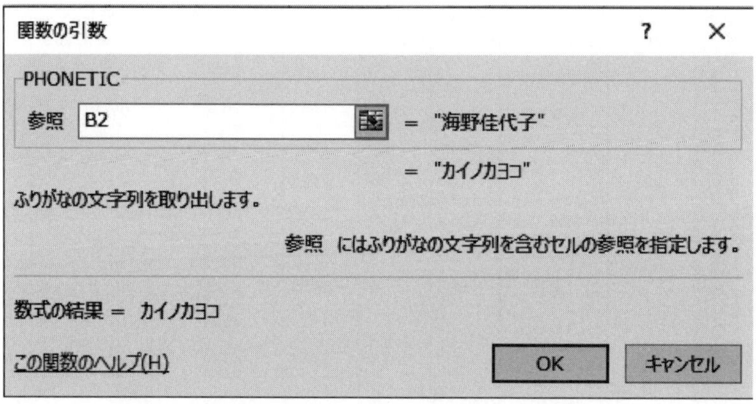

図 7 − 12　関数(PHONETIC)の引数ダイアログボックス

	A	B	C	D	E	F	G	H	I
1	受診番号	氏名	フリガナ	性	年齢	身長	体重	収縮期圧	拡張期圧
2	1	カイノ カヨコ 海野佳代子	カイノカヨコ	2	75	168.0	55.0	122	86
3	2	オオタ ヒロフミ 太田博文		1	63	164.2	56.8	120	82
4	3	キクチ カヨ 菊池佳代		2	62	143.1	53.6	144	88
5	4	オオヤ カズタカ 大矢一孝		1	66	155.0	50.0	130	82
6	5	オオキ サトル 大木聡		1	45	163.3	60.6	96	68
7	6	ワタナベカズオ 渡邉和夫		1	73	167.0	57.0	120	80
8	7	スズキ ワカナ 鈴木若菜		2	67	163.9	52.3	136	62
9	8	ムラタ 村田もも		2	77	151.5	48.0	134	90
10	9	スズキ チカコ 鈴木智佳子		2	56	148.5	64.5	118	80
11	10	ダテ 伊達ゆかり		2	53	165.1	64.4	120	76

図 7 − 13　PHONETIC 関数の利用

7章 データベース機能

手順4

①セル〔C2〕を選択し，〔コピー〕ボタンをクリック ⇨ ②セル〔C3：C11〕を選択 ⇨ ③「貼り付け」ボタンの▼をクリック ⇨ ④「貼り付け」の *fx* 「数式(F)」ボタンをクリック(図7-14) ⇨ ⑤フリガナが貼り付く(図7-15) ⇨ ⑥C列の任意のセルを選択 ⇨ ⑦「データ」タブをクリック ⇨ ⑧「並べ替えとフィルタ」グループの「昇順」ボタンをクリック ⇨ ④フリガナ順に並び替わる(図7-16)。

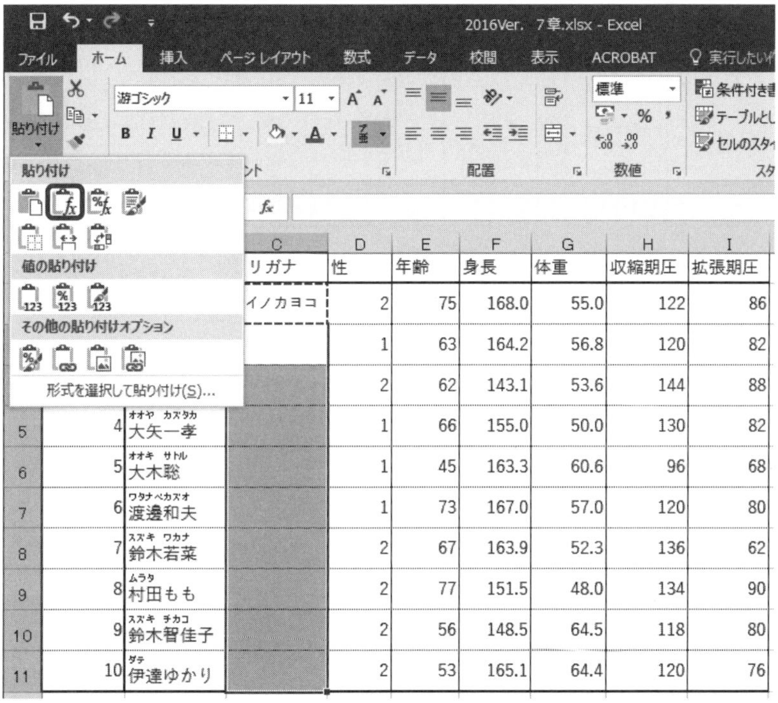

図7-14 数式ボタンの貼り付け

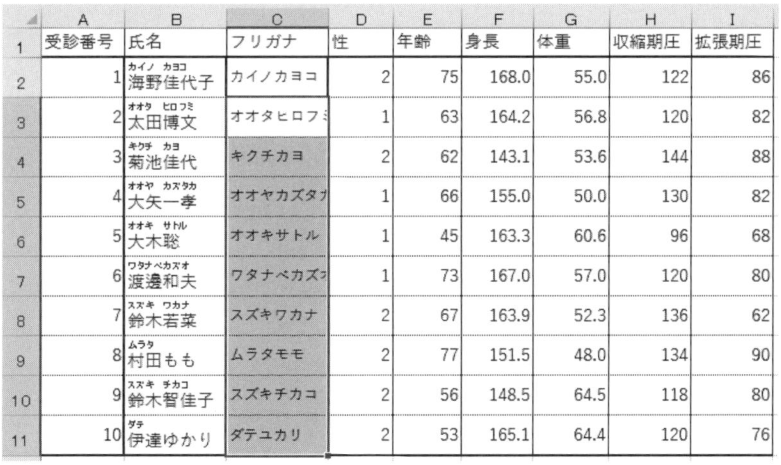

図7-15 フリガナが貼り付く

	A	B	C	D	E	F	G	H	I
1	受診番号	氏名	フリガナ	性	年齢	身長	体重	収縮期圧	拡張期圧
2	5	大木聡	オオキサトル	1	45	163.3	60.6	96	68
3	2	太田博文	オオタヒロフミ	1	63	164.2	56.8	120	82
4	4	大矢一孝	オオヤカズタカ	1	66	155.0	50.0	130	82
5	1	海野佳代子	カイノカヨコ	2	75	168.0	55.0	122	86
6	3	菊池佳代	キクチカヨ	2	62	143.1	53.6	144	88
7	9	鈴木智佳子	スズキチカコ	2	56	148.5	64.5	118	80
8	7	鈴木若菜	スズキワカナ	2	67	163.9	52.3	136	62
9	10	伊達ゆかり	ダテユカリ	2	53	165.1	64.4	120	76
10	8	村田もも	ムラタモモ	2	77	151.5	48.0	134	90
11	6	渡邊和夫	ワタナベカズオ	1	73	167.0	57.0	120	80

図7－16　フリガナ順に並べ替る

解説1：日本語の並べ替え順序
① ひらがなとカタカナは五十音順に並べ替えられる。
② 英字はアルファベット順に並べ替えられる。
③ 数字は数の小さい順に並べ替えられる。
④ 英数字と記号については，半角と全角が区別されない。
⑤ 繰り返し記号「々」は，直前の文字と同じとみなされる。
⑥ それ以外の漢字，記号，ギリシャ文字，ロシア文字などは，シフトJISコード順に並べ替えられる。

Excelヘルプより

解説2：五十音順による並べ替えの優先順位（昇順の場合）
① ひらがな，全角カタカナ，半角カタカナは，すべて同じものとして扱う。
② 濁音（ば，ビなど），半濁音（ぱ，ピなど），促音（らっかせい など），拗音（りゅう など）は清音とみなす。
③ 長音符は，直前のカタカナの母音を繰り返すものとみなす。（例　コーヒーは，こおひいとみなす）
④ 同じ音の場合は，清音，濁音，半濁音の順となる。
⑤ 配列の優先順位は文頭から文末にかけて低くなる。（まず文頭の文字で並べ，次に2番目の文字で並べるなど）
⑥ 促音，拗音は，清音の前に置かれる。

7−4　データの抽出

(1)　ウィンドウ枠の固定

解説：表が画面に入りきれないとき，スクロールをすると行見出しや列見出しが隠れてしまうことがある。ウィンドウ枠を固定することによって，特定の列や行を表示したままワークシートをスクロールすることができる。また，セルを選択して固定すると，そのセルより上の行，そのセルより左の列が固定される。

課題E：図７－２の健診データの表について，先頭行を固定し，Ｄ列，Ｅ列，Ｉ～Ｋ列を非表示にしなさい。

手順　①「表示」タブをクリック ⇨ ②「ウィンドウ」グループの「ウィンドウ枠の固定▼」ボタンをクリック ⇨ ③リストから「先頭行の固定(R)」をクリック ⇨ ④先頭行が固定される。

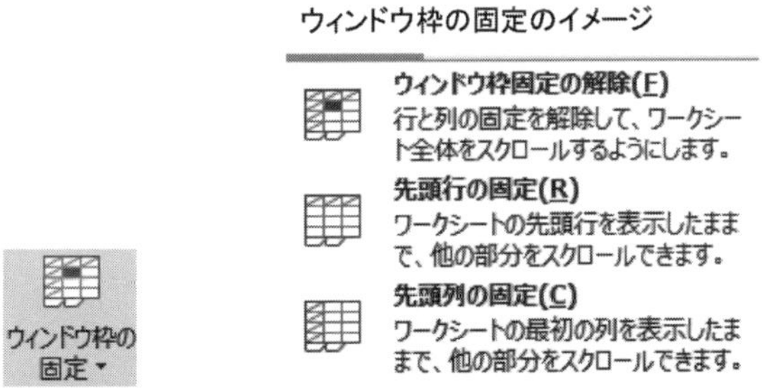

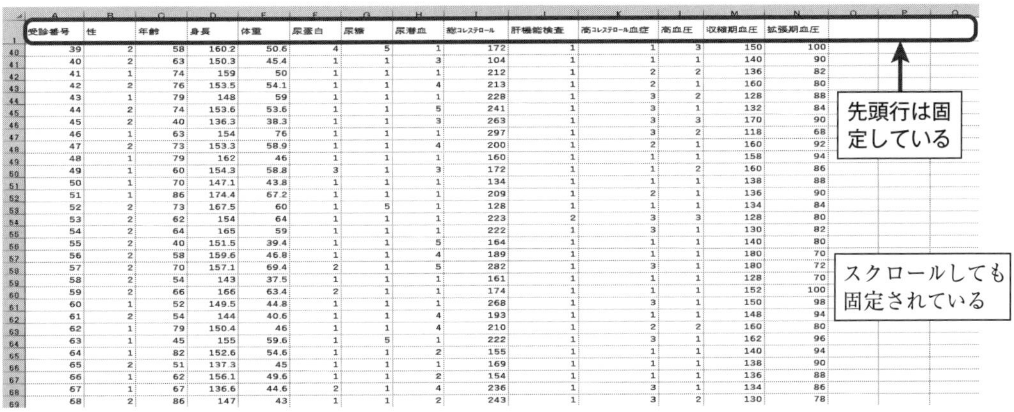

	A	B	C	D	E	F	G	H	I	J	K	L	M	N
1	受診番号	性	年齢	身長	体重	尿蛋白	尿糖	尿潜血	総コレステロール	肝機能検査	高コレステロール血症	高血圧	収縮期血圧	拡張期血圧
40	39	2	58	160.2	50.6	4	5	1	172	1	1	3	150	100
41	40	2	63	150.3	45.4	1	1	3	104	1	1	1	140	90
42	41	1	74	159	50	1	1	1	212	1	2	2	136	82
43	42	2	76	153.5	54.1	1	1	4	213	1	2	1	160	80
44	43	1	79	148	59	1	1	1	228	1	3	2	128	88
45	44	2	74	153.6	53.6	1	1	5	241	1	3	1	132	84
46	45	2	40	136.3	38.3	1	1	3	263	1	3	3	170	90
47	46	1	63	154	76	1	1	1	297	1	3	2	118	68
48	47	2	73	153.3	58.9	1	1	4	200	1	2	1	160	92
49	48	1	79	162	46	1	1	1	160	1	1	1	158	94
50	49	1	60	154.3	58.8	3	1	3	172	1	1	2	160	86
51	50	1	70	147.1	43.8	1	1	1	134	1	1	1	138	88
52	51	1	86	174.4	67.2	1	1	1	209	1	2	1	136	90
53	52	2	73	167.5	60	1	5	1	128	1	1	1	134	84
54	53	2	62	154	64	1	1	1	223	2	3	3	128	80
55	54	2	64	165	59	1	1	1	222	1	3	1	130	82
56	55	2	40	151.5	39.4	1	1	5	164	1	1	1	140	80
57	56	2	58	159.6	46.8	1	1	4	189	1	1	1	180	70
58	57	2	70	157.1	69.4	2	1	5	282	1	3	1	180	72
59	58	2	54	143	37.5	1	1	1	161	1	1	1	128	70
60	59	2	66	166	63.4	2	1	1	174	1	1	1	152	100
61	60	1	52	149.5	44.8	1	1	1	268	1	3	1	150	98
62	61	2	54	144	40.6	1	1	4	193	1	1	1	148	94
63	62	1	79	150.4	46	1	1	4	210	1	2	2	160	80
64	63	1	45	155	59.6	1	5	1	222	1	3	1	162	96
65	64	1	82	152.6	54.6	1	1	2	155	1	1	1	140	94
66	65	2	51	137.3	45	1	1	1	169	1	1	1	138	90
67	66	1	62	156.1	49.6	1	1	2	154	1	1	1	136	88
68	67	1	67	136.6	44.6	2	1	4	236	1	3	1	134	86
69	68	2	86	147	43	1	1	2	243	1	3	2	130	78

図７－16　先頭行の固定

参考：

ウィンドウ枠の固定を解除するには，①[表示]タブをクリック ⇨ ②[ウィンドウ]グループの[ウィンドウ枠の固定▼]ボタンをクリック ⇨ ③リストから[ウィンドウ枠固定の解除(F)]をクリック

(2) データを非表示にする

手順 1 ①〔D〕列および〔E〕列を選択 ⇨ ②〔Ctrl〕キーを押しながら，〔I：K〕列を選択 ⇨ ③右クリック ⇨ ④[非表示(H)]を選択 ⇨ ⑤ D 列，E 列，I ～ K 列が非表示になる。

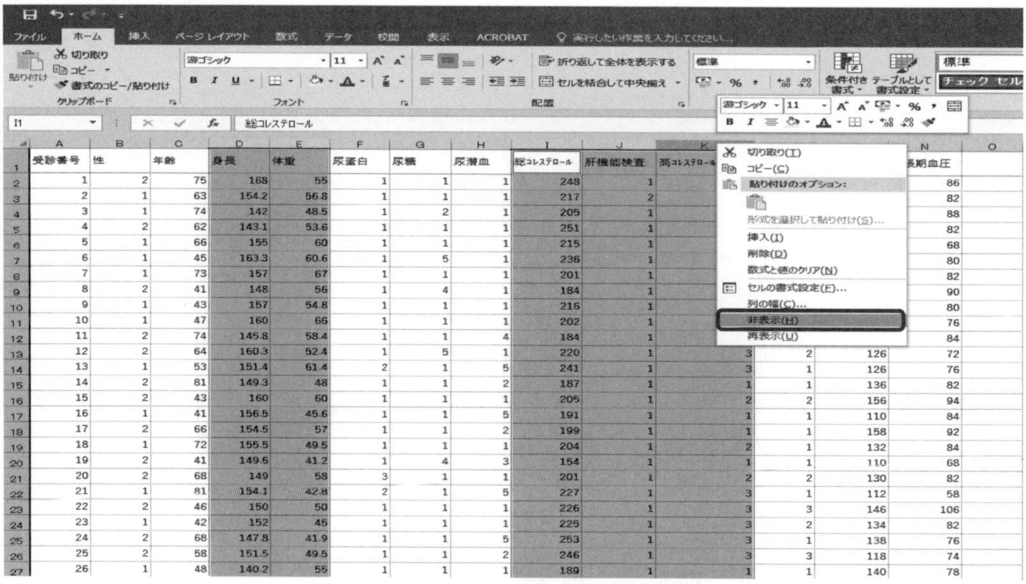

図 7 － 18 データの非表示化

	A	B	C	F	G	H	L	M	N
1	受診番号	性	年齢	尿蛋白	尿糖	尿潜血	高血圧	収縮期血圧	拡張期血圧
2	1	2	75	1	1	1	1	122	86
3	2	1	63	1	1	1	1	120	82
4	3	1	74	1	2	1	2	144	88
5	4	2	62	1	1	1	2	130	82
6	5	1	66	1	1	1	1	96	68
7	6	1	45	1	5	1	1	120	80
8	7	1	73	1	1	1	1	138	82
9	8	2	41	1	4	1	1	134	90
10	9	1	43	1	1	1	1	118	80
11	10	1	47	1	1	1	3	120	76
12	11	2	74	1	1	4	1	120	84
13	12	2	64	1	5	1	2	126	72
14	13	1	53	2	1	5	1	126	76
15	14	2	81	1	1	2	1	136	82
16	15	2	43	1	1	1	2	156	94
17	16	1	41	1	1	5	1	110	84
18	17	2	66	1	1	2	1	158	92
19	18	1	72	1	1	1	1	132	84
20	19	2	41	1	4	3	1	110	68
21	20	2	68	3	1	1	2	130	82
22	21	1	81	2	1	5	1	112	58
23	22	2	46	1	1	1	3	146	106
24	23	1	42	1	1	1	2	134	82
25	24	2	68	1	1	5	1	138	76
26	25	2	58	1	1	2	3	118	74

図 7 － 19 非表示になった画面

参考：

データの非表示を解除して再表示するには，①非表示列の前後の〔C 列〕と〔F 列〕の列記号を選択 ⇨ ②〔Ctrl〕キーを押しながら〔H 列〕と〔L 列〕の列記号を選択 ⇨ ③選択した列記号上で右クリック ⇨ リストから「再表示」をクリック ⇨ ④全ての列が再表示される。

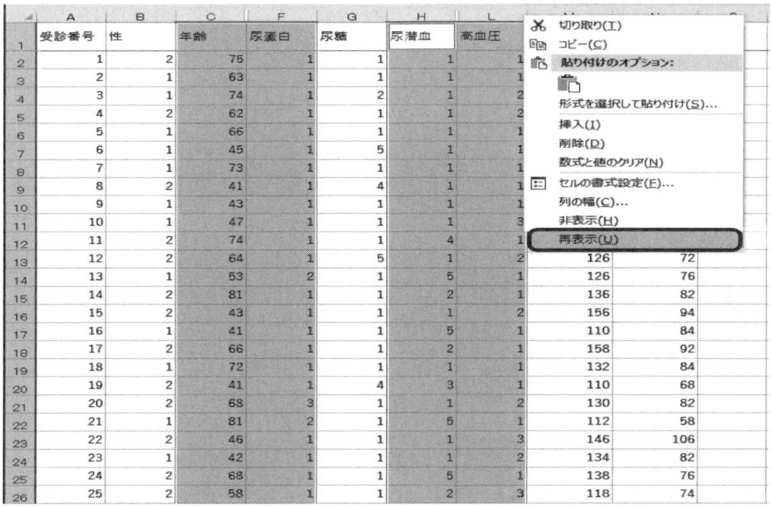

受診番号	性	年齢	尿蛋白	尿糖	尿潜血	高血圧		
1	2	75	1	1	1	1		
2	1	63	1	1	1	1		
3	1	74	1	2	1	2		
4	2	62	1	1	1	2		
5	1	66	1	1	1	1		
6	1	45	1	5	1	1		
7	1	73	1	1	1	1		
8	2	41	1	4	1	1		
9	1	43	1	1	1	1		
10	1	47	1	1	1	3		
11	2	74	1	1	4	1		
12	2	64	1	5	1	2	126	72
13	1	53	2	1	5	1	126	76
14	2	81	1	1	2	1	136	82
15	2	43	1	1	1	2	156	94
16	1	41	1	1	5	1	110	84
17	2	66	1	1	2	1	158	92
18	1	72	1	1	1	1	132	84
19	2	41	1	4	3	1	110	68
20	2	68	3	1	1	2	130	82
21	1	81	2	1	5	1	112	58
22	2	46	1	1	1	3	146	106
23	1	42	1	1	1	2	134	82
24	2	68	1	1	5	1	138	76
25	2	58	1	1	2	3	118	74

図７－20　再表示された健診データの表

(3)　オートフィルタを設定する

解説：「ホーム」タブの[編集]グループの〔並べ替えとフィルタ▼〕ボタンのリストから[フィルタ] ⇨ ボタンを使うと，条件を満たすレコードだけ抽出できる。条件を満たすレコードだけが表示され，条件を満たさないレコードは一時的に非表示になる。

課題Ｆ：課題Ｅの全列を再表示した健診データの表にオートフィルタを設定して，尿糖が「５」の人を抽出しなさい。

手順　①表内の任意の１つのセルを選択 ⇨ ②[データ]タブをクリック ⇨ ③[並び替えとフィルタ]グループの[フィルタ]ボタン（フィルタ）をクリック ⇨ ④項目名の右側に▼が表示され，オートフィルタが設定される。

受診番号	性	年齢	身長	体重	尿蛋白	尿糖	尿潜血	総コレステロール
1	2	75	168	55	1	1	1	248
2	1	63	154.2	56.8	1	1	1	217
3	1	74	142	48.5	1	2	1	205
4	2	62	143.1	53.6	1	1	1	251
5	1	66	155	60	1	1	1	215
6	1	45	163.3	60.6	1	5	1	236
7	1	73	157	67	1	1	1	201
8	2	41	148	56	1	4	1	184
9	1	43	157	54.8	1	1	1	216
10	1	47	160	66	1	1	1	202
11	2	74	145.8	58.4	1	1	4	184
12	2	64	160.3	52.4	1	5	1	220
13	1	53	151.4	61.4	2	1	5	241
14	2	81	149.3	48	1	1	2	187
15	2	43	160	60	1	1	1	205
16	1	41	156.5	45.6	1	1	5	191
17	2	66	154.5	57	1	1	2	199

図７－21　オートフィルタの設定

(なお，「ホーム」タブの[編集]グループの[並べ替えとフィルタ▼]ボタンのリストから[フィルタ] ⇨ ボタンをクリックしてもよい)

(4) 抽出条件に一致するデータを表示

手順

①[尿糖]の右側の▼をクリック ⇨ ②[数値フィルタ(F)]の[すべて選択]チェックボックスをオフ ⇨ ③[5]のチェックボックスをオン ⇨ ④[OK]ボタンをクリック ⇨ ⑤尿糖が[5]の人が抽出される。

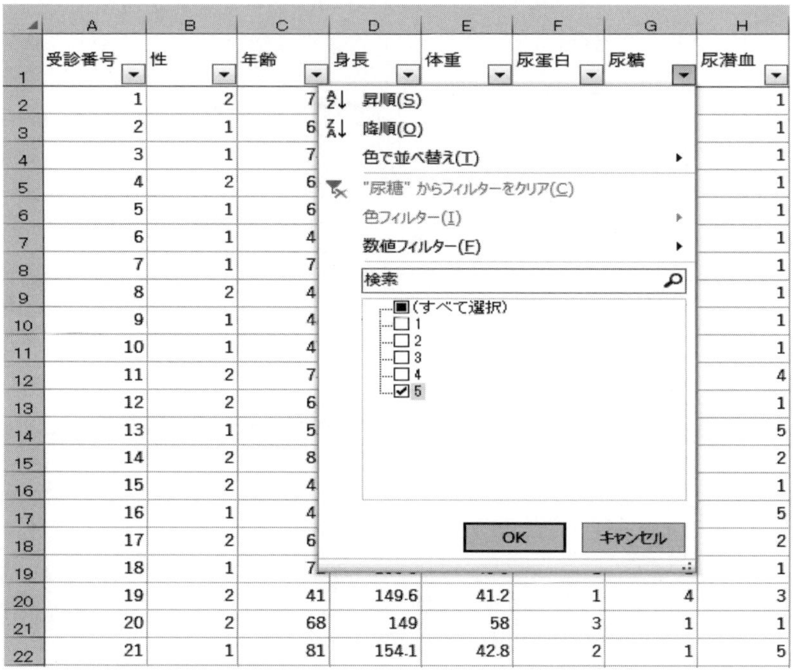

図7－22　抽出条件に一致するデータの表示

尿糖[5]の条件を満たす人が表示され，行番号が「青色」になる。また，ステータスバーに抽出されたレコード数が表示される。

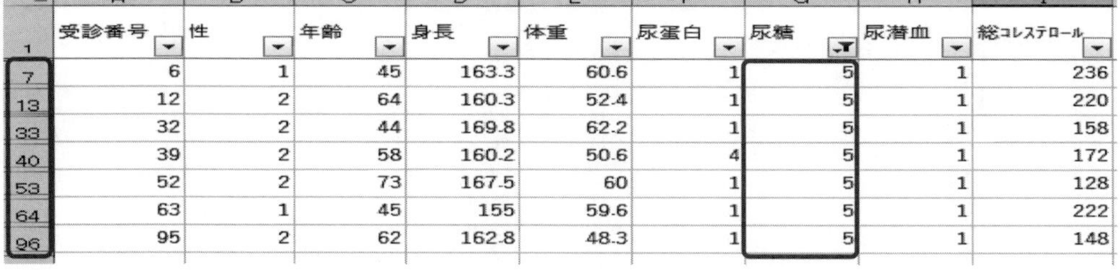

図7－23　尿糖[5]の条件を満たすレコードを表示

図7-24 抽出レコード数表示

📖 参考：
フィルタを解除し，すべてのレコードを表示するには，①[尿糖]の右側の 🔽 をクリック ⇨ ②["尿糖"からフィルタをクリア(C)]をクリック ⇨ ③すべてのレコードが表示される

(5) 1つの列を対象に複数の検索条件を指定して抽出する

課題G：すべてのレコードを表示した図7-2の健診データ(p.138)について，尿糖が[4]または[5]の人を抽出しなさい。

手順
①[尿糖]の右側の▼をクリック ⇨ ②[すべて選択]チェックボックスをオフ ⇨ ③[4]，[5]チェックボックスをオン ⇨ ④[OK]ボタンをクリック ⇨ ⑤尿糖が[4]または[5]の条件を満たす人が抽出される

	A	B	C	D	E	F	G	H	I	J
1	受診番号	性	年齢	身長	体重	尿蛋白	尿糖	尿潜血	総コレステロール	肝機能検査
7	6	1	45	163.3	60.6	1	5	1	236	1
9	8	2	41	148	56	1	4	1	184	1
13	12	2	64	160.3	52.4	1	5	1	220	1
20	19	2	41	149.6	41.2	1	4	3	154	1
33	32	2	44	169.8	62.2	1	5	1	158	1
37	36	2	67	149.1	59.3	1	4	1	243	2
40	39	2	58	160.2	50.6	4	5	1	172	1
53	52	2	73	167.5	60	1	5	1	128	1
64	63	1	45	155	59.6	1	5	1	222	1
77	76	1	41	146	47.4	1	4	5	201	1
96	95	2	62	162.8	48.3	1	5	1	148	1
100	99	1	55	164.8	62.6	1	4	1	225	1

図7-25 複数の検索条件で抽出

(6) 複数の列を対象に複数の検索条件を指定して抽出する

課題H：尿蛋白が[1]かつ尿糖が[1]かつ尿潜血が[1]かつ高血圧が[1]の人を抽出しなさい。

手順1
①[尿蛋白]の右側の▼をクリック ⇨ ②[すべて選択]チェックボックスをオフ ⇨ ③[1]チェックボックスをオン ⇨ ④[OK]ボタンをクリック

手順2
①[尿糖]の右側の▼をクリック ⇨ ②[すべて選択]チェックボックスをオフ ⇨ ③[1]チェックボックスをオン ⇨ ④[OK]ボタンをクリック

手順３ ①[尿潜血]の右側の▼をクリック ⇨ ②[すべて選択]チェックボックスをオフ ⇨ ③[1]チェックボックスをオン ⇨ ④[OK]ボタンをクリック

	A	B	C	D	E	F	G	H
1	受診番号	性	年齢	身長	体重	尿蛋白	尿糖	尿潜血
2	1	2	75	16				
3	2	1	63	154.				
5	4	2	62	143.				
6	5	1	66	15				
8	7	1	73	15				
10	9	1	43	15				
11	10	1	47	16				
12	11	2	74	145.				
15	14	2	81	149.				
16	15	2	43	16				
17	16	1	41	156.				
18	17	2	66	154.				
19	18	1	72	155.				
23	22	2	46	15				
24	23	1	42	15				
25	24	2	68	147.				
26	25	2	58	151.				
27	26	1	48	140.				
28	27	2	52	146.2	61.2	1	1	5
30	29	1	69	154	60	1	1	1

昇順(S)
降順(O)
色で並べ替え(T)
"尿潜血" からフィルターをクリア(C)
色フィルター(I)
数値フィルター(F)
検索
(すべて選択)
1
2
3
4
5
OK
キャンセル

図７－26　複数列の複数検索条件の指定

手順４ ①[高血圧]の右側の▼をクリック ⇨ ②[すべて選択]チェックボックスをオフ ⇨ ③[1]チェックボックスをオン ⇨ ④[OK]ボタンをクリック ⇨ ⑤尿蛋白が[1]かつ尿糖が[1]かつ尿潜血が[1]かつ高血圧が[1]の人が抽出される。

	A	B	C	D	E	F	G	H	L	M	N
1	受診番号	性	年齢	身長	体重	尿蛋白	尿糖	尿潜血	高血圧	収縮期血圧	拡張期血圧
2	1	2	75	168	55	1	1	1	1	122	86
3	2	1	63	154.2	56.8	1	1	1	1	120	82
6	5	1	66	155	60	1	1	1	1	96	68
8	7	1	73	157	67	1	1	1	1	138	82
10	9	1	43	157	54.8	1	1	1	1	118	80
19	18	1	72	155.5	49.5	1	1	1	1	132	84
27	26	1	48	140.2	55	1	1	1	1	140	78
34	33	1	45	159.9	56.4	1	1	1	1	148	90
35	34	1	56	129	41	1	1	1	1	150	96
38	37	1	77	151	51.8	1	1	1	1	162	68
49	48	1	79	162	46	1	1	1	1	158	94
51	50	1	70	147.1	43.8	1	1	1	1	138	88
52	51	1	86	174.4	67.2	1	1	1	1	136	90
55	54	2	64	165	59	1	1	1	1	130	82
59	58	2	54	143	37.5	1	1	1	1	128	70
61	60	1	52	149.5	44.8	1	1	1	1	150	98
66	65	2	51	137.3	45	1	1	1	1	138	90
70	69	2	73	146	49	1	1	1	1	132	76
72	71	1	57	152.5	48.4	1	1	1	1	154	74
73	72	2	66	147.8	50.6	1	1	1	1	152	96
80	79	2	76	160	60.4	1	1	1	1	168	86
89	88	1	70	131.9	41.6	1	1	1	1	152	96
93	92	2	53	155.5	60	1	1	1	1	142	90
95	94	1	59	155	54	1	1	1	1	154	92
97	96	1	60	152.4	46.8	1	1	1	1	180	92

図７－27　複数列の複数検索条件で抽出

(7) 詳細設定で検索条件を指定して抽出する

課題 I：表7-2に示す日本高血圧学会の「成人における血圧値の分類」Ⅲ度高血圧症（収縮期血圧 ≧180 かつ／または 拡張期血圧 ≧110mmHg）の人を［詳細設定］（［データ］タブ ⇨ ［並び替えとフィルタ］グループ ⇨ ［詳細設定］）を用いて「健診データ」の表から抽出しなさい。

📖 参考：
　検索条件設定のフィールド名は同じ行に記述する。ただし，元のデータベースの順序でなくても構わない。
①フィールド名は，同じフィールド名を複数利用することができる。
②条件式は，同じ行に入力すると「and（かつ）」，行を変えて入力すると［or（または）］で結合される。
③空白のセルは「すべてを満たす」という意味になる。

手順1　①シート見出しの右側にある ⊕（新しいシート）をクリック ⇨ ②新しいシートの見出しを右クリック ⇨ ③［名前の変更(R)］を選択クリック ⇨ ④シート名に「検索条件」と入力

手順2　①検索条件シートのセル〔A1〕にフィールド名「収縮期血圧」を，〔B1〕にフィールド名「拡張期血圧」を入力

手順3　①フィールド名「収縮期血圧」の下のセル〔A2〕に下限値を比較演算子（以上＞＝）とともに入力（図7-28のA欄）。

手順4　①フィールド名「拡張期血圧」の2行下のセル〔B3〕に下限値を比較演算子（以上＞＝）とともに入力。（図7-28のB欄）

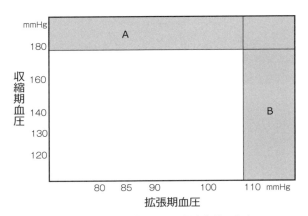

図7-28　Ⅲ度高血圧の分類索条件の入力

	A	B
1	収縮期血圧	拡張期血圧
2	>=180	
3		>=110

図7-29　検索条件の入力

手順5　①［データ］タブをクリック⇨②［並び替えとフィルタ］グループの［詳細設定］をクリック（選択しているセルの状況によっては，メッセージが表示される場合があるが，その場合は OK をクリック）⇨③フィルタオプションの設定ダイアログボックスが開く。

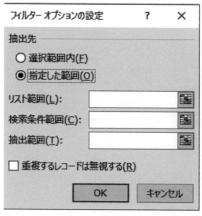

図7-30　フィルタオプションの設定画面

手順6　①「提出先」を「指定した範囲」に変更⇨②［リスト範囲(L)］のテキストボックス内をクリック（テキストボックス内にセル範囲が表示されている場合は消去）⇨③「健診データ」のシート見出しをクリック⇨④健診データの表の範囲を選択

手順7　①［検索条件範囲(C)］のテキストボックス内をクリック⇨②「検索条件」シート見出しをクリック⇨②検索条件の範囲を選択（検索条件範囲には自動的に Criteria という名前がつくが，通常のセル範囲で表示されることもある）

手順8　①［抽出範囲(T)］のテキストボックス内をクリック⇨②セル〔A6〕をクリック

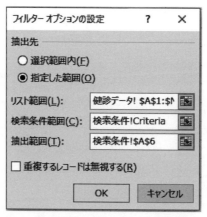

図7-31　フィルタオプションの範囲設定

7章　データベース機能

手順9　①「OK」ボタンをクリック ➡ ②Ⅲ度高血圧症の人が「検索条件」シートに抽出され表示される。

	A	B	C	D	E	F	G	H	I	J	K	L	M	N
1	収縮期血圧	拡張期血圧												
2	>=180													
3		>=110												
4														
5														
6	受診番号	性	年齢	身長	体重	尿蛋白	尿糖	尿潜血	総コレステロール	肝機能検査	高コレステロール	高血圧	収縮期血圧	拡張期血圧
7	30	2	50	158.7	55.6	2	1	5	175	1	1	1	180	80
8	36	2	67	149.1	59.3	1	4	1	243	2	3	1	180	70
9	56	2	58	159.6	46.8	1	1	4	189	1	1	1	180	70
10	57	2	70	157.1	69.4	2	1	5	282	1	3	1	180	72
11	96	1	60	152.4	46.8	1	1	1	146	1	1	1	180	92
12	99	1	55	164.8	62.6	1	4	1	225	1	3	2	180	116

図7－32　抽出された画面

参考：
日本高血圧学会「高血圧治療ガイドライン」による，成人における血圧値分類は下表の通りである。（2014年発表）

表7－2　成人における血圧値分類

	分類	収縮期血圧		拡張期血圧
正常域血圧	至適血圧	<120	かつ	<80
	正常血圧	120–129	かつ/または	80–84
	正常高値血圧	130–139	かつ/または	85–89
高血圧	Ⅰ度高血圧	140–159	かつ/または	90–99
	Ⅱ度高血圧	160–179	かつ/または	100–109
	Ⅲ度高血圧	≧180	かつ/または	≧110
	(孤立性)収縮期高血圧	≧140	かつ	<90

注]　表7－2ではⅢ度高血圧は「≧180かつ／または≧110」となっているが，論理的には「≧180または≧110」でよい。

7−5　文字列の抽出

課題Ｊ：図７－33 を用いて，「鈴木」という氏名のレコードを抽出しなさい。

	A	B	C	D	E	F	G	H	I
1	受診番号	氏名	フリガナ	性	年齢	身長	体重	収縮期圧	拡張期圧
2	1	海野佳代子	カイノカヨコ	2	75	168.0	55.0	122	86
3	2	太田博文	オオタヒロフミ	1	63	164.2	56.8	120	82
4	3	菊池佳代	キクチカヨ	2	62	143.1	53.6	144	88
5	4	大矢一孝	オオヤカズタカ	1	66	155.0	50.0	130	82
6	5	大木聡	オオキサトル	1	45	163.3	60.6	96	68
7	6	渡邉和夫	ワタナベカズオ	1	73	167.0	57.0	120	80
8	7	鈴木若菜	スズキワカナ	2	67	163.9	52.3	136	62
9	8	村田もも	ムラタモモ	2	77	151.5	48.0	134	90
10	9	鈴木智佳子	スズキチカコ	2	56	148.5	64.5	118	80
11	10	伊達ゆかり	ダテユカリ	2	53	165.1	64.4	120	76

図７－33　文字列の抽出

手順１　①テーブル内の任意の１つのセルを選択 ⇨ ②［データ］タブをクリック ⇨ ③［並び替えとフィルタ］グループの［フィルタ］ボタン（フィルタ）をクリック ⇨ ④項目名の右側に▼が表示され，オートフィルタが設定される。

手順２　①［氏名］の右側の▼をクリック ⇨ ②［テキストフィルタ(F)］を選択 ⇨ ③［指定の値で始まる(I)］を選択クリック ⇨ ④［オートフィルタオプション］ダイアログボックスが表示される。

図７－34　テキストフィルタの表示

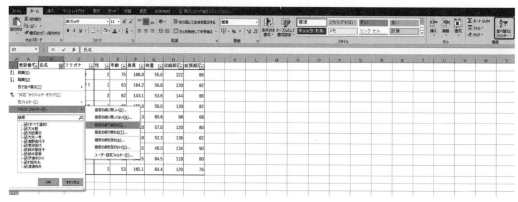

7章 データベース機能

手順3 ①[氏名]に「鈴木」と入力 ⇨ ②[OK]ボタンをクリック ⇨ ③抽出されたデータが表示される

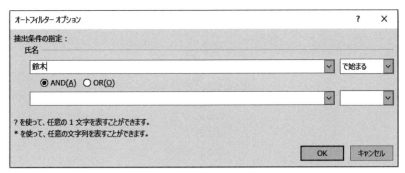

図7－35 [オートフィルタオプション]のダイアログボックス

図7－36 抽出された画面

📖 参考：

　同様に[データ]タブの[並び替えとフィルタ]グループの[詳細設定]を利用して，[氏名]というフィールドの中から姓が[鈴木]の人を抽出することができる。
　[フィルタオプションの設定]ダイアログボックスの[検索条件範囲(C)]で．

　　　　　　氏名
　　　　　　鈴木

を選択する。

解説1：オートフィルタの「テキストフィルタ」（図7－33）にあるような設定が[データ]タブの[並べ替えとフィルタ]グループの[詳細設定]でもできる。表7－3に示す氏名の表から条件を設定して氏名を抽出する場合，「詳細設定」の条件式には表7－4のように入力する。完全に一致するレコードを抽出する場合は，「="=森"」の数式を使うが，セルには「=文字列」が表示される。

表7－3　氏名の表

NO	氏　名
1	森
2	森太郎
3	森二郎
4	森太郎左衛門
5	森田太郎
6	林太郎

表7－4　詳細設定の条件式の入力

抽出する文字	条件式	抽出結果（表7-3による）
指定の値に等しい	="=森"	森
指定の値に等しくない	<>森	森太郎, 森二郎, 森太郎左衛門, 森田太郎, 林太郎
指定の値で始まる	="=森*"	森, 森太郎, 森二郎, 森太郎左衛門, 森田太郎, 林太郎
指定の値で終わる	="=*太郎"	森太郎, 森田太郎, 林太郎
指定の値を含む	*太郎*	森太郎, 森太郎左衛門, 森田太郎, 林太郎
指定の値を含まない	<>*太郎*	森, 森二郎

解説2：ワイルドカード文字を抽出条件として使用できる。ワイルドカード文字には，「＊」，「？」がある。「＊」は任意の文字列を表す。任意とは文字がない場合を含む。「？」は任意の一文字を表わす。なお，「～(チルダ)」は，抽出結果に「＊」，「？」，「～」が含まれる文字列を指定する。

表7－5　ワイルドカード文字

抽出する文字列	意味
大＊	「大」で始まる
？？大	「大」の前に2文字ある
大？	「大」の後に1文字ある

Ⅲ パワーユーザー編

8章　データ集計とピボットテーブル

8-1　ピボットテーブルとは

(1)　作成するシートの確認

> **例題**　小学生を対象に下のような「食行動アンケート調査」を行った。
> 調査の結果 p.160 のような結果を得た。
> 課題 A～G の課題を行いましょう。

課題A-①：アンケートシートのデータをもとに表をテーブルに変換しなさい。
課題A-②：図8-19に示すピボットテーブルを作成する。行に「Q10性別」，列に「Q7食事の前後にあいさつするか」を配置して該当人数を集計しなさい。
課題A-③：A-②と同様の集計をダミー文字列を使って行いなさい。
課題B：「Q10性別」「Q7食事の前後にあいさつするか」別の該当人数を％表記に変更しなさい。
課題C：「Q10性別」「Q7食事の前後にあいさつするか」別の該当人数と％を並べて表示しなさい。
課題D：「Q10性別」「Q7食事の前後にあいさつするか」別，「Q12祖父母同居の有無」別の3次元クロス集計をしなさい。
課題E：行を性別，列を学年別とし，体重の平均値の表を作成しなさい。
課題F：行を体重，列を性別とし，学年別人数を集計しなさい。
課題G：「Q10性別」「Q7食事の前後にあいさつするか」別，「Q12祖父母同居の有無」別の3次元クロス集計をし別のシートに貼り付けなさい。

Q.1　だれか（例えば　お母さん）といっしょに，買い物にどのくらい行きますか。（1つだけ）

> 1. ひじょうによく行く　2. まあまあ行く　3. どちらともいえない
> 4. あまり行かない　　　5. まったく行かない

Q.2　だれかにたのまれて買い物へ行きますか。（1つだけ）

> 1. ひじょうによく行く　2. まあまあ行く　3. どちらともいえない
> 4. あまり行かない　　　5. まったく行かない

Q.3　食事づくりのお手伝いやじゅんびは，どのくらいしますか。（1つだけ）

> 1. ひじょうによく行く　2. まあまあ行く　3. どちらともいえない
> 4. あまり行かない　　　5. まったく行かない

Q.4 包丁や火をつかって，何かの料理をつくることができますか。（1つだけ）

1. できる　　2. どちらでもない　　3. できない

Q.5 買い物へ行ったときに，食べものの日づけ（賞味期限，消費期限）を気にして選びますか。

1. 気にする　　2. どちらでもない　　3. 気にしない

Q.6 食事のときに，食器や料理などを運んで並べるお手伝いはしますか。（1つだけ）

1. よくする　　2. たまにする　　3. しないことのほうが多い　　4. しない

Q.7 食事の前と後にあいさつ（「いただきます」，「ごちそうさま」など）をいつもしていますか。

　　（1つだけ）

1. いつもしている　　2. たまにしている　　3. めったにしない　　4. まったくしない

Q.8 「おはし」の使い方を教えてもらったことがありますか。

1. ある　　2. ない

Q.9 あなたの学年

1. 5年生　　2. 6年生

Q.10 あなたの性別

1. 男子　　2. 女子

Q.11 きょうだい・しまい　がいますか。

1. いる　　2. いない

Q.12 おじいさん・おばあさんと一緒にくらしていますか。

1. くらしている　　2. くらしていない

Q.13 あなたの体重は

　　　　　　　　kg

	A	B	C	D	E	F	G	H	I	J	K	L	M	N
1	NO	Q1 だれかと一緒に買い物へ行く頻度	Q2 だれかに頼まれて買い物へ行くか	Q3 食事づくりの手伝い程度	Q4 包丁・火を使って料理を作れるか	Q5 買物時に食品表示を気にするか	Q6 食事時に手伝いをするか	Q7 食事の前後にあいさつするか	Q8 「はし」の持ち方を教えてもらったか	Q9 学年	Q10 性別	Q11 兄弟の有無	Q12 祖父母同居の有無	Q13 体重kg
2	1	5	2	1	1	3	4	1	2	1	1	1	2	37.6
3	2	4	2	5	3	1	1	4	2	1	1	1	2	27.4
4	3	2	5	4	2	1	4	2	1	1	1	1	1	34.8
5	4	2	4	4	1	2	2	3	1	1	2	1	2	33.4
6	5	2	1	2	1	2	1	1	2	1	1	1	1	32.6
7	6	2	4	2	1	3	1	2	2	1	1	2	2	26.0
8	7	2	4	2	1	2	1	1	1	1	2	1	1	35.0
9	8	1	2	2	1	1	1	1	1	1	1	1	1	26.0
10	9	1	4	2	1	2	3	3	2	1	1	1	2	30.4
11	10	1	5	2	2	1	1	1	1	1	2	1	1	32.4
12	11	2	2	4	1	2	3	2	2	1	1	1	1	31.4
13	12	5	5	2	1	1	1	1	1	1	1	1	2	37.0
14	13	4	5	3	1	3	3	1	2	1	1	1	1	29.8
15	14	1	2	1	1	1	1	1	1	1	2	1	1	52.8
16	15	2	3	5	1	1	3	1	2	1	1	1	1	24.6
17	16	3	5	3	2	3	2	2	1	1	1	1	1	50.2
18	17	1	5	2	2	1	1	1	1	1	2	1	1	40.8
19	18	2	4	3	1	1	2	2	1	1	2	1	1	21.0
20	19	2	2	2	2	3	3	2	2	1	1	1	1	26.0
21	20	1	3	1	2	1	1	1	1	1	1	1	1	37.0
22	21	2	4	1	1	2	1	2	1	1	2	1	2	20.4
23	22	4	5	2	1	2	1	1	1	1	1	1	2	22.8
24	23	2	5	2	1	1	2	2	1	1	2	2	1	40.4
25	24	2	2	2	1	3	2	1	1	1	1	1	1	24.6
26	25	3	4	4	2	2	3	1	2	1	2	1	1	39.6
27	26	2	4	5	2	1	3	2	1	2	1	2	1	26.6
28	27	1	5	3	1	1	1	2	1	2	2	2	2	43.6
29	28	1	1	4	1	1	2	2	1	2	2	2	1	35.8
30	29	2	4	4	1	2	3	2	1	2	2	1	2	25.4
31	30	2	4	2	1	3	2	1	1	2	1	1	1	24.6
32	31	2	1	2	1	3	1	1	2	2	1	1	1	26.4
33	32	2	5	5	3	3	3	2	2	2	1	1	2	31.2
34	33	2	5	2	1	3	2	1	1	2	1	1	2	29.8
35	34	4	5	2	1	1	2	1	1	2	2	1	1	31.0
36	35	4	5	2	1	1	3	3	1	2	2	1	1	26.6
37	36	2	4	2	1	1	2	1	1	2	2	1	1	27.8
38	37	2	2	3	2	3	1	1	1	2	1	1	1	39.0
39	38	2	4	2	1	1	2	2	1	2	2	1	2	42.2
40	39	2	4	2	1	3	1	1	2	2	1	1	2	34.8
41	40	2	3	3	2	1	2	2	1	2	1	1	2	42.4
42	41	1	4	1	1	1	1	4	1	2	2	1	2	42.6
43	42	2	5	4	1	1	1	2	2	2	2	1	2	26.6
44	43	1	5	4	1	3	3	1	2	2	1	1	1	30.0
45	44	2	5	2	1	2	1	1	1	2	2	1	1	21.2
46	45	2	5	1	2	2	1	4	2	2	1	1	1	34.8
47	46	1	2	2	1	3	2	2	1	2	2	1	1	21.8
48	47	2	4	1	1	2	2	1	1	2	1	1	2	20.8
49	48	2	2	2	1	1	1	1	1	2	1	2	1	48.0
50	49	2	2	2	1	1	2	2	1	2	2	1	1	30.0
51	50	2	5	1	1	2	1	2	2	2	2	1	2	30.0
52	51	1	2	2	1	1	1	1	1	2	2	2	1	20.0
53	52	2	4	2	1	1	2	1	1	2	2	1	2	20.0
54	53	1	2	4	1	1	2	1	2	2	2	1	2	30.0

図8－1 アンケート調査の結果

(2)　ピボットテーブルとは

解説：「ピボットテーブル」とは「ピボット＝回転」できる「テーブル＝表」という意味で，集計項目を回転するように入れ替えて，分析の視点を変える事ができる表のことでである。

EXCELの「ピボットテーブル」を使用すると，マウス操作により，大量のデータを簡単に，単純・クロスの集計・比較，抽出・分類・集計・並び替えなどデータ分析を行うことができる。また，ピボットグラフにより，データの視覚化も簡単に行うことができる。

ピボットテーブルの構成要素は，下記のように，データを表示する領域が，レポートフィルタフィールド，行ラベルフィールド，列ラベルフィールド，値フィールドの4種類ある。

また，ピボットテーブルは，行列のフィールドをどこに配置するかによって，一次元の集計表(単純集計表)，二次元の集計表(クロス集計表)，2階層の集計表等を作成することができる。

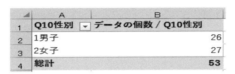

	A	B
1	Q10性別	データの個数 / Q10性別
2	1男子	26
3	2女子	27
4	総計	53

図８－２　一次元の集計表(単純集計表)

図８－３　ピボットテーブルの構成要素／二次元の集計表(クロス集計表)

	A	B	C	D	E	F
1	データの個数 / Q7					
2		1	2	3	4	総計
3	⊟1　5年生	15	8	1	2	26
4	1男子	8	5	1	1	15
5	2女子	7	3	0	1	11
6	⊟2　6年生	13	11	2	1	27
7	1男子	6	3	1	0	10
8	2女子	7	8	1	1	17
9	総計	28	19	3	3	53

図８－４　２階層の集計表

(3)　表をテーブルに変換

ピボットテーブルのもとになる表の形態には，通常の表(図8－1)とテーブル(図8－7)の2種類がある。

集計する表をあらかじめテーブル化しておくと，ピボットテーブルでの作業や，集計元の表にデータを追加する場合など操作がスムーズに行える。

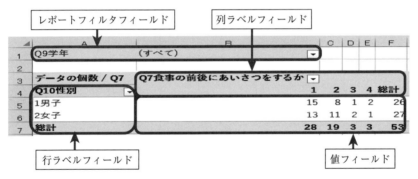

8−2　ピボットテーブルの作成

課題A−①：アンケートシートのデータをもとに表をテーブルに変換しなさい。

手順1

①表内の任意の1つのセルを選択 ⇨ ②[挿入]タブをクリック ⇨ ③[テーブル]グループの[テーブル]ボタンをクリック ⇨ ④[テーブルの作成]ダイアログボックスが表示される ⇨ ⑤[OK]をクリック

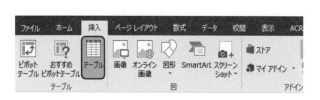

図8−5　[テーブル]ボタン

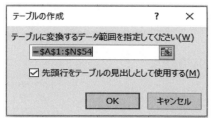

図8−6　[テーブルの作成]ダイアログボックス

手順2

表がテーブルに変換され，縞模様が設定され，フィールド名のセルに▼が表示される。テーブルを作成すると「テーブル1」「テーブル2」とテーブル名が設定されるので，わかりやすい名前に変えておくとよい。

①テーブル内のセルを選択 ⇨ ②[テーブルツール]の[デザイン]タブをクリック ⇨ ③[テーブル名]をクリック ⇨ ④「テーブル1」の文字が選択される ⇨ ⑤新しいテーブル名「アンケート調査の結果」を入力

NO	Q1 だれかと一緒に買い物へ行く頻度	Q2 だれかに頼まれて買い物へ行くか	Q3 食事づくりの手伝い程度	Q4 包丁・火を使って料理を作れるか	Q5 買物時に食品表示を気にするか	Q6 食事時に手伝いをするか	Q7 食事の前後にあいさつするか	Q8 「はし」の持ち方を教えてもらったか	Q9 学年	Q10 性別	Q11 兄弟の有無	Q12 祖父母同居の有無	Q13 体重kg
1	5	2	1	1	3	4	1	2	1	1	1	2	37.6
2	4	2	5	3	1	1	4	2	1	1	1	2	27.4
3	2	5	4	2	1	4	2	1	1	1	1	1	34.8
4	2	4	4	1	2	2	3	1	1	2	1	2	33.4
5	2	1	2	1	2	1	1	2	1	1	1	2	32.6
6	2	4	2	1	3	1	2	2	1	1	2	2	26.0
7	2	4	2	1	2	1	1	1	1	2	1	1	35.0
8	1	2	2	1	1	1	1	1	1	2	1	1	26.0
9	1	4	2	1	2	3	3	2	1	1	1	2	30.4

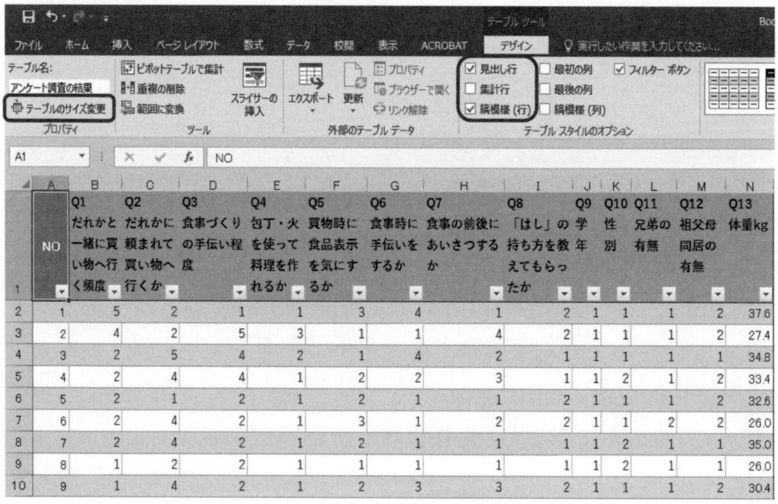

図8−7　[アンケート調査の結果]テーブル

課題A-②：図8-19に示すピボットテーブルを作成する。行に「Q10性別」，列に「Q7食事の前後にあいさつするか」を配置して該当人数を集計しなさい。

手順3
①テーブル内の任意の1つのセルを選択 ⇨ ②[挿入]タブをクリック ⇨ ③[テーブル]グループの[ピボットテーブル▼]ボタンをクリック ⇨ ④[ピボットテーブルの作成]ダイアログボックスが表示される ⇨ ⑤[OK]をクリック
通常の表をもとに作成する場合も，操作手順は同じ

図8-8 [ピボットテーブル]ボタン

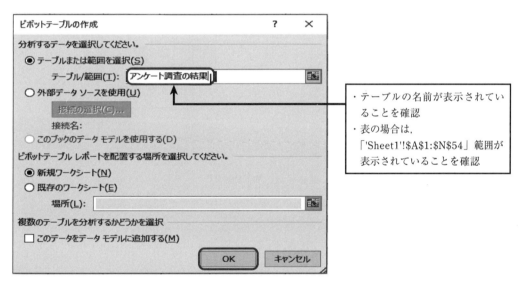

・テーブルの名前が表示されていることを確認
・表の場合は，「'Sheet1'!$A$1:$N$54」範囲が表示されていることを確認

図8-9 [ピボットテーブルの作成]ダイアログボックス

手順4 ①新しいシートに空の[ピボットテーブル]が作成される ⇨ ②ピボットテーブルツールの[デザイン]タブをクリック ⇨ ③[レイアウト]グループの[レポートのレイアウト▼]ボタンの▼をクリック ⇨ ④[表形式で表示(T)]をクリック

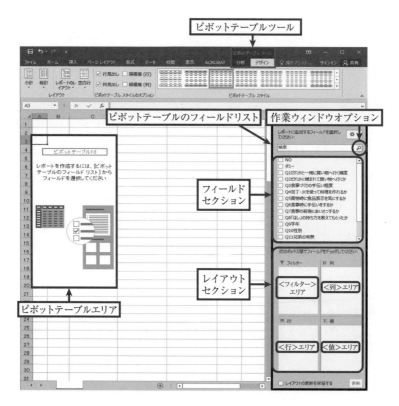

図8－10　表形式表示

解説：「フィールドリスト」ウィンドウの表示と非表示

① ピボットテーブルエリア内を選択クリックすると，同時に「ピボットテーブルのフィールドリスト」ウィンドウが表示される(図8－11)。

② ピボットテーブルエリア外のセルを選択クリックすると，「ピボットテーブルのフィールドリスト」ウィンドウは非表示となる(図8－12)。

③ ピボットテーブルのフィールドリストは，タイトルバーをドラッグすると図8－10のように場所を移動できる。元に戻すにはシートの右端へドラッグするか，タイトルバーをダブルクリックする。また「作業ウィンドウオプション」の▼をクリックすると「移動」，「サイズ変更」「閉じる」ことができる。

8章 データ集計とピボットテーブル

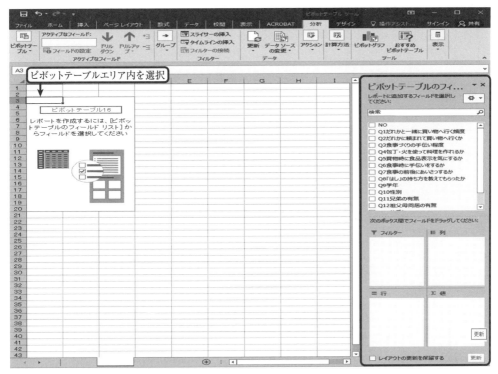

図8−11 「フィールドリスト」ウィンドウの表示

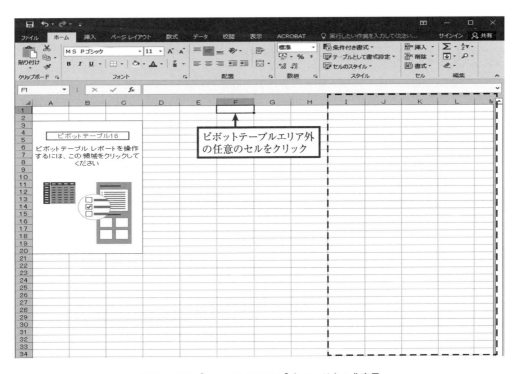

図8−12 [フィールドリスト]ウィンドウの非表示

解説:「ピボットテーブルのフィールドリスト」を，間違って ✕ を押して閉じてしまった場合，以下の手順で再び復活させることができる。

①ピボットエリア内を選択クリック ⇨ ②ピボットテーブルツール[分析]タブをクリック ⇨ ③[表示]グループの[フィールドリスト]ボタンをクリック ⇨ ④[ピボットテーブルのフィールドリスト]が表示される。

図8−13 [フィールドリスト]ボタン

手順5
①「ピボットテーブルのフィールドリスト」の[フィールドセクション]から[Q10性別]を「行」エリアにドラッグ ⇨ ②「行」エリアに[Q10性別]が追加される ⇨ ③ピボットテーブルの[行ラベル]フィールドに[Q10性別]フィールドのアイテムが表示される ⇨ ④[フィールドセクション]の[Q7食事の前後にあいさつするか]を「列」エリアまでドラッグ ⇨ ⑤「列」エリアに[Q7食事の前後にあいさつするか]が追加される ⇨ ⑥[列ラベル]フィールドに[Q7食事の前後にあいさつするか]フィールドのアイテムが表示される。

解説:アイテムとは，フィールド内に入力されている個々のデータのこと

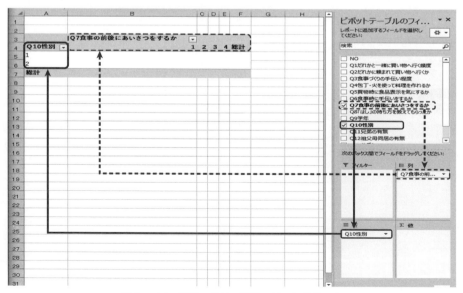

図8−14 「行」エリア，「列」エリアにドラッグ

手順6 ①[フィールドセクション]の[NO]を「値」エリアにドラッグ ⇨ ②「値」エリアに[合計/NO]が追加される。

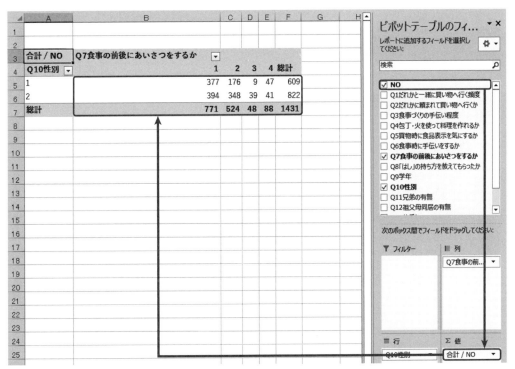

図8－15　[NO]をレイアウトセクションの「値」エリアにドラッグ

解説：「値」エリアに数値データをドラッグすると，自動的に合計されてしまう。このままでは，NOが合計されてしまう。ここでは人数を知りたいので，「値」フィールドの設定を「データの個数」に変更する。

手順7　①[ピボットテーブル]ツールの[分析]タブをクリック ⇨ ②[合計/NO]のセルを選択 ⇨ ③[アクティブなフィールド]グループの[フィールドの設定]ボタンを選択クリック ⇨ ④[値フィールドの設定]ダイアログボックスが表示される。

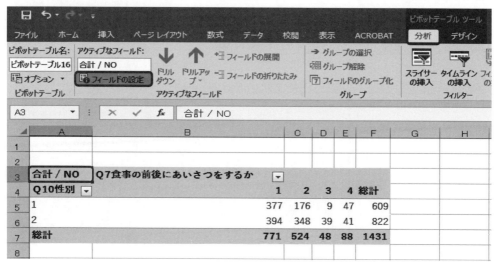

図8－16　[フィールドの設定]ボタンを選択

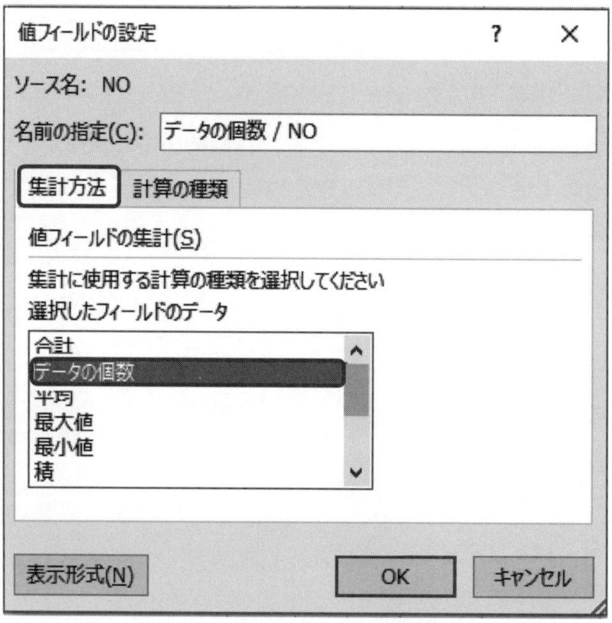

図8－17　値フィールドの設定

8章 データ集計とピボットテーブル

手順8　①[集計方法]タブをクリック ⇨ ②[値フィールドの集計(S)]の[データの個数]を選択 ⇨ ③[OK]ボタンをクリック ⇨ ④[値]エリアが[NO]の合計からデータの個数(人数)に変更される。

データの個数 / NO	Q7食事の前後にあいさつをするか				
Q10性別	1	2	3	4	総計
1	15	8	1	2	26
2	13	11	2	1	27
総計	28	19	3	3	53

図8-18　データの個数に変更

解説1：図8-18から，Q10性別「1」(男子)で，食事の前後に挨拶するか「1」(いつもしている)が15人，などの集計結果が出た。このように行と列の項目を組合せて，そのデータの個数や割合を集計した表を「クロス集計表」という。

データの個数 / NO	Q7食事の前後にあいさつするか				
Q10性別	1.いつもしている	2.たまにしている	3.めったにしない	4.まったくしない	総計
1男子	15	8	1	2	26
2女子	13	11	2	1	27
総計	28	19	3	3	53

図8-19　課題Aの完成集計表

行(男子，女子)や列(いつもしている，たまにしている，めったにしない，全くしない)のカテゴリー名は「食行動アンケート調査」をみてピボットテーブルに入力しておくとよい。

解説2：ピボットテーブルは，レイアウトセクションのフィールドをクリアすることによって，何回でも異なる集計に使うことができる。

手順9　①[ピボットテーブル]ツールの[分析]タブをクリック ⇨ ②[アクション]グループの[クリア▼]ボタンをクリック ⇨ ③[すべてクリア(C)]をクリック ⇨ ④ピボットテーブルの[レイアウトセクション]と[フィールドセクション]がクリアされる。

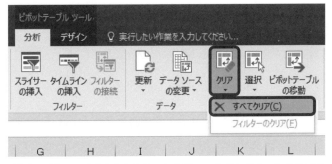

図8-20　レイアウトセクションとフィールドセクションのクリア

8-3　ダミー文字データの作成

解説：「データの個数」を求める場合，「数値データ」を入れるとそのつど「値フィールドの設定」が必要となる。ところが「文字データ」を入れると「データの個数」が集計される。したがって，あらかじめデータの個数を求めるためのダミーデータを作成しておくと便利である。

また，「文字データ」を使うこともできるが，生データは欠損値（空白セル）が含まれていることがある。欠損値があると正しく「データの個数」が集計されない。そのためにも欠損値のないダミー文字データを作成しておくとよい。

手順1　①[アンケート調査の結果テーブル]シートを選択 ⇨ ②[B列]を選択 ⇨ ③[ホーム]タブクリック ⇨ ④[セル]グループの[挿入▼]ボタンを選択クリック ⇨ ⑤[シートの列を挿入(C)]をクリック ⇨ ⑥B列が挿入される。

手順2　①セル[B1]にフィールド名を「"ダミー"」と入力 ⇨ ②セル[B2]に「"a"」と入力 ⇨ ③セル[B2]の外枠右下のハンドル■をダブルクリックしてすべての行に["a"]をコピーする。

	A	B	C	D	E	F	G	H	I	J	K	L	M	N	O
			Q1 だれかと一緒に買い物へ行く頻度	Q2 だれかに頼まれて買い物へ行くか	Q3 食事づくりの手伝い程度	Q4 包丁・火を使って料理を作れるか	Q5 買物時に食品表示を気にするか	Q6 食事時に手伝いをするか	Q7 食事の前後にあいさつするか	Q8 「はし」の持ち方を教えてもらったか	Q9 学年	Q10 性別	Q11 兄弟の有無	Q12 祖父母同居の有無	Q13 体重kg
1	NO	ダミー													
2	1	a	5	2	1	1	3	4	1	2	1	1	1	2	37.6
3	2	a	4	2	5	3	1	1	4	2	1	1	1	2	27.4
4	3	a	2	5	4	2	1	4	2	1	1	1	1	1	34.8
5	4	a	2	4	4	1	2	2	3	1	1	2	1	1	33.4
6	5	a	2	1	2	1	2	1	1	2	1	1	1	2	32.6
7	6	a	2	4	2	1	3	1	2	2	1	1	2	2	26.0
8	7	a	2	4	2	1	1	1	1	1	1	2	1	1	35.0
9	8	a	1	2	2	1	1	1	1	1	1	1	1	1	26.0
10	9	a	1	4	2	1	2	3	3	2	1	1	1	1	30.4
11	10	a	1	5	2	2	1	1	1	1	1	2	1	1	32.4
12	11	a	2	2	4	1	2	3	2	2	1	1	1	1	31.4
13	12	a	5	5	2	1	1	1	1	1	1	1	1	2	37.0
14	13	a	4	5	3	1	3	3	1	2	1	2	1	1	29.8
15	14	a	1	2	1	1	1	1	1	1	1	2	1	1	52.8
16	15	a	2	3	5	1	1	3	1	1	1	1	1	1	24.6

図 8-21　文字ダミーデータの作成

解説：フィールド名は他のフィールド名と重複しないようにする。文字データは文字であれば任意である。

8章 データ集計とピボットテーブル

手順3　①[ピボットテーブル]シートを選択 ⇨ ②ピボットテーブルツールの[分析]タブをクリック ⇨ ③[データ]グループの[更新▼]ボタンをクリック ⇨ ④[更新(R)]をクリック ⇨ ⑤[フィールドセクション]に"ダミー"が追加された。

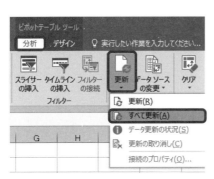
図8－22　データの更新

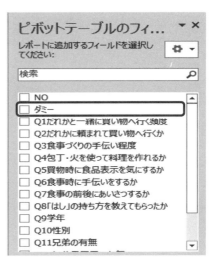
図8－23　「ダミー」の追加

解説：元のデータを修正した場合は必ず更新が必要である。
　　　一度ピボットテーブルを作成してから列を追加する場合，集計元データがテーブルの場合と通常の表の場合とでは異なる。
　　　テーブルの場合は，[更新]の操作を行うだけで簡単に反映できる。
　　　表の場合は，先頭列の前または最終列の後ろに追加しても更新されない。挿入列は先頭列と最終列の間に挿入する。

課題A－③：「アンケート調査の結果」テーブルをもとに，図8－19に示すピボットテーブルを作成する。「行」エリアに「Q10性別」，「列」エリアに「Q7食事の前後にあいさつするか」を配置して該当人数の集計を，ダミー文字列を使って集計しなさい。

手順1　①[フィールドセクション]の[Q10性別]を「行」エリアにドラッグ ⇨ ②[行ラベル]フィールドに[Q10性別]が追加される ⇨ ③[フィールドセクション]の[Q7食事の前後にあいさつするか]を「列」エリアにドラッグ ⇨ ④[列ラベル]フィールドに[Q7食事の前後にあいさつするか]が追加される。

手順2　①[フィールドセクション]の[ダミー]を「値」エリアにドラッグ ⇨ ②[列ラベル]フィールドに[ダミー]が追加される ⇨ ③「値」エリアに人数の合計が表示される。

手順3 ①行のカテゴリー名をセル〔A5〕とセル〔A6〕に入力 ⇨ ②列のカテゴリー名をセル〔B4〕からセル〔E4〕に入力する ⇨ ③列幅を狭くして表を整える。

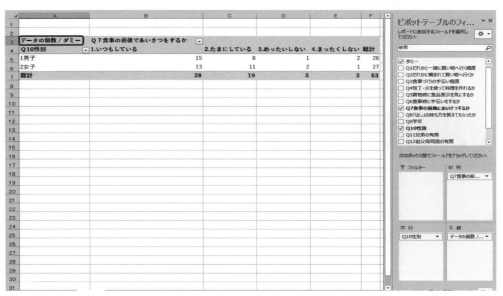

図8−24　ダミー文字列を使って集計

解説：このようにダミーデータを一度作成しておくと，3回のドラッグ作業で，クロス集計ができる。

8-4 計算の種類の変更

課題B:「Q10性別」「Q7食事の前後にあいさつするか」別の該当人数を％表記に変更しなさい。

手順1 ①[ピボットテーブル]ツールの[分析]タブをクリック ⇨ ②[データの個数/ダミー]のセルをクリック ⇨ ③[アクティブなフィールド]グループの[フィールドの設定]ボタンをクリック ⇨ ④[値フィールドの設定]ダイアログボックスが表示される。

図8-25 「値フィールドの設定」ダイアログボックスの表示

手順2 ①[計算の種類]タブをクリック ⇨ ②[計算の種類(A)]の[行集計に対する比率▼]を選択 ⇨ ③[表示形式(N)]ボタンをクリック ⇨ ④[セルの書式設定]ダイアログボックスが表示される。

手順3 ①[分類(C)]の[パーセンテージ]をクリック ⇨ ②[小数点以下の桁数(D)]に[1]を入力 ⇨ ③[OK]ボタンをクリック ⇨ ④[値フィールドの設定]ダイアログボックスが再表示される ⇨ ⑤[OK]ボタンをクリック ⇨ ⑥値が[データ数]から[％]表記に変更される。

データの個数/ダミー	Q7食事の前後であいさつをするか				
Q10性別	1.いつもしている	2.たまにしている	3.めったいしない	4.まったくしない	総計
1男子	57.7%	30.8%	3.8%	7.7%	100.0%
2女子	48.1%	40.7%	7.4%	3.7%	100.0%
総計	52.8%	35.8%	5.7%	5.7%	100.0%

図8-26 「データ数」から「％」表記に変更

解説：目的に応じて計算の種類を使い分ける。

計算の種類	説　明
計算なし	集計方法で指定した計算結果をそのまま表示（初期設定）
総計に対する比率	総合計を100％とした比率を表示
列集計に対する比率	各列の総計をそれぞれ100％として，各列ごとに比率を表示
行集計に対する比率	各行の総計をそれぞれ100％として，各行ごとに比率を表示
基準値に対する比率	［基準フィールド］の［基準アイテム］で指定した値100％として，比率を表示
親行集計に対する比率	（アイテムの値）/（行の親アイテムの値）としての値。
親列集計に対する比率	（アイテムの値）/（列の親アイテムの値）としての値。
親集計に対する比率	（アイテムの値）/（選択された［基準フィールド］の親アイテムの値）としての値。
基準値との差分	［基準フィールド］の［基準アイテム］の値との差分を表示
基準値に対する比率の差	［基準フィールド］の［基準アイテム］の値に対する差分の比率として表示
累計	［基準フィールド］内の連続するアイテムの値の累計を表示
比率の累計	［基準フィールド］の連続するアイテムについて計算され，累計が比率として表示
昇順での順位	フィールドの値の小さい順の順位を表示
降順での順位	フィールドの値の大きい順の順位を表示
指数（インデックス）	（（セルの値）×（総計））/（（行の総計）×（列の総計））としての値。

8章 データ集計とピボットテーブル

課題C:「Q10性別」「Q7食事の前後にあいさつするか」別の該当人数と%を並べて表示しなさい。

解説:数の集計では,結果を分かりやすくするために,数とともにその割合(%)を示すことが重要である。

手順1 ①フィールドリストをクリア ⇨ ②[Q10性別]を行ラベルボックスにドラッグ ⇨ ③[Q7食事の前後にあいさつするか]を[列ラベル]ボックスにドラッグ ⇨ ④[ダミー]を「値」ボックスにドラッグ ⇨ ⑤もう1つ[ダミー]を「値」ボックスにドラッグ ⇨ ⑥データの個数が二重に集計される。

解説:「値」エリアに「データの個数/ダミー2」が追加される。「列ラベル」エリアにΣ値が追加される。また,2つ目の集計フィールド名は「データの個数/ダミー2」となる。

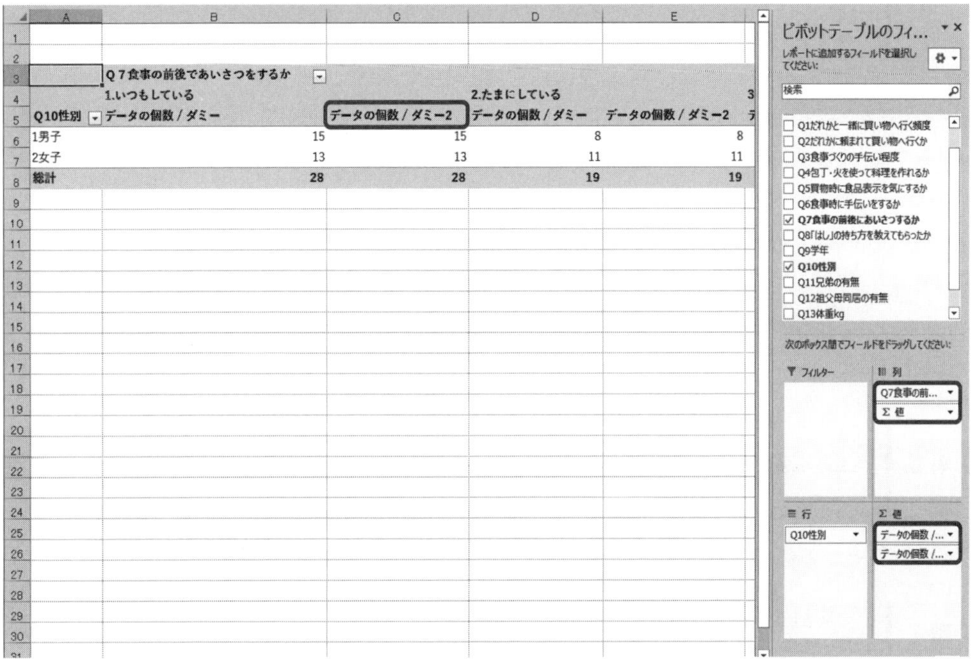

図8−27 データ個数/ダミー2の追加

手順2 ①「列」エリアのΣ値を「行」エリアにドラッグ ⇨ ②集計結果が縦に移動される。

Q10性別	Q7食事の前後であいさつをするか				
	1.いつもしている	2.たまにしている	3.めったにしない	4.まったくしない	総計
1男子					
データの個数/ダミー	15	8	1	2	26
データの個数/ダミー2	15	8	1	2	26
2女子					
データの個数/ダミー	13	11	2	1	27
データの個数/ダミー2	13	11	2	1	27
全体のデータの個数/ダミー	28	19	3	3	53
全体のデータの個数/ダミー2	28	19	3	3	53

図8−28 集計結果を縦に移動

| 手順3 | ①[ピボットテーブル]ツールの[分析]タブをクリック ⇨ ②セル〔データの個数/ダミー2〕をクリック ⇨ ③[アクティブなフィールド]グループの[フィールドの設定]ボタンをクリック ⇨ ④[値フィールドの設定]ダイアログボックスが表示される。 |

| 手順4 | ①[計算の種類]タブをクリック ⇨ ②[計算の種類(A)]の[行集計に対する比率]を選択 ⇨ ③[表示形式(N)]ボタンをクリック ⇨ ④[セルの書式設定]ダイアログボックスが表示される。 |

| 手順5 | ①[分類(C)]の[パーセンテージ]をクリック ⇨ ②[小数点以下の桁数(D)]に[1]を入力 ⇨ ③[OK]ボタンをクリック ⇨ ④[値フィールドの設定]ダイアログボックスが再表示される ⇨ ⑤[OK]ボタンをクリック ⇨ ⑥値が「データ数」から「%」に変更される。 |

	Q7食事の前後であいさつをするか				
Q10性別	1.いつもしている	2.たまにしている	3.めったいしない	4.まったくしない	総計
1男子					
データの個数/ダミー	15	8	1	2	26
データの個数/ダミー2	57.7%	30.8%	3.8%	7.7%	100.0%
2女子					
データの個数/ダミー	13	11	2	1	27
データの個数/ダミー2	48.1%	40.7%	7.4%	3.7%	100.0%
全体のデータの個数/ダミー	28	19	3	3	53
全体のデータの個数/ダミー2	52.8%	35.8%	5.7%	5.7%	100.0%

図8-29 データ数が「%」に変更

| 手順6 | ①セル〔B5〕をクリック ⇨ ②「人数」と入力 ⇨ ③[Enter]キーを押す ⇨ ④セル〔B6〕をクリック ⇨ ⑤「%」と入力 ⇨ [行ラベル]フィールドの詳細名が変更される ⇨ 列と行のカテゴリー名を入力して表を整える。 |

解説:1つのセルの値を変更すると,他の行も同時に変更される。

| 手順7 | ①B列とC列間にカーソルを合わせる ⇨ ②ダブルクリックする ⇨ ③B列の幅が自動調整される。 |

| 手順8 | ①ピボットテーブル内の任意のセルをクリック ⇨ ②[デザイン]タブをクリック ⇨ ③[ピボットテーブルスタイル]グループより,好みのデザインを選択しクリック ⇨ ④集計表の完成 |

	Q7食事の前後であいさつをするか				
Q10性別	1.いつもしている	2.たまにしている	3.めったいしない	4.まったくしない	総計
1男子					
人数	15	8	1	2	26
%	57.7%	30.8%	3.8%	7.7%	100.0%
2女子					
人数	13	11	2	1	27
%	48.1%	40.7%	7.4%	3.7%	100.0%
全体の 人数	28	19	3	3	53
全体の %	52.8%	35.8%	5.7%	5.7%	100.0%

図8-30 課題Cの集計表の完成

課題D:「Q10性別」「Q7食事の前後にあいさつするか」別,「Q12祖父母同居の有無」別の3次元クロス集計をしなさい。

手順1　①[フィールドセクション]の[Q12祖父母同居の有無]を[フィルター]エリアにドラッグ ⇨ ②[レポートフィルタフィールド]の[すべて▼]ボタンをクリック ⇨ ③[1](くらしている)を選択しクリック ⇨ ④[OK]をクリック ⇨ ⑤祖父母と同居している場合の集計が表示される。

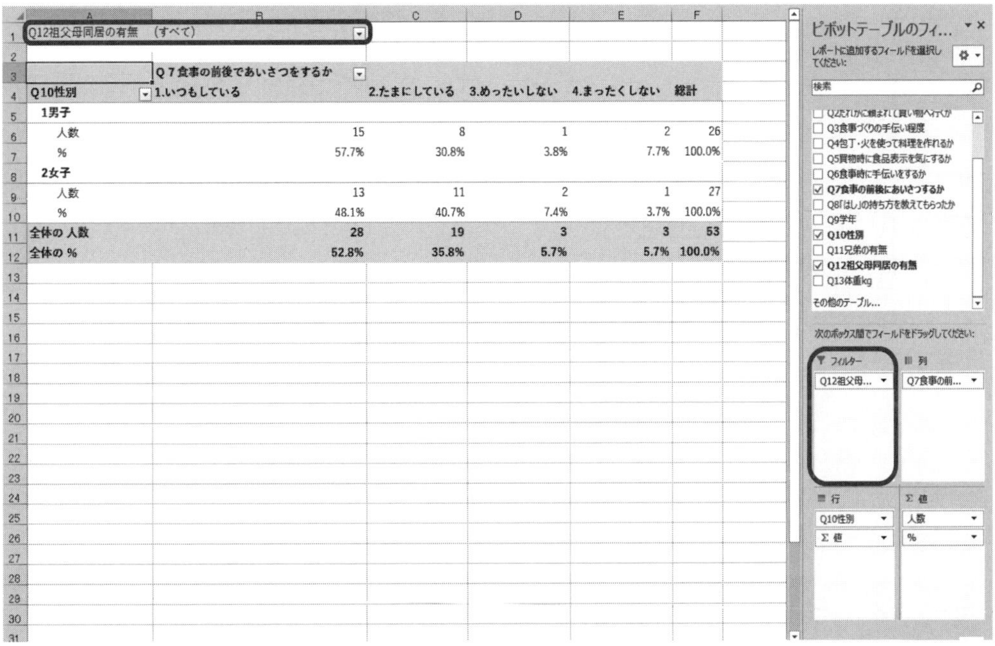

図8-31　祖父母の同居の有無別の集計

手順2　①セル[B1]の"1"を「くらしている」と入力 ⇨ ②[レポートフィルタフィールド]の[くらしている▼]ボタンをクリック ⇨ ③[2]「くらしていない」をクリック ⇨ ④[OK]をクリック ⇨ ⑤祖父母と同居していない場合の集計が表示される ⇨ ⑥セル[B1]の"2"を「くらしていない」と入力

図8-32　祖父母同居の場合の集計表

課題E：行を性別，列を学年別とし，体重の平均値の表を作成しなさい。

解説：ピボットテーブルでは，集計方法を選択することによって，データの数を集計するほかに，数値の合計，平均値，最大値，最小値などを求めることもできる。

手順1 ①[レイアウトセクション]をクリアする ⇨ ②[フィールドセクション]の[Q10性別]を「行」エリアにドラッグ ⇨ ③[行ラベル]フィールドに[Q10性別]が追加される ⇨ ④[フィールドセクション]の[Q9学年]を「列」エリアにドラッグ ⇨ ⑤[列ラベル]フィールドに[Q9学年]が追加される。

手順2 ①フィールドセクションの[Q13体重]を「値」エリアにドラッグ ⇨ ②「値」エリアに[合計/Q13体重kg]が追加される。

手順3 ①[ピボットテーブル]ツールの[分析]タブをクリック ⇨ ②[合計/Q13体重kg]のセルをクリック ⇨ ③[アクティブなフィールド]グループの[フィールドの設定]ボタンをクリック ⇨ ④[値フィールドの設定]ダイアログボックスが表示される。

手順4 ①[集計方法]タブをクリック ⇨ ②[値フィールドの集計(S)]の[平均]をクリック ⇨ ③[表示形式(N)]ボタンをクリック ⇨ ④[セルの書式設定]ダイアログボックスが表示される。

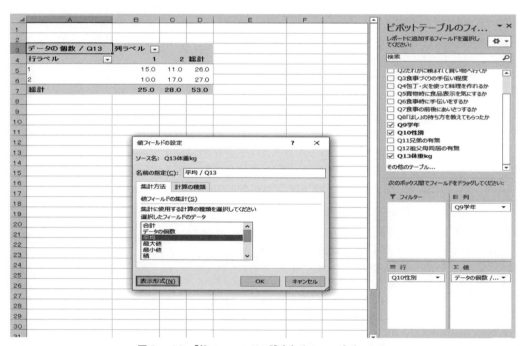

図8－33 「値フィールドの設定」ダイアログボックス

8章　データ集計とピボットテーブル

手順5　①[分類]の[数値(C)]をクリック ⇨ ②[小数点以下の桁数(D)]に[1]を選択しクリック ⇨ ③[OK]ボタンをクリック ⇨ ④[値フィールドの設定]ダイアログボックスが再表示される ⇨ ⑤[OK]ボタンをクリック⇒⑥値が「合計」から「平均値」に変更され，平均値が小数点以下1となる。

平均／体重	Q9学年		
Q10性別	5年生	6年生	総計
1男子	31.5	32.9	32.1
2女子	34.2	29.5	31.2
総計	32.6	30.8	31.6

図8-34　課題Eの完成表

8-5　項目の変更と数値のグループ化

解説：フィールドの一部を削除して、その他のフィールドを残しておくと、表の形式を統一して集計することができる。すなわち、フィールド「項目」を入れ替えるだけで、項目を変えて同じ形式の集計表を作成できる。

課題F：行を体重、列を性別とし、学年別人数を集計しなさい。

手順1　①ピボットテーブルが開いているシートをクリック ⇨ ②「列」エリアの[Q9学年]を[フィルタ]エリアにドラッグして移動 ⇨ ③「行」エリアの[Q10性別]を「列」エリアにドラッグして移動 ⇨ ④「フィールドリスト」の[フィールドセクション]から[Q13体重kg]を「行」エリアにドラッグ ⇨ ⑤「ピボットテーブルのフィールドリスト」の[フィールドセクション]から[ダミー]を「値」エリアにドラッグ

手順2　①[値]エリアの[平均／Q13▼]をクリック ⇨ ②一覧から[フィールドの削除]をクリック（図8-35）。

解説：フィールドを削除するには、他に、エリア外にドラッグする、フィールドセクション上でフィールド名の先頭にあるチェックを外すという方法もある。

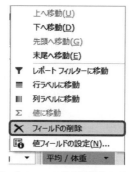

図8-35　「フィールドの削除」のダイアログボックス

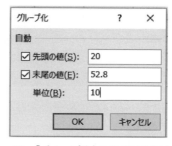

図8-36　「グループ化」のダイアログボックス

手順3　①セル[A5]をクリック ⇨ ②ピボットテーブル[分析]タブをクリック ⇨ ③[グループ]グループの[グループ選択]ボタンをクリック ⇨ ④[グループ化]ダイアログボックスが表示される（図8-36）。

手順4　①先頭の値（最小値が表示されている）に階級の最小[25]を入力 ⇨ ②末尾の値（最大値が表示されている）に階級の最大[55]を入力 ⇨ ③[単位]を5kgずつの区分にして[5]を入力 ⇨ ④[OK]をクリック ⇨ ⑤体重を分類した表が完成する。

図8-37 課題Fの完成表

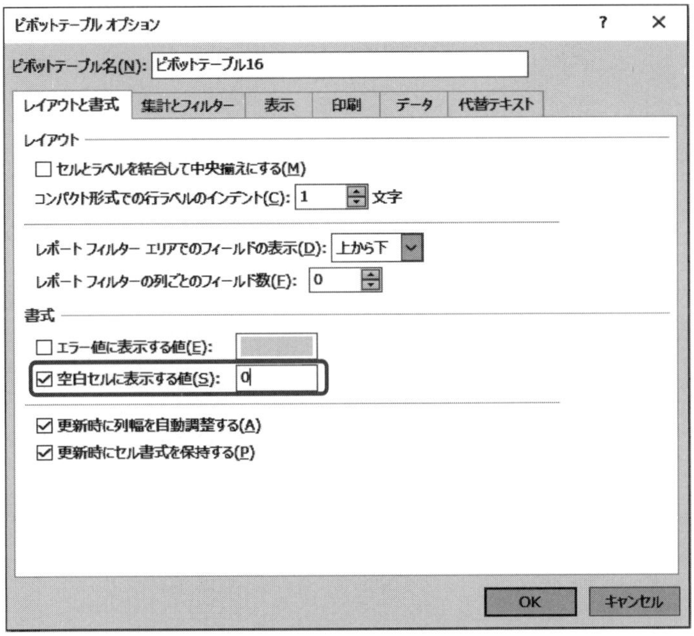

	A	B	C	D
1	Q9学年	(すべて)		
2				
3	データの個数 / ダミー	Q10性別		
4	Q13体重kg	1男子	2女子	総計
5	<25	5	6	11
6	25-30	6	6	12
7	30-35	8	6	14
8	35-40	4	3	7
9	40-45	1	5	6
10	45-50	1	0	1
11	50-55	1	1	2
12	総計	26	27	53

図8-38 ピボットテーブルオプションの設定

解説：初期状態では集計対象のデータがない場合，その集計値は空白セルとなる。これを「0」で表示したい場合は，①[ピボットテーブルオプション]画面の[レイアウトと書式]タブをクリック ⇨ ②[空白セルに表示する値]をチェック ⇨ ③[0]を指定する。

📖 参考：

　　図8-37で最小の階級は「＜25」となっており，この階級には25kg未満がすべて入る。また次の階級25-30は，25kg以上30kg未満が入る。25kgの人はこの階級に入り，30kgの人は次の階級に入る。すなわち「未満」は，「その値を含まず，その値より小」という意味であり，「以上」は「その値に等しいか，またはその値を超える」という意味である。

8-6　ピボットテーブルのコピー

解説：ピボットテーブルでは，別の集計を行うと前の集計結果は消えてしまう。そこで，集計結果を別のシートにコピーして，集計結果を残す。この方法ですべての集計結果をまとめることができる。

課題G：「Q10 性別」「Q7 食事の前後にあいさつするか」別，「Q12 祖父母同居の有無」別の3次元クロス集計をし，別のシートに貼り付けなさい。

手順1　①課題Dで作成したピボットテーブルを使用 ⇨ ②[レポートフィルターフィールド]の[Q12 祖父母同居の有無]の[すべて]を選択 ⇨ ③[OK]ボタンをクリック

手順2　①ピボットテーブルツールの[分析]タブをクリック ⇨ ②[アクション]グループの[選択▼]ボタンをクリック ⇨ ③[ピボットテーブル全体(T)]をクリック ⇨ ④ピボットテーブル全体が選択される。

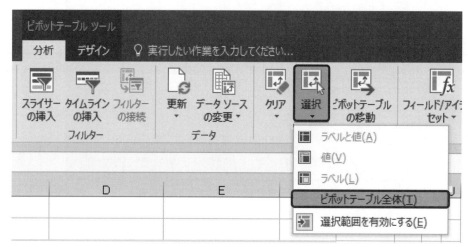

図8－39　ピボットテーブル全体の選択

8章 データ集計とピボットテーブル

手順3　①選択されているセルの上で右クリック ⇨ ②[コピー(C)]をクリック ⇨ ③ピボットテーブル全体がクリップボードにコピーされた ⇨ ④別のシートを選択

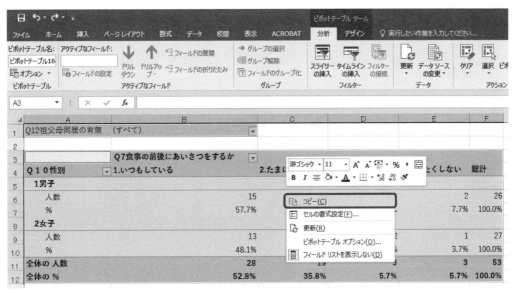

図8−40　ピボットテーブルのコピー

手順4　①セルを選択 ⇨ ②右クリック ⇨ ③[形式を選択して貼り付け(S)]をクリック ⇨ ④[形式を選択して貼り付け]ダイアログボックスが表示される ⇨ ⑤[貼り付け]の[値と数値の書式(U)]をクリック ⇨ ⑥[OK]ボタンをクリック

図8−41　貼り付け項目の選択

手順5 ①以下同様に[くらしている]の結果をコピーし，[すべて]の結果を貼り付けたシートと同じシートに貼り付ける ⇨ ②[くらしていない]の結果をコピーし，同じシートに貼り付ける ⇨ ③3次元クロス集計が貼り付けられる ⇨ ④[ホーム]タブの[罫線]ボタンや[セルのスタイル]ボタンで表を整える。

	A	B	C	D	E	F
1	Q12祖父母同居の有無	(すべて)				
2						
3		Q7食事の前後にあいさつをするか				
4	Q10性別	1.いつもしている	2.たまにしている	3.めったにしない	4.まったくしない	総計
5	1男子					
6	人数	15	8	1	2	26
7	％	57.7%	30.8%	3.8%	7.7%	100.0%
8	2女子					
9	人数	13	11	2	1	27
10	％	48.1%	40.7%	7.4%	3.7%	100.0%
11	全体の 人数	28	19	3	3	53
12	全体の ％	52.8%	35.8%	5.7%	5.7%	100.0%
13						
14	Q12祖父母同居の有無	1くらしている				
15						
16		Q7食事の前後にあいさつをするか				
17	Q10性別	1.いつもしている	2.たまにしている	3.めったにしない	4.まったくしない	総計
18	1男子					
19	人数	8	5	0	1	14
20	％	57.1%	35.7%	0.0%	7.1%	100.0%
21	2女子					
22	人数	7	4	1	0	12
23	％	58.3%	33.3%	8.3%	0.0%	100.0%
24	全体の 人数	15	9	1	1	26
25	全体の ％	57.7%	34.6%	3.8%	3.8%	100.0%
26						
27	Q12祖父母同居の有無	2くらしていない				
28						
29		Q7食事の前後にあいさつをするか				
30	Q10性別	1.いつもしている	2.たまにしている	3.めったにしない	4.まったくしない	総計
31	1男子					
32	人数	7	3	1	1	12
33	％	58.3%	25.0%	8.3%	8.3%	100.0%
34	2女子					
35	人数	6	7	1	1	15
36	％	40.0%	46.7%	6.7%	6.7%	100.0%
37	全体の 人数	13	10	2	2	27
38	全体の ％	48.1%	37.0%	7.4%	7.4%	100.0%

図8－42　課題Gの完成表

III パワーユーザー編

9章　検索／行列関数と日付／時刻関数

9−1　INDEX 関数

(1) 作成するシートの確認

> **例題**　第4章の BMI 判定の表4−1を用いて，課題A～Dをやってみましょう。
> なお，体脂肪率と BMI 判定の組合せから，下記ボディータイプを使用します。

課題A：BMI の列の右に1列挿入し，フィールド名を「BMI 区分」としなさい。
　　　　上端の数値(20, 25)で BMI 区分(1, 2, 3)を判定する式を入力しなさい。

課題B：体脂肪率の列の右に1列挿入し，フィールド名を「体脂肪率区分」としなさい。左端の数値(30, 20)で体脂肪率区分(1, 2, 3)を判定する式を入力しなさい。

課題C：BMI 区分の列の右に1列挿入し，フィールド名を「ボディータイプ」としなさい。

課題D：ボディータイプの表を作成し，INDEX 関数を利用してボディータイプを判定しなさい。判定は「やせ型スリムタイプ」，「健康タイプ」など言葉で表示しなさい。

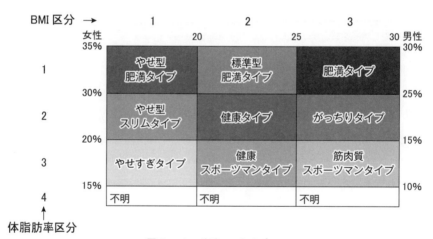

図9−1　ボディータイプ

(2) INDEX 関数の入力

解説：検索/行列関数は，表の中から検索条件と一致するセルの値やセルの位置を返す関数である。基本的にはどの関数も，必ず検索範囲と検索値を引数に指定する。
　　　　INDEX 関数は，= INDEX（範囲，行番号，列番号）の書式で，行番号と列番号が交差する位置のセルの値を返す。行番号と列番号は，指定したセル範囲の上端行と左端列の番号を1として順に数えた数値を指定する。

9章 検索／行列関数と日付／時刻関数

課題A：BMI区分を判定する式を入力しなさい。

手順1　①G列を選択 ➡ ②[ホーム]タブの[セル]グループの[挿入▼]ボタンをクリック ➡ ③[シートの列を挿入(C)]を選択クリック

手順2　①セル[G2]をクリック ➡ ②「BMI区分」と入力 ➡ ③セル[G3]をクリック ➡ ④[数式]タブクリック ➡ ⑤[関数ライブラリ]グループの[関数の挿入]ボタン *fx* をクリック ➡ ⑥[関数の挿入]ダイアログボックスが表示される。

手順3　①[関数の分類(C)▼]の▼をクリックして，一覧から[論理]を選択 ➡ ②[関数名(N)]の一覧から[IF]を選択 ➡ ③[OK]ボタンをクリック

手順4　①[関数の引数]ダイアログボックスが表示される ➡ ②[論理式]に「F3<20」と入力 ➡ ③[真の場合]に「1」を入力 ➡ ④[偽の場合]のテキストボックスをクリック ➡ ⑤[名前ボックス]の▼をクリックし[IF]を選択されていることを確認してボックスをクリック

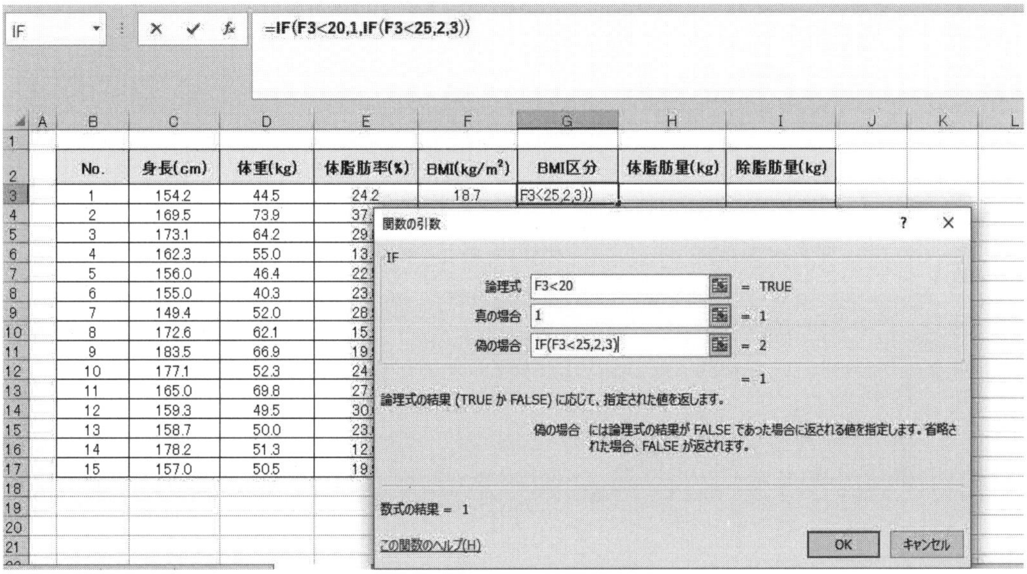

図9－2　BMI区分の入力画面

┉┉┉ダウンロード

手順5　①[関数の引数]ダイアログボックスが表示される ➡ ②[論理式]に「F3<25」と入力 ➡ ③[真の場合]に「2」を入力 ➡ ④[偽の場合]に「3」を入力 ➡ [OK]ボタンをクリック ➡ ⑤セル[G3]をセル[G4：G17]までコピー ➡ ⑥BMI区分が入力される。

課題B：体脂肪率区分を判定する式を入力しなさい。

手順 ①BMI区分と同様の手順で［体脂肪率区分］を判定（体脂肪率区分は上から1，2，3となることに注意）

F3 セル: `=IF(E3>=30,1,IF(E3>=20,2,3))`

No.	身長(cm)	体重(kg)	体脂肪率(%)	体脂肪率区分	BMI(kg/m²)	BMI区分	体脂肪量(kg)	除脂肪量(kg)
1	154.2	44.5	24.2	2	18.7	1		
2	169.5	73.9	37.4	1	25.7	3		
3	173.1	64.2	29.8	2	21.4	2		
4	162.3	55.0	13.4	3	20.9	2		
5	156.0	46.4	22.5	2	19.1	1		
6	155.0	40.3	23.8	2	16.8	1		
7	149.4	52.0	28.9	2	23.3	2		
8	172.6	62.1	15.2	3	20.8	2		
9	183.5	66.9	19.9	3	19.9	1		
10	177.1	52.3	24.5	2	16.7	1		
11	165.0	69.8	27.9	2	25.6	3		
12	159.3	49.5	30.0	1	19.5	1		
13	158.7	50.0	23.6	2	19.9	1		
14	178.2	51.3	12.0	3	16.2	1		
15	157.0	50.5	19.9	3	20.5	2		

図9－3　体脂肪率区分

課題C：BMI区分の列の右に1列挿入し，フィールド名を「ボディータイプ」としなさい。

手順1 ①I列を選択 ⇨ ②［ホーム］タブの［セル］グループの［挿入▼］ボタンをクリック ⇨［シートの列を挿入(C)］をクリック

手順2 ①セル〔I2〕をクリック ⇨ ②「ボディータイプ」と入力

No.	身長(cm)	体重(kg)	体脂肪率(%)	体脂肪率区分	BMI(kg/m²)	BMI区分	ボディータイプ	体脂肪量(kg)	除脂肪量(kg)
1	154.2	44.5	24.2	2	18.7	1			
2	169.5	73.9	37.4	1	25.7	3			
3	173.1	64.2	29.8	2	21.4	2			
4	162.3	55.0	13.4	3	20.9	2			
5	156.0	46.4	22.5	2	19.1	1			
6	155.0	40.3	23.8	2	16.8	1			
7	149.4	52.0	28.9	2	23.3	2			
8	172.6	62.1	15.2	3	20.8	2			
9	183.5	66.9	19.9	3	19.9	1			
10	177.1	52.3	24.5	2	16.7	1			
11	165.0	69.8	27.9	2	25.6	3			
12	159.3	49.5	30.0	1	19.5	1			
13	158.7	50.0	23.6	2	19.9	1			
14	178.2	51.3	12.0	3	16.2	1			
15	157.0	50.5	19.9	3	20.5	2			

図9－4　列の挿入

9章 検索／行列関数と日付／時刻関数

課題D：ボディータイプの表を作成し，INDEX関数を利用して，判定を「やせ型スリムタイプ」，「健康タイプ」など言葉で表示しなさい。

M	N	O	P
ボディータイプ			
	1	2	3
1	やせ型肥満タイプ	標準型肥満タイプ	肥満タイプ
2	やせ型スリムタイプ	健康タイプ	がっちりタイプ
3	やせすぎタイプ	健康スポーツマンタイプ	筋肉質スポーツマンタイプ

図9-5　ボディータイプの表

手順1　①M列からボディータイプの表を作成する ⇨ ②セル〔I3〕をクリック ⇨ ③［数式］タブクリック ⇨ ④［関数ライブラリ］グループの〔関数の挿入〕ボタン ⇨ をクリック ⇨ ⑥［関数の挿入］ダイアログボックスが表示される。

手順2　①［関数の分類(C)▼］の▼をクリックして，一覧から［検索/行列］をクリック ⇨ ②［関数名(N)］の一覧から［INDEX］を選択 ⇨ ③［OK］をボタンクリック

手順3　①［引数の選択］ダイアログボックスが表示される ⇨ ②［参照, 行番号, 列番号, 領域番号］を選択 ⇨ ［OK］ボタンをクリック

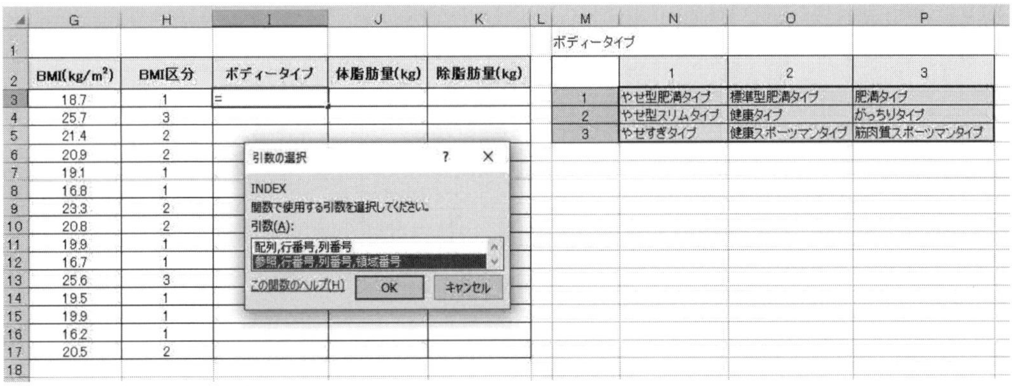

図9-6　引数の選択

手順4　①［関数の引数］ダイアログボックスが表示される ⇨ ②［参照］にボディータイプの表の範囲を絶対セル番地で「$N$3：$P$5」と入力 ⇨ ③［行番号］に「F3」と入力 ⇨ ④［列番号］に「H3」と入力 ⇨ ⑤［領域番号］は「1」を入力 ⇨ ⑥［OK］ボタンをクリック ⇨ ⑦セル〔I3〕にボディータイプが表示される ⇨ ⑦セル〔I3〕を〔I4：I17〕までコピー ⇨ ⑧ボディータイプが入力される。

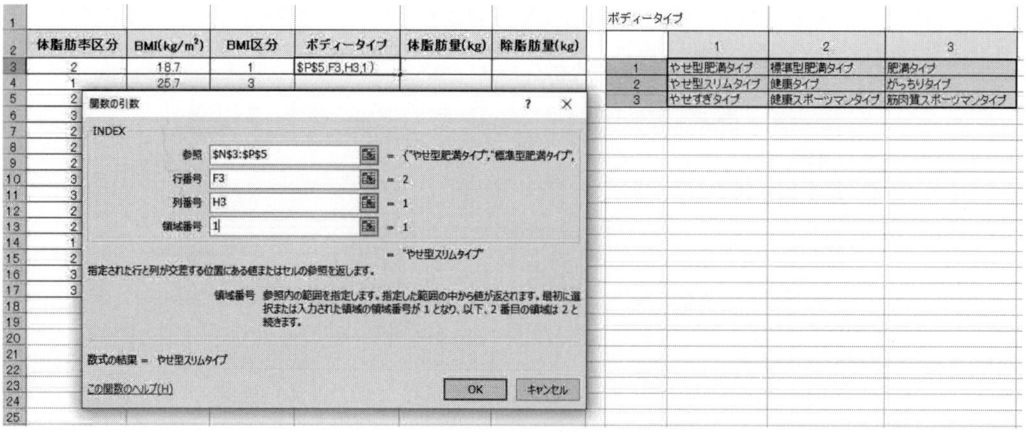

図9－7　ボディタイプの入力

No.	身長(cm)	体重(kg)	体脂肪率(%)	体脂肪率区分	BMI(kg/m²)	BMI区分	ボディータイプ	体脂肪量(kg)	除脂肪量(kg)
1	154.2	44.5	24.2	2	18.7	1	やせ型スリムタイプ		
2	169.5	73.9	37.4	1	25.7	3	肥満タイプ		
3	173.1	64.2	29.8	2	21.4	2	健康タイプ		
4	162.3	55.0	13.4	3	20.9	2	健康スポーツマンタイプ		
5	156.0	46.4	22.5	2	19.1	1	やせ型スリムタイプ		
6	155.0	40.3	23.8	2	16.8	1	やせ型スリムタイプ		
7	149.4	52.0	28.9	2	23.3	2	健康タイプ		
8	172.6	62.1	15.2	3	20.8	2	健康スポーツマンタイプ		
9	183.5	66.9	19.9	3	19.9	1	やせすぎタイプ		
10	177.1	52.3	24.5	2	16.7	1	やせ型スリムタイプ		
11	165.0	69.8	27.9	2	25.6	3	がっちりタイプ		
12	159.3	49.5	30.0	1	19.5	1	やせ型肥満タイプ		
13	158.7	50.0	23.6	2	19.9	1	やせ型スリムタイプ		
14	178.2	51.3	12.0	3	16.2	1	やせすぎタイプ		
15	157.0	50.5	19.9	3	20.5	2	健康スポーツマンタイプ		

図9－8　指定された数値順に並んだ画面

9-2　HLOOKUP 関数

(1) 作成するシートの確認

> 例題：下図は，日本人の食事摂取基準(2020年版)のカルシウムの推奨量(recommended dietary allowance：RDA)である。課題 A，B をやってみましょう。

	A	B	C	D	E	F	G	H	I	J	K	L	M
1													
2	カルシウム推奨量　mg　（日本人の食事摂取基準2020）												
3													
4			1～2	3～5	6～7	8～9	10～11	12～14	15～17	18～29	30～49	50～64	65～74	75～
5	年齢歳		1	3	6	8	10	12	15	18	30	50	65	75
6	男性：	1	450	600	600	650	700	1000	800	800	750	750	750	700
7	女性：	2	400	550	550	750	750	800	650	650	650	650	650	600

図 9 − 9　カルシウムの推奨量の表

･･･ダウンロード

> 課題A：性別，年齢別のカルシウムの推奨量の表を作成しなさい。
> 課題B：HLOOKUP 関数を用いて，性別と年齢を入力してカルシウムの推奨量を表示しなさい。

(2) HLOOKUP 関数の入力

解説：HLOOKUP 関数は範囲で指定した行の上端行を検索し，「検索値」と一致する値がある列と，行番号で指定した行とが交差する位置のセルの値を返す。
　　　検索する値が行方向に並んでいる場合に利用する。「検索値」をもとにした「検索方法」には，2 通りの指定方法がある。

① 0：「検索値」と一致する値を検索
② 0 以外：「検索値」と一致する値がない場合に，「検索値」未満の最大値を検索

課題A：性別，年齢別のカルシウムの推奨量の表を作成しなさい。

手順　①セル〔C5〕から〔M5〕の行方向に年齢の下限値を入力する ⇨ ②セル〔B6〕に「男性：1」，セル〔B7〕に「女性：2」と入力する ⇨ ③セル〔C6〕からセル〔M7〕に年齢別，性別のカルシウム推奨量を入力する ⇨ ④罫線を引いて表を整える。

解説：たとえば年齢が 20 歳の場合，上端行〔B5：M5〕に一致する値がないので，検索の型(2)を考える。20 歳は 30 未満であるが，上端行で 30 未満の最大値は 18 である。したがって，この列，すなわち J 列が選択される。参考までに 4 行目に年齢の幅を示した。

課題B：HLOOKUP関数を用いて，性別と年齢を入力してカルシウムの推奨量を表示しなさい．

手順1
①「性別」を入力するセル〔P4〕をつくる ⇨ ②「年齢」を入力するセル〔P5〕をつくる ⇨ ③「カルシウム」推奨量を表示するセル〔P7〕をつくる．

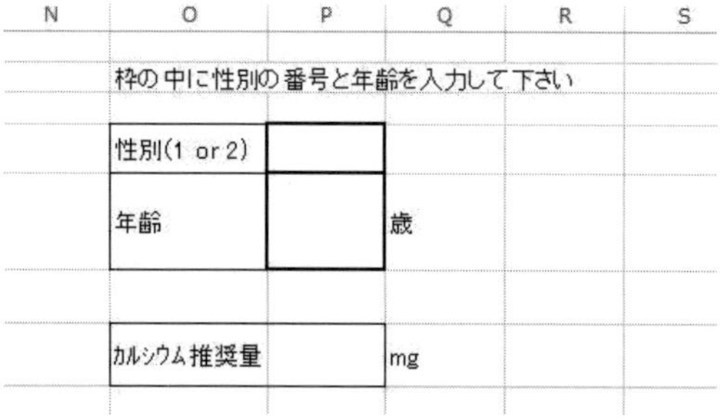

図9－10　カルシウム推奨量を表示する欄を作成

手順2
①セル〔P7〕をクリック ⇨ ②[数式]タブをクリック ⇨ ③[関数の挿入]ボタンをクリック ⇨ ④[関数の挿入]ダイアログが表示される ⇨ ⑤[関数の分類(C)]で[検索/行列]を選択クリック ⇨ ⑥[関数名(N)]の一覧から[HLOOKUP]を選択 ⇨ ⑦[OK]ボタンをクリック

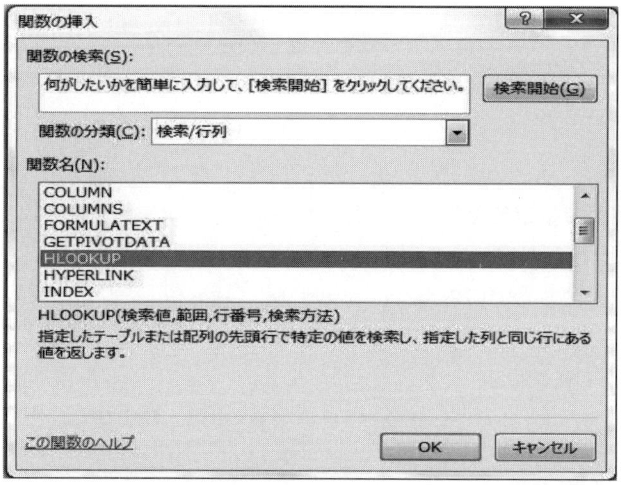

図9－11　「関数の挿入」ダイアログボックス

9章 検索／行列関数と日付／時刻関数

手順3 ①[関数の引数]ダイアログが表示される ⇨ ②[検索値]に[年齢]が入力されたセル番地〔P5〕を入力する ⇨ ③[範囲]をクリックして，カルシウム推奨量の表の範囲〔B5：M7〕を選択し，〔F4〕キーを押して絶対セル番地〔$B$5：$M$7〕にする ⇨ ④行番号に[性別]が入力されたセル番地〔P4〕に，表頭フィールド（上端行）を考慮して，1行を加えた「P4＋1」を入力する（男性の場合は2行目，女性の場合は3行目となる） ⇨ ⑤[検索方法]は，検索の型(2)なので，0以外の数値とする（ここでは1を入力することにする） ⇨ ⑥[OK]ボタンをクリックする ⇨ ⑦カルシウム推奨量が表示される。

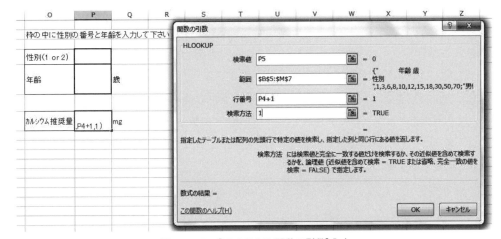

図9－12 ［HLOOKUP関数の引数］入力

手順4 このシートの名前を「HLOOKUP」に変更する。

9−3　VLOOKUP 関数

(1)　作成するシートの確認

例題：下図に示すカルシウムの食品テーブルと，カルシウム摂取量計算表を作成して，課題A～Eをやってみましょう。

課題A：カルシウムの食品テーブル(コード，食品名，可食部100g当たりのカルシウム量mg)とカルシウム摂取量計算表を作成しなさい。

課題B：このカルシウム摂取量計算表に食品コードを入力すると食品名が表示される数式を，「VLOOKUP 関数」を使って作成しなさい。

課題C：食品摂取重量(g)を入力すると，カルシウム摂取量と可食部100g当たりのカルシウム量mgが表示される計算式を，「VLOOKUP 関数」を使って作成しなさい。

課題D：総カルシウム摂取量を集計しなさい。

課題E：カルシウム摂取量を評価しなさい。

	A	B	C	D
1				
2		カルシウム食品テーブル		
3		コード	食品	mg／100g
4		1	プロセスチーズ	630
5		2	カマンベールチーズ	460
6		3	アイスクリーム(普通脂肪)	140
7		4	牛乳(低脂肪乳)	130
8		5	アイスクリーム(高脂肪)	130
9		6	ソフトクリーム	130
10		7	ヨーグルト(全脂/無糖)	120
11		8	牛乳(普通)	110
12		9	油揚げ	300
13		10	がんもどき	270
14		11	厚揚げ/生揚げ	240
15		12	豆腐(焼き)	150
16		13	豆腐(木綿)	120
17		14	おから	100
18		15	納豆	90
19		16	ゆば(生)	90
20		17	だいず(ゆで)	70
21		18	いんげん豆(ゆで)	60

図９－13　カルシウム食品テーブル

F	G	H	I	J
カルシウム摂取量計算表				
食品名	コード	摂取重量 g	カルシウム摂取量 mg	mg／100g
		合計		

図９－14　カルシウム摂取量計算表

⁂⁂ダウンロード

(2) VLOOKUP 関数の入力

解説：VLOOKUP 関数は，検索範囲の左端列を検索し，検索値と一致した値がある行と，列番号で指定した列とが交差する位置のセルの値を返す。検索する値が列方向に並んでいる場合に利用する。

「検索値」をもとにした「検索方法」には HLOOKUP 関数と同様に 2 通りの方法がある。

VLOOKUP 関数は，VLOOKUP（検索値，範囲，列番号，検索方法）の書式で，範囲には検索する表の範囲を指定する。

課題A：カルシウム食品テーブル（コード，食品名，可食部 100 g 当たりのカルシウム量 mg）とカルシウム摂取量計算表を作成しなさい。

手順1
①食品成分表でカルシウムの多い食品を調べ，食品群ごとに食品名と可食部 100 g 当たりのカルシウム量 mg を列方向に入力する ⇨ ②食品コードは 1 から昇順で［オートフィル］機能を使って入力する ⇨ ③フィールド名や罫線で表を整える。

解説：数式を利用して計算する場合は，セル参照がよく使われる。通常セル番地を利用して指定するが，セルやセル範囲に名前をつけて，その名前をセル番地の代わりに指定することができる。名前を付けたセルを数式で利用すれば，セル番地よりも数式の内容が分かりやすくなる。

セルに付ける名前には以下の制限がある。

① セル番地と同じ名前（A1，B2 など）は指定できない。
② 名前にスペースを使うことはできない。
③ 先頭の文字に数字を使うときは，最初にアンダーバー「 _ 」を入力する。
④ 名前に使用できる文字数は，半角で 255 文字まで。
⑤ 名前の大文字と小文字は区別されない。

手順2
①カルシウムの食品テーブルの範囲を選択（ここでは［B4：D103］⇨ ②［数式］タブをクリック ⇨ ③［定義された名前グループ］の［名前の管理（Ctrl + F3）］ボタンをクリック ⇨ ④［名前の管理］ダイアログボックスが開く ⇨ ⑤［新規作成（N）］ボタンをクリック ⇨ ⑥［新しい名前］ダイアログボックスが開く ⇨ ⑦［名前（N）］のテキストボックスに「カルシウム食品テーブル」と入力 ⇨ ⑧［範囲（S）］ブック，参照範囲が「シート名！」をつけて絶対セル番地で表示されている ⇨ ⑨［OK］ボタンをクリック ⇨ ⑩［名前の管理］ダイアログボックスに「カルシウム食品テーブル」の名前と範囲が登録されている ⇨ ⑪［閉じる］ボタンをクリック ⇨ ⑫名前ボックスに「カルシウム食品テーブル」の名前が表示されている。

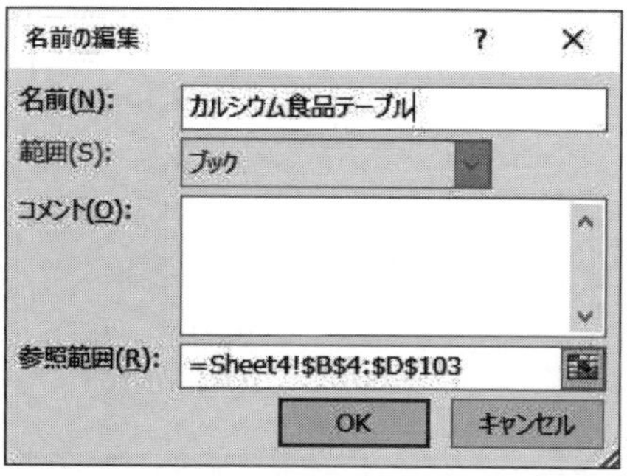

図9-15 [新しい名前]ダイアログボックス

手順3 ①セル〔F3〕からフィールド名を「食品名」,「コード」,「摂取重量 g」,「カルシウム摂取量 mg」,「mg/100g」と入力 ⇨ ②罫線で表を整える ⇨ ③摂取重量入力列の下部に「合計」と入力

課題B：このカルシウム摂取量計算表に食品コードを入力すると食品名が表示される数式を,「VLOOKUP 関数」を使って作成しなさい。

手順1 ①セル〔G4〕にカルシウム食品テーブルで設定したコード番号を入力 ⇨ ②セル〔H4〕に摂取重量を入力 ⇨ ③セル〔F4〕をクリック ⇨ ④[数式]タブをクリック ⇨ ⑤[関数の挿入]ボタンをクリック ⇨ ⑥[関数の挿入]ダイアログが表示される ⇨ ⑦[関数の分類(C)▼]で[論理]を選択クリック ⇨ ⑧[関数名(N)]の一覧から[IF]を選択 ⇨ ⑨[OK]ボタンをクリック

手順2 ①[関数の引数]ダイアログボックスが開く ⇨ ②[論理式]のテキストボックスに「G4 = ""」と入力する(セル〔G4〕に何も入力されていない)。 ⇨ ③[真の場合]のテキストボックスに「""」と入力(何も表示しない) ⇨ ④[偽の場合]のテキストボックスをクリック ⇨ ⑤[名前ボックス]の▼をクリック ⇨ ⑥[その他の関数]をクリック ⇨ ⑦[関数の挿入]ダイアログボックスから[関数の分類(C)▼]で[検索/行列]を選択 ⇨ ⑧[関数名(N)]の一覧からで[VLOOKUP]を選択 ⇨ ⑨[OK]ボタンをクリック

手順3 ①VLOOKUP 関数の[関数の引数]ダイアログボックスが表示される ⇨ ②[検索値]のテキストボックスにセル〔G4〕(コード入力のセル番地)と入力 ⇨ ③[範囲]のテキストボックスをクリック ⇨ ④〔F3〕キーを押す ⇨ ⑤[名前の貼り付け]ダイアログボックスが表示される ⇨ ⑥[カルシウム食品テーブル]を選択 ⇨ [OK]ボタンをクリック

図9-16 [名前の貼り付け]ダイアログボックス

9章　検索／行列関数と日付／時刻関数

手順4
① VLOOKUP 関数の[関数の引数]ダイアログボックスが表示される ⇨ ②[列番号]のテキストボックスに「2」を入力(食品名は「カルシウム食品テーブル」の表の2列目にある) ⇨ ③「選択方法」はコードの一致した行から2列目の値を返すため，「0」を入力する ⇨ ④[OK]ボタンをクリック ⇨ ⑤食品名が表示された(数式バーには，「= IF (G4 = "", "", VLOOKUP (G4, カルシウム食品テーブル, 2, 0))」と表示されている) ⇨ ⑥セル〔F5：F20〕にまでコピーする。

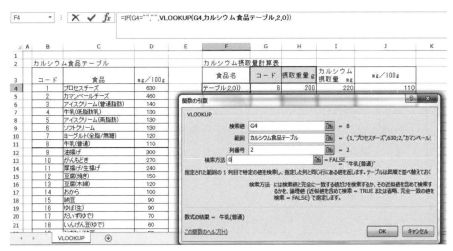

図9-17　「関数の引数」ダイアログボックス

課題C：食品摂取重量(g)を入力すると，カルシウム摂取量と可食部100g当たりのカルシウム量 mg が表示される計算式を，「VLOOKUP 関数」を使って作成しなさい。

手順1
①セル〔F4〕をクリック ⇨ ②[ホーム]タブの[クリップボード]グループの[コピー (Ctrl + C)]ボタンをクリック ⇨ ③セル〔I4〕をクリック ⇨ ④[貼り付け(Ctrl + V)]ボタンをクリック ⇨ ⑤数式バーで，IF 関数の論理式の[J4]を「H4」(入力した摂取重量)に変え，VLOOKUP の検索値[J4]を「G4」(コード)に変える ⇨ ⑥列番号を「3」にする(可食部100g 当たりのカルシウム含量は「カルシウム食品テーブル」の表の3列目にある) ⇨ ⑦摂取重量のカルシウム量を求めるため VLOOKUP 関数で返されてきた「可食部100g 当たりのカルシウム含量 VLOOKUP (G4, カルシウム食品テーブル, 3, 0)」に摂取重量「H4」を乗じ「100」で除す ⇨ ⑧数式バーに「= IF (H4 = "", "", VLOOKUP (G4, カルシウム食品テーブル, 3, 0) * H4/100)」と表示され「カルシウム摂取量」が表示される ⇨ ⑩セル〔I4〕をセル〔I20〕までコピー

手順2
①セル〔J4〕に「= IF (G4 = "", "", VLOOKUP (G4, カルシウム食品テーブル, 3, 0))」と入力 ⇨ ②セル〔J4〕をセル〔J5：J20〕にコピー

手順3　このシートの名前を「VLOOKUP」に変更する。

課題D：総カルシウム摂取量を集計しなさい。

手順
①セル〔I21〕をクリック ⇨ ②〔= IF (I4 = " ", " ", SUM (I4：I20))〕とカルシウムの合計量を求める式を入力（1行目にカルシウム摂取量が入力されていなければ，何も表示しない）

課題E：カルシウム摂取量を評価しなさい。

解説：「9－2」で作成したシート「HLOOKUP」上のセル〔P7〕を利用するには，シート名に「！」をつけて「HLOOKUP！P7」とする。（1章のシートのリンクを参照）

手順1
①セル〔J21〕をクリック ⇨ ②カルシウム摂取量の評価のためIF関数を入力「= IF ((HLOOKUP!P7 － VLOOKUP!I21)＜= 0, "カルシウムはOKです"，"あと" & ROUND ((HLOOKUP!P7 － VLOOKUP!I21), 0) & "mg必要です")」（推奨量と総摂取量の差を求め，総摂取量の方が推奨量より多ければ"カルシウムはOKです"と表示，総摂取量が推奨量に満たなければ，不足分を"あと〇〇g必要です"と表示する。（カルシウムの量はROUND関数で四捨五入して整数で示す） ⇨ ③評価が表示される。

F	G	H	I	J
カルシウム摂取量計算表				
食品名	コード	摂取重量g	カルシウム摂取量 mg	mg／100g
牛乳(普通)	8	200	220	110
がんもどき	10	50	135	270
身欠きにしん	34	80	52.8	66
コンビーフ缶	59	25	3.75	15
こまつな	72	15	22.5	150
からし菜漬け	95	10	15	150
		合計	449	あと201mg必要です

図9－18　カルシウム摂取量計算と評価

9-4　HYPERLINK 関数

(1) 作成するシートの確認

> 例題：インターネットを利用して，食や栄養に関連した情報を入手できると便利である。課題 A をやってみましょう。

課題A：食や栄養に関連したホームページへのリンクを HYPERLINK 関数を使って，設定しなさい。

	A	B	C	D
1	分野	発信者/内容	URL	ハイパーリンク
2	国・省庁	電子政府	http://www.e-gov.go.jp/	
3	国・省庁	厚生労働省	http://www.mhlw.go.jp/	
4	国・省庁	社会保険庁	http://www.sia.go.jp/	
5	国・省庁	農林水産省	http://www.maff.go.jp/	
6	国・省庁	水産庁	http://www.jfa.maff.go.jp/	
7	国・省庁	文部科学省	http://www.mext.go.jp/	
8	独立行政法人	国立健康・栄養研究所	http://www.nih.go.jp/eiken/	
9	独立行政法人	農研機構 食品総合研究所	http://www.nfri.affrc.go.jp/	
10	関連団体	健康づくり事業財団(健康ネット)	http://www.health-net.or.jp/	
11	関連団体	健康づくり事業財団(健康日本21)	http://www.kenkounippon21.gr.jp/	
12	関連団体	財団法人日本健康・栄養食品協会	http://www.jhnfa.org	
13	関連団体	社団法人日本食品衛生協会	http://www.n-shokuei.jp/	
14	栄養職能団体	日本栄養士会	http://www.dietitian.or.jp/	
15	栄養職能団体	カナダ栄養士会	http://www.dietitians.ca/	
16	栄養職能団体	アメリカ栄養士会	http://www.eatright.org/	
17	栄養職能団体	オーストラリア栄養士会	http://www.daa.asn.au/	
18	学会	日本栄養改善学会	http://www.jade.dti.ne.jp/~kaizen/	
19	学会	日本ビタミン学会	http://web.kyoto-inet.or.jp/people/vsojkn/	

図9-19　ホームページリスト

┅┅┅┅ダウンロード

(2) HYPERLINK 関数の入力

解説：HYPERLINK 関数は，セルをクリックしたときに，インターネットのホームページや他の Excel シートにジャンプさせる機能である。他の検索/行列関数とは機能が異なる。

手順1　①図9-19のように食や栄養に関するホームページを表に整理する ⇨ ②セル〔D2〕をクリック ⇨ ③[数式]タブをクリック ⇨ ④[関数の挿入]ボタンをクリック ⇨ ⑤[関数の分類(C)]を[検索/行列]とし，[関数名(N)]の一覧から，[HYPERLINK]を選択 ⇨ ⑥[OK]ボタンをクリック

手順2　①[関数の引数]ダイアログボックスが開く ⇨ ②リンク先のテキストボックスにセル〔C2〕と入力 ⇨ ③[別名]のテキストボックスに[B2&"のホームページへ"]と入力 ⇨ ④[OK]ボタンをクリック

手順3 ①セル〔D2〕に［電子政府のホームページへ］と表示される ⇨ ②セル〔D2〕をオートフィルでD列の3行以下のセルにコピー ⇨ ③図9−21が完成

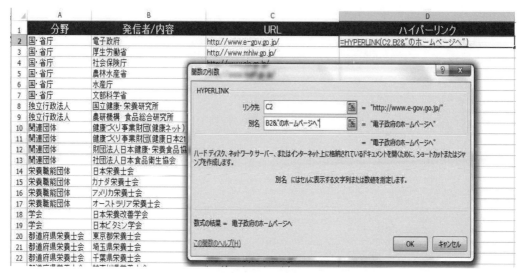

図9−20　HYPERLINK関数の引数

図9−21　ハイパーリンクを設定した表の完成画面

📖 **参考**：ハイパーリンクの削除は，設定したセルを右クリックし，ショートカットメニューの［ハイパーリンクの削除(R)］をクリックする。

9-5　日付と時刻関数

(1) 作成するシートの確認

例題：図9－22を入力して，課題A～Cをやってみましょう。

課題A：今日の日付を「今日の日付関数」を用いて入力しなさい。
課題B：年齢を計算しなさい。
課題C：睡眠時間を計算しなさい。

	A	B	C	D	E	F	G
1							
2		NO	生年月日	年齢	就寝時刻	起床時刻	睡眠時間
3				歳			
4		1	1985/11/10		22:30:00	7:00:00	
5		2	1997/5/22		20:45:00	6:00:00	
6		3	1989/1/13		23:15:00	5:30:00	
7		4	1999/8/4		1:00:00	8:30:00	
8		5	1973/12/1		20:30:00	6:30:00	
9		6	1977/2/8		21:40:00	7:00:00	
10		7	2013/12/23		20:00:00	7:30:00	
11		8	2001/6/4		22:00:00	9:30:00	
12		9	2004/11/25		0:30:00	9:00:00	
13		10	1969/2/11		21:30:00	4:30:00	
14							
15			今日の日付				
16							
17							

図9－22　生年月日と就寝時刻，起床時刻の表

┄┄┄ダウンロード

(2) 日付関数

解説：Excelには表9－1に示すような日付関数が用意されています。シリアル値とは，日付を整数値で表したもので，1900年1月1日を「1」とし，この日から何日たったかを示します。9999年の12月31日が最終日で2958465日目となります。

表9－1　Excelの日付関数

日付の関数名	機　能
DATE	指定された日付に対応するシリアル値を返す
DATEDIF	開始日と終了日との日数差を調べて，指定した単位で表示
DATESTRING	日付の表示を和暦に変換する
DATEVALUE	日付を表す文字列をシリアル値に変換する
DAY	日付を表す文字列またはシリアル値から日を返す
EDATE	開始日から起算して，指定した月数だけ前または後の日付に対応するシリアル値を返す
EOMONTH	開始日から起算して，指定した月数だけ前，または後の月の最終日のシリアル値を返す
MONTH	シリアル値から月のみを整数に変換して返す
NETWORKDAYS	開始日と終了日を指定して，その期間内の稼働日の日数を返す
NOW ()	現在の日付と時刻に対応するシリアル値を返す
TODAY ()	現在の日付に対応するシリアル値を返す
WEEKDAY	日付を表す文字列，またはシリアル値から対応した曜日を整数で返す
WEEKNUM	シリアル値がその年の何週目に当たるかを整数で返す
WORKDAY	開始日から指定した稼働日数を前後させた日付に対応するシリアル値を返す
YEAR	シリアル値から年のみを整数に変換して返す

課題A：今日の日付を「今日の日付関数」を用いて入力しなさい。

手順1　①セル〔C26〕をクリック ⇨ ②〔数式〕タブをクリック ⇨ ③〔関数の挿入〕ボタンをクリック ⇨〔関数の分類(C)〕を〔日付／時刻〕とし，〔関数名(N)〕の一覧から〔TODAY〕を選択 ⇨〔OK〕ボタンをクリック ⇨ 今日の日付が表示される。

解説：TODAY関数では，引数は必要ないが「( )」は必要である。シリアル値は日付の表示形式の1つである西暦の日付に自動的に設定される。TODAY関数はパソコンの内臓時計を利用して，現在の日付のシリアル値を戻す関数であるから，翌日になれば翌日の日付に自動的に変わる。

課題B：年齢を計算しなさい。

解説：年齢とは生まれた日(誕生日)から今日までに経過した日数を年数で表したものであり，DATEDIF関数を用いると便利である。

＝DATEDIF (開始日, 終了日, 単位)「単位」は，Y：年数, M：月数, D：日数で示し，「 " 」(二重引用符)でくくる。なお単位をYM：年数表示での端数の月数，YD：年数表示での端数の日数，MD：月数表示での端数の日数，とすることもできる。なお，DATEDIF関数はリボンからは挿入できない関数であるため(一覧に存在しない)，セルに直接入力していく。

　　ただし，単位の"M", "YM", "YD", "MD"はバグがあるため使用しないこと。また，"Y"も開始日が2月29日で終了日が2月28日に限って1年少なく表示されるので注意すること。

手順 1

①セル〔D4〕を選択 ⇨ ②「= DATEDIF（　」と入力 ⇨ ③セル〔C4〕（開始日は誕生日であるから）をクリック ⇨ ③「= DATEDIF（C4,」とカンマを入力した後，今日の日付が入力されているセル〔C16〕をクリック ⇨ ④終了日である今日の日付は全員同じであるから，〔F4〕キーを押し絶対セル番地にする ⇨ ⑤「= DATEDIF（C4，＄C＄16,（カンマ）」とカンマを入力した後，続いて「"Y"」を入力し，カッコでとじる ⇨ ⑥〔Enter〕キーを押す ⇨ ⑦セル[13]までオートフィルでコピー貼り付け ⇨ ⑧全員の年齢が表示される ⇨ ⑨罫線が崩れた場合は，修正のためセル〔B4：13〕をコピーし，［書式設定(R)］を選択し貼り付けする ⇨ ⑩年齢の表示が完成

	A	B	C	D	E	F	G
1							
2		NO	生年月日	年齢	就寝時刻	起床時刻	睡眠時間
3				歳			
4		1	1985/11/10	=DATEDIF(C4,$C$16,"Y")		7:00:00	
5		2	1997/5/22	DATEDIF()	20:45:00	6:00:00	
6		3	1989/1/13		23:15:00	5:30:00	
7		4	1999/8/4		1:00:00	8:30:00	
8		5	1973/12/1		20:30:00	6:30:00	
9		6	1977/2/8		21:40:00	7:00:00	
10		7	2011/12/23		20:00:00	7:30:00	
11		8	2001/6/4		22:00:00	9:30:00	
12		9	2004/11/25		0:30:00	9:00:00	
13		10	1969/2/11		21:30:00	4:30:00	
14							
15			今日の日付				
16			2015/7/27				
17							

図9－23　[DATEDIF]関数の入力

	A	B	C	D	E	F	G
1							
2		NO	生年月日	年齢	就寝時刻	起床時刻	睡眠時間
3				歳			
4		1	1985/11/10	29	22:30:00	7:00:00	
5		2	1997/5/22	18	20:45:00	6:00:00	
6		3	1989/1/13	26	23:15:00	5:30:00	
7		4	1999/8/4	15	1:00:00	8:30:00	
8		5	1973/12/1	41	20:30:00	6:30:00	
9		6	1977/2/8	38	21:40:00	7:00:00	
10		7	2011/12/23	3	20:00:00	7:30:00	
11		8	2001/6/4	14	22:00:00	9:30:00	
12		9	2004/11/25	10	0:30:00	9:00:00	
13		10	1969/2/11	46	21:30:00	4:30:00	
14							
15			今日の日付				
16			2015/7/27				
17							

図9－24　年齢が表示された表

(3) 時刻関数

解説：Excelには表9－2に示すような時刻関数が用意されている。時刻のシリアル値は、小数部の数値で、1日の0時0分0秒から翌日の0時0分0秒までを「0.0」から「1.0」として、24時間を「0.0」以上「1.0」未満に連続的に割り振ったものである。

表9－2 Excelの時刻関数

時刻の関数名	機　　能
HOUR	指定したシリアル値から時刻の時のみを整数に変換して返す
MINUTE	指定したシリアル値から時刻の分のみを整数に変換して返す
SECOND	指定したシリアル値から時刻の秒のみを整数に変換して返す
TIME	指定した時刻に対応するシリアル値を返す
TIMEVALUE	時刻を表す文字列をシリアル値に変換する

課題C：睡眠時間を計算しなさい。

解説：睡眠時刻が24時を過ぎた場合、「1：00」のように翌日の時刻になってしまう。24時間を超えて表示するには、表示形式をユーザー定義で「［h］：mm」と入力する。

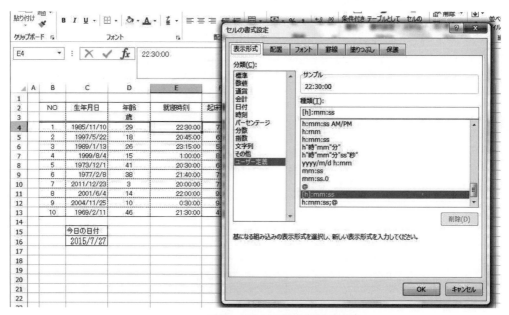

図9－25　24時間を超えた表示

解説：睡眠時刻から起床時刻を減じた時間は、日中起きている時間である。したがって睡眠時間は1日の時間シリアル値から日中起きている時間を差し引いた値となる。なお、前述したように1日の時間のシリアル値は1.0である。

9章 検索／行列関数と日付／時刻関数

手順

①セル〔G4〕をクリック ➡ ②「＝1.0－(E4－F4)」と式を入力 ➡ ③表示形式を整えるため[ホーム]タブをクリック ➡ ④[セル]グループの[書式▼]ボタンをクリックし，[セルの書式設定(E)]を選択すると，[セルの書式設定]ダイアログボックスが表示される ➡ ⑤[表示形式]タブの[分類(C)]の[ユーザー定義]を選択 ➡ ⑥[h"時"mm"分"]を選択し，"時"の次をクリックして"間"を入力し[h"時間"mm"分"]とする ➡ ⑦[OK]ボタンをクリック ➡ ⑧セル〔G13〕までオートフィルでコピー貼り付け ➡ ⑨罫線が崩れた場合は，修正のため〔G4：G13〕を選択し，上記①と同様に[セル]グループの[書式▼]ボタンをクリックし，[セルの書式設定(E)]を選択して[セルの書式設定]ダイアログボックスを表示 ➡ ⑩[罫線]タブをクリックして罫線を整える ➡ ⑪[OK]ボタンをクリック ➡ ⑫睡眠時間を表示した表が完成

図9－26 時間表示のユーザー定義入力

	A	B	C	D	E	F	G
1							
2		NO	生年月日	年齢	就寝時刻	起床時刻	睡眠時間
3				歳			
4		1	1985/11/10	29	22:30:00	7:00:00	8時間30分
5		2	1997/5/22	18	20:45:00	6:00:00	9時間15分
6		3	1989/1/13	26	23:15:00	5:30:00	6時間15分
7		4	1999/8/4	15	1:00:00	8:30:00	7時間30分
8		5	1973/12/1	41	20:30:00	6:30:00	10時間00分
9		6	1977/2/8	38	21:40:00	7:00:00	9時間20分
10		7	2011/12/23	3	20:00:00	7:30:00	11時間30分
11		8	2001/6/4	14	22:00:00	9:30:00	11時間30分
12		9	2004/11/25	10	0:30:00	9:00:00	8時間30分
13		10	1969/2/11	46	21:30:00	4:30:00	7時間00分
14							
15			今日の日付				
16			2015/7/27				
17							

図9－27 睡眠時間が表示された完成表

索　引

あ

[アクション]グループ……………181
[アクティブなフィールド]………180
「値」エリア………………………179
値フィールド………………………173
[値フィールドの設定]ダイアログ
　ボックス………………………180
アドイン……………………………125
AVERAGE…………………26, 117
AVERAGE 関数……………………100
アルファベット順…………………150
HOUR………………………………216
AND……………………………………73
AND・OR・NOT……………………77
AND 関数……………………………77

い

一次元の集計表（単純集計表）……173
IF……………………………………73
IFERROR……………………………73
IFERROR 関数によるエラー
　処理………………………………82
IF 関数とは…………………………74
IF 関数によるエラー処理…………80
IF 関数による判定…………………75
IF 関数のネスト……………………76
YEAR…………………………………214
INDEX 関数…………………………198

う

WEEKNUM……………………………214
WEEKDAY……………………………214
ウィンドウ枠の固定………………157
ウィンドウ枠の固定を解除………157
ウェルチのt検定…………………134
内訳構成……………………………93
上書き保存……………………………7

え

HLOOKUP 関数………………………203
EDATE………………………………214
F 検定………………………………135

F

F 統計量……………………………135
F 分布………………………………135
#####…………………………………66
　#N/A………………………………66
　#NAME?……………………………66
　#NULL!……………………………66
　#NUM!………………………………66
　#REF!………………………………66
　#VALUE!……………………………66
エラーの処理………………………80
EOMONTH……………………………214

お

OR……………………………………73
OR 関数……………………………77
大きい順……………………………150
大きさの比較………………………84
オート SUM…………………………100
オートフィルオプション…………20
オートフィルタ……………159, 166
[オートフィルタオプション]
　ダイアログボックス…………166
オートフィルタボタン……………150
親行集計に対する比率……………186
親集計に対する比率………………186
親列集計に対する比率……………186
折れ線グラフ…………97, 100, 103

か

CHIINV………………………………144
CHIDIST……………………………144
回帰分析……………………………129
カイ2乗値…………………………143
COUNT………………………………117
片対数グラフ………………………103
関数の入力…………………………58
[関数の引数]ダイアログ
　ボックス………………………154
関連性の検定………………………141

き

基準値との差分……………………186
基準値に対する比率………………186

基

基準値に対する比率の差…………186
基本統計量…………………………117
帰無仮説……………………………131
行………………………………………11
「行」エリア………………………178
行集計に対する比率………185, 186, 188
行の高さの変更……………………44
行ラベルフィールド………………173
行／列の切り替え…………………92

く

空白セルに表示する値……………193
空白のブック…………………………5
組み込み……………………………99
グラフエリア………………………85
グラフタイトルを変更する………87
グラフツールのリボン……………85
グラフの構成要素…………………85
グラフの種類………………………84
グラフの使い分け…………………84
グラフ要素ボタン…………………87
[グループ選択]ボタン……………192
クロス集計表………………………181
クロスの集計………………………173

け

計算の種類…………………………185
罫線を引く…………………………54
系列データの削除…………………94
系列データの追加…………………95
系列の編集…………………………96
健康診断データ……………146, 148
検索/行列関数……………………211
検索条件範囲(C)…………………167
検索値………………………………203

こ

合計特殊出生率……………………107
合計の計算…………………………47
降順…………………………………150
降順での順位………………………186
構成割合(％)………………………84

索　引

項目軸の入れ替え……………113
五十音順……………150, 153
五十音順による並べ替えの優先
　順位………………………156

さ

最近使ったブック………………5
最小二乗法…………………129
最小値………………………106
作業ウィンドウ………………88
作業ウィンドウオプション……176
3次元クロス集計……………194
参照……………………………6
散布図……………………97, 106

し

シート………………………3, 4
シートの移動…………………22
シートのコピー………………22
シートの削除…………………23
シートの挿入…………………22
シートのリンク………………28
シート名の変更………………23
軸のオプション…………104, 106
軸の書式設定………………104
[軸の書式設定]作業
　ウィンドウ…………………102
ΣオートSUM…………………26
軸ラベル……………………101
軸ラベルの書式設定…………87
軸ラベルの追加………………87
時系列変化………………84, 97
時刻関数……………………216
時刻の入力……………………16
指数（インデックス）………186
JISコード順……………150, 153
指定の値で始まる……………166
集計……………………147, 173
集合縦棒………………………86
集合縦棒グラフ………………90
従属変数……………………129
出生数………………………107
詳細設定……………………163
「詳細設定」の条件式………168
昇順…………………………150
昇順での順位………………186

昇順の逆……………………150
食行動アンケート調査………170
書式タブ………………………85
新規……………………………5

す

[数式]タブ…………………154
数式の入力……………………45
数式の複写……………………47
数式ライブラリ……………154
数値のグループ化…………192
数値の入力……………………15
数値フィルタ………………160
スクロール…………………157
STDEV………………………117
スチューデントのt検定……134
ステータスバー……………160
3D集計………………………26

せ

成人における血圧値の分類……163
正相関………………………127
SECOND……………………216
絶対参照……………………60
Z検定………………………134
セル……………………………10
セル内をクリア………………64
セルの結合……………………41
セルの中央揃え………………40
セル範囲………………………10
先頭行の固定(R)……………157
先頭行を固定………………157

そ

相関係数……………………127
相関と回帰…………………125
総計に対する比率…………186
相対参照………………………60
その他の関数………………154

た

ダイアログボックス………96, 101
第1縦軸(V)……………………87
第1縦軸ラベル………………109
対数目盛……………………104
第2縦軸ラベル………………109

TIME…………………………216
TIMEVALUE…………………216
対立仮説……………………131
縦(値)軸の変更………………88
縦書き…………………………87
縦棒グラフの作成……………86
タブ……………………………5
ダミー文字データ…………182
単回帰………………………129

ち

小さい順……………………150
チェックボックス…………104
抽出（フィルタ）………147, 173
抽出条件……………………160
抽出レコード………………161
チルダ………………………168

つ

積み上げ縦棒グラフ…………93

て

TINV…………………………144
TDIST………………………144
t統計量……………………132
t分布………………………132
DAY…………………………214
[データ]グループ…………183
データソースの選択……94, 96
「データ」タブ………………155
データの一部修正……………16
データの移動…………………16
データの上書き………………16
データの消去・修正…………16
データの抽出………………157
データの並べ替え…………150
データの入力…………………40
データの非表示を解除……158
データの複写…………………18
データベース………………147
データベース形式の表……147
データラベルの追加…………89
データを非表示にする……158
DATE………………………214
DATESTRING………………214
DATEDIF……………………214

DATEDIF 関数……………………214	**ね**	**ふ**
DATEVALUE………………………214	NETWORKDAYS………………214	ファイル………………………………5
テーブル化………………………173	年次推移……………………………97	FALSE………………………………73
［テーブル］グループ………174, 175	**の**	VLOOKUP 関数…………………206
テーブル形式……………………147	NORMSINV………………………144	フィールドセクション……………176
テーブル形式への変換…………147	NORMSDIST………………………144	フィールドの削除………………192
テーブルスタイル………………149	NOT…………………………………73	フィールド名……………………147
テーブルツール…………………149	**は**	「フィールドリスト」ウィンドウ
テーブルの作成…………………174	配置の変更…………………………15	…………………………………176
テーマの色…………………………91	ハイパーリンク…………………212	フィルタ…………………………159
テキストフィルタ………………168	HYPERLINK 関数………………211	フィルタオプションの設定……167
テキストフィルタ（F）…………166	配列数式…………………………122	［フィルタ］ボタン………………166
デザイン…………………………149	パターンを設定……………………91	フィルタを解除…………………161
デザインタブ………………………85	貼り付け…………………………155	PHONETIC 関数…………………154
Delete………………………………26	半角文字……………………………7	フォントの変更……………………52
テンプレート………………………5	凡例…………………………………92	複合グラフ………………………107
と	凡例項目（系列）……………94, 96	複合グラフの挿入………………108
統計量……………………………132	凡例の位置を調整…………………94	複合参照……………………………60
TODAY……………………………214	**ひ**	複数の検索条件…………………161
TODAY 関数………………………214	ヒストグラム……………………123	負相関……………………………127
TRUE………………………………73	日付関数…………………………213	ブックの操作………………………30
独立変数(説明変数)……………129	日付と時刻関数…………………213	ブック名……………………………4
度数分布…………………………119	日付の入力…………………………15	FREQUENCY 関数………………121
な	非表示……………………………157	フリガナ…………………………153
NOW………………………………214	ピボットテーブル………………170	プルダウンリスト………………100
名前を付けて保存…………………6	ピボットテーブルエリア………176	プロットエリア……………………85
並べ替え（ソート）…………147, 173	ピボットテーブルエリア内を	分散の比…………………………135
［並べ替え］ダイアログ	選択…………………………177	分析ツール………………………125
ボックス………………………151	［ピボットテーブルオプション］	分類………………………………173
「並べ替えとフィルタ」	画面……………………………193	**へ**
グループ………………………155	［ピボットテーブル］ツールの	平均(A)…………………………100
［並べ替え］ボタン………………151	［分析］………………………180	平均値の差の検定………………131
に	ピボットテーブルのコピー……194	**ほ**
2 階層の集計表…………………173	ピボットテーブルの作成………175	［ホーム］タブ……………………100
二次元の集計表（クロス集計表）	［ピボットテーブル▼］ボタン……175	保存(S)……………………………6
…………………………………173	表示形式の調整……………………43	**ま**
日本高血圧学会…………………163	表示形式の変更……………………45	マーカーのオプション……………99
日本語の並べ替え………………153	表示単位(U)……………………108	マーカーの種類とサイズの変更……99
日本語の並べ替え順序…………156	表の編集……………………………40	マイクロソフト・オフィス・
入力モードの切り替え……………13	比率の累計………………………186	エクセル…………………………2
ぬ		MAX………………………………117
塗りつぶし……………………56, 91		MONTH……………………………214

み
右上がり対角線 …………………… 91
MINUTE ……………………………… 216
MIN ……………………………………… 117

む
無相関 ………………………………… 127

め
MEDIAN ……………………………… 117
目盛間隔の変更 …………………… 114

も
目的変数 ……………………………… 129
文字の修飾 …………………………… 54
文字のフォントサイズの変更 …… 53
文字列の抽出 ……………………… 166
文字列の入力 ………………………… 14

文字列の方向（X） ………………… 102

ゆ
有意水準 ……………………………… 131

よ
要素の間隔 …………………………… 89

り
リボン …………………………………… 5
両側検定 ……………………………… 133

る
累計 …………………………………… 186

れ
レイアウトセクション …… 176, 181
レーダーチャートの作成 ……… 110
レコード ……………………………… 147

列 ………………………………………… 11
「列」エリア ………………………… 178
列集計に対する比率 …………… 186
列幅と行の高さ ……………………… 43
列や行の削除 ………………………… 13
列や行の挿入 ………………………… 13
列ラベルフィールド ……………… 173
［レベルの追加（A）］のボタン …… 151
レポートフィルタフィールド … 173
連続した数値の入力 ……………… 19
連続データ …………………………… 20

わ
ワークシート ………………………… 3
ワークシートのグループ化 …… 23
WORKDAY ………………………… 214
ワイルドカード文字 …………… 168
枠線 …………………………………… 91
割合の計算 …………………………… 49

健康・医療・栄養のための
Excel ワーク　2016対応

初版発行	2019年3月30日
二版発行 二版二刷	2021年3月30日

編著者Ⓒ　武藤志真子
　　　　　吉澤　剛士
　　　　　藤倉　純子

発行者　森田　富子
発行所　株式会社 アイ・ケイ コーポレーション
　　　　〒124-0025　東京都葛飾区西新小岩4-37-16
　　　　I&Kビル202
　　　　Tel 03-5654-3722, 3723
　　　　Fax 03-5654-3720

表紙デザイン　㈱エナグ　渡部晶子
組版　㈲ぷりんてぃあ第二／印刷所　㈱エーヴィスシステムズ

ISBN 978-4-87492-365-8 C3004